정몽주 ─── 다시 읽기

정몽주 ─ 다시 읽기

| 신화에서 역사로 |

강문식 지음

책과함께

머리말

필자가 정몽주 연구와 처음 인연을 맺은 것은 2008년이었다. 물론 이전에도 여말선초 사상사를 연구하면서 정몽주 관련 자료와 연구 논문을 읽어보기는 했지만, 정몽주가 직접적인 연구 주제는 아니었기 때문에 자료를 아주 깊이 있게 파고들지는 않았다. 그러다가 2008년 하반기에 한국인물사연구회에서 정몽주를 주제로 한 문학·역사·철학 세 분야의 연구를 특집으로 기획했었는데, 필자가 역사 분야의 논문 집필을 맡게 되었다. 이를 계기로 정몽주에 관한 본격적인 연구를 시작하게 되었고, 이때의 연구 성과가 2009년 3월에 《한국인물사연구》 11집에 발표한 〈포은 정몽주의 교유 관계〉다.

이후 한동안 멈추었던 정몽주 연구에 다시 착수하게 된 것은 2012년경이었다. 당시는 도서출판 책과함께에서 《종묘와 사직》(공저)을 출간한 직후였는데, 류종필 대표께서 정몽주에 관한 책의 집필을 제안하셨다. 당초 류 대표님의 제안은 고려 말 역성혁명 세력과 반혁명 세력을 대표하는 두 인물 정도전과 정몽주를 비교하면서 함께 다루는 평전을 써보자는 것이었다. 하지만 정도전·정몽주에 관한 여러 자료를 검토하면서 여말선초 학계와 정계를 대표하는 두 거목을 함께 다루는 것이 필자의 역량으로는 벅찬 일임을 절감했다. 그리고 필자가 정도전의《삼봉집》을 여러 차례 읽었고, 다른 논문의 참고 자료나 수업의 강독 자료로 사용하기도 했지만, 아직까지 정도전을 주제로 학술 논문을 발표한 적은 없다. 이러한 이유로 평전 집필은 정몽주에 집중하는 것으로 방향을 수정했다.

정몽주가 고려 말 정치·외교·학술 등 여러 분야에서 큰 비중을 차지했던 인물인 만큼 그에 관한 연구자들의 관심도 높다 보니 현재까지 연구 성과들이 상당히 축적되었다. 이에 정몽주 평전 준비의 첫 단계로 관련 선행 연구들을 꼼꼼히 검토하고 정리했다. 이어 정몽주의《포은집》및 그와 같은 시기에 활동했던 여러 학자의 문집, 그리고《고려사》·《고려사절요》등의 역사서에 실린 정몽주 관련 기사들을 정독하면서 정몽주의 삶과 생각을 차근차근 고찰해 나갔다. 한편, 정몽주는 이미 조선시대부터 충절의 상징으로 인정받았기 때문에 조선 학자들의 문집이나 실록을 비롯한 연대기 자료에도 그를 언급한 기사들이 꽤 많이 등장한다. 그중에는 정몽주에 대한 일반적인 인식과는 다른 내용들, 즉 정몽주의 행적이나 학문에 대해 비판적 입장을 피력한 내용도 일부 포함되어 있어서 눈길을 끌었다. 이에 조선시대 학자들의 정몽주 인식에 관한 부분도 별도로 정리했다.

평전 집필을 위해 정몽주 관련 사료와 논고들을 읽어 나가면서 가장 많이 느낀 점은 정몽주에 대해 많이 알고 있는 것 같았지만 실은 그가 어떤 사람이었는지 잘 몰랐었다는 것이다. 평전을 준비하기 전에 필자가 정몽주에 대해 가장 관심을 가졌던 점은 그가 고려 말을 대표하는 성리학자로서 교육과 연구에 많은 공적을 남겼다는 것이었다. 이에 비해 정몽주의 종군 활동이나 외교 활동에 대해서는 기본적인 내용은 알고 있었지만, 그가 군사·외교 분야에서 탁월한 능력을 발휘했던 행정가였다는 점은 파악하지 못했었다. 또 정몽주의 교유 양상, 특히 이성계와 일찍부터 깊이 교유했던 사이였다는 점, 공양왕 대 정몽주가 반혁명 세력의 수장으로 활동하면서 대단히 뛰어난 정치적 수완을 발휘해 혁명 세력을 궁지에 몰아넣었다는 것 등도 평전 준비를 비롯한 일련의 연구 과정에서 구체적으로 확인할 수 있었다. 이처럼 정몽주는 우리 역사에 관심이 있는 사람이라면 대부분 알고 있는 역사 인물이지만, 정작 그가 고려 말에 어떤 삶을 살았으며, 어떤 정치적·사상적 지향을 갖고 있었는지를 아는 사람은 정몽주 관련 연구를 직접 수행하신 연구자들을 제외하면 그다지 많지 않은 것이 현실이다.

한편, 정몽주에 대한 인식과 관련해 또 하나 고려할 문제는 일반 대중들이 알고 있는 정몽주 관련 상식 중에는 허구들이 꽤 많다는 점이다. 정몽주가 고려에 대해 끝까지 절의를 지키다가 죽임을 당했다는 것은 대부분의 사람들이 아는 내용이다. 이점 때문에 정몽주는 조선시대부터 우리나라를 대표하는 '충절의 상징'으로 추앙받았고, 이는 시간이 지날수록 점점 깊어졌다. 그런데 그 추앙의 정도가 너무 과도해지면서 역사적 사실과는 거리가 먼, 근거 없는 이야기들이 정몽주에게 덧붙여지기 시작했다. 그리고 그 이야기들이 오랜 시간 고착되면서 이제는 근거 없는 허구가 마치 역사적 사실인 양 받아들여지고 있다. 이 역시 정몽주를 있는 그대로 이해하는 데 큰 장애가 되고 있다.

이처럼 정몽주는 우리들이 잘 알고 있다고 생각하지만 실제로는 잘 알지 못하는 인물이며, 동시에 우리가 알고 있는 정보의 상당 부분이 역사적 사실과 거리가 먼 인물이기도 하다. 이 책은 이와 같은 대중의 정몽주 이해가 갖는 한계와 문제점을 조금이나마 해결해보려는 목적에서 시작되었다. 이를 위해 이 책에서는 문헌 기록에 남아 있는 정몽주의 삶을 최대한 객관적으로 따라가봄으로써 정몽주의 참모습을 확인하고자 한다. 물론 정몽주의 삶을 확인할 수 있는 문헌 기록이 충분한 것은 아니어서, 자료의 공백은 어쩔 수 없이 정황적 증거에 기반한 추정으로 메울 수밖에 없었다. 하지만 그 경우에도 최대한 객관적 기록에 근거해서 추정하고, 무리한 주관적 추정은 삼가려고 노력했다.

이 책을 집필하는 과정에서 정몽주에 관한 수많은 선행 연구 성과들에 힘입은 바가 매우 컸다. 그 연구들이 없었다면 이 책은 세상에 나올 수 없었다는 점에서 관련 연구를 하신 여러 선생님들께 깊이 감사드린다. 본문에서 선행 연구의 참고·인용 내역을 하나하나 밝히는 것이 마땅하지만, 책의 성격상 일일이 주석을 달기 어려워 부득이 책의 말미에 참고문헌을 제시하는 것으로 대신했다. 이 점에 대해 관련 연구자들께 사과의 말씀을 올리며 넓은 아량으로 이해해주시기를 부탁드린다.

이 책의 집필을 처음 제안받은 지 12년 만에 책이 나오게 되었다. 전적으로 필자의 게으름이 초래한 '사고'라고 할 수 있다. 그럼에도 불구하고 끝까지 기다려주시고 때때로 격려해주신 도서출판 책과함께의 류종필 대표님께 죄송함과 함께 깊은 감사의 마음을 전한다. 또 이 책을 아름답게 만들어주신 편집부 여러분들께도 고마움을 전한다.

2024년 7월

강문식

차례

1장

정몽주, 그는 누구인가?

우리는 정몽주를 얼마나 알고 있을까?

정몽주! 고려 말의 학자이자 정치가로 새로운 나라의 건설을 추진하던 이성계 세력으로부터 고려를 지키기 위해 마지막까지 저항하다가 끝내 목숨을 잃은 인물. 우리 역사에 대해 조금이라도 관심이 있는 사람이라면 정몽주라는 이름을 한 번도 들어보지 못한 이는 없을 것이다. 그만큼 정몽주는 한국인들의 뇌리에 우리 역사를 대표하는 충신의 상징으로 각인되어 있다.

여기에서 한 걸음 더 나아가보자. 고려를 마지막까지 지키다가 이성계의 아들 이방원에 의해 죽임을 당했다는 사실을 제외하고, 대중이 정몽주에 대해 아는 것은 무엇일까? 독자 여러분이 정몽주에 대해 얼마나 알고 있는지 알아보기 위해 문제를 하나 내보겠다.

다음 중 고려 말 정몽주의 행적과 관련이 있는 것을 모두 고르시오.

① 이성계와 전쟁터에서 처음 만나 30년 동안 절친한 친구로 지냈다.

② 명나라와 일본에 여러 차례 사신으로 파견되어 외교 현안을 잘 해결하고 돌아왔다.

③ 성균관의 교관으로 활동하면서 유생들에게 성리학을 가르치는 데 힘썼다.

④ 이성계, 정도전과 함께 창왕을 폐위하고 공양왕을 옹립하는 일에 앞장서서 공신에 책봉되었다.

독자들이 답을 몇 개나 고르셨을지 궁금하다. 위 문제의 보기 네 개는 모두 정몽주의 행적을 설명한 내용이다. 즉 ①~④번 모두 정답이다.

정몽주가 성리학자라는 사실은 잘 알려져 있으므로 대부분의 독자들이 쉽게 ③번을 골랐을 것이다. 또 문제에서 "모두 고르라"고 했으니 답이 하나만은 아닐 것이고, 그렇다면 외국에 사신으로 파견되는 것이 문신인 정몽주에게 가장 잘 어울린다고 생각해 ②번을 고른 독자들도 꽤 있을 것이다. 하지만 정몽주가 명나라와 일본에 여러 차례 사신으로 파견됐다는 사실을 아는 사람은 그리 많지 않을 것이다.

①번과 ④번이 정몽주의 행적이라는 점에 대해서 의문을 제기하

는 독자들도 있을 수 있다. 하지만 사실이다. 정몽주는 1363년(공민왕 12)에 한방신이 지휘하는 부대의 종사관이 되어 함경도 지역에 파견되었다. 여기서 정몽주가 속한 부대가 여진족과 전투를 벌이다가 패배했는데, 이때 위기에 처한 정몽주 부대를 구원하러 온 사람이 바로 이성계였다. 이후 정몽주는 두 차례나 이성계의 군사 참모로 활동했으며, 고려 말까지 이성계와 절친한 관계를 유지했다.

또 정몽주는 1389년(창왕 1)에 흥국사에 모여서 창왕을 폐위하고 공양왕을 옹립하기로 결의한 아홉 명의 공신 중 한 사람이었다. 그 아홉 공신 중에는 이성계, 정도전, 조준 등 조선 건국의 주역들이 포함되어 있었다. 새 나라를 건설하는 혁명을 추진했던 이성계, 정도전 등과 맞서 고려 왕조를 지키기 위해 싸웠던 정몽주가 그전에 그들과 함께 창왕을 폐위하는 일에 앞장섰다는 사실에 당혹스러워하는 독자들이 있을지도 모르겠다. 뒤에서 자세히 설명하겠지만, 이 문제에 대해서는 조선시대 학자들도 상당히 혼란스러워했다.

이처럼 정몽주의 이름을 모르는 사람은 거의 없지만, 높은 지명도에 비해서 정몽주의 행적이나 업적을 정확하게 알고 있는 사람은 그리 많지 않다. 아마도 한국사를 전공한 전문 연구자가 아니라면 정몽주가 어떤 인물인지, 그가 어떤 업적을 남겼는지를 설명하는 것이 생각만큼 쉽지는 않을 것이다.

정몽주에 대해 우리가 아는 상식은 사실일까?

대중이 정몽주에 관한 정보를 얻는 방법에는 어떤 것이 있을까? 아마도 한국사 전공자가 아니라면 전문 연구자들의 학술논문을 직접 찾아서 읽는 경우는 드물 것이다. 일반적으로 사람들이 정몽주에 관한 내용을 접하는 경로는 중·고등학교 시절의 교과서나 위인전, 또는 대중 역사서 정도가 아닐까 싶다. 그렇다면 교과서나 위인전 등에서 정몽주는 어떤 모습으로 그려졌을까?

최근 이형우 교수는 남한과 북한의 교과서에서 정몽주를 어떻게 서술하고 있는지를 종합적으로 연구한 논문을 발표했다(이형우, 2020). 이 연구에서는 2018년 7월에 개정 고시한 사회과 교육과정에 따라 발행된 검정 교과서 가운데 고등학교《한국사》교과서 9종, 중학교《역사 2》교과서 7종에 서술된 정몽주 관련 내용을 분석, 정리했다. 이에 따르면, 교과서마다 편차가 있지만 중·고등학교 교과서의 정몽주 서술은 대략 네 가지 정도로 정리된다.

① 정몽주는 고려 말에 새로운 정치 세력으로 성장한 신진사대부의 일원이었다. ② 정몽주는 고려 말 성리학 수용을 주도한 학자 중 한 사람이었다. ③ 정몽주는 조선 건국 세력에 맞서 고려를 지키기 위해 애쓰다가 죽임을 당했다. ④ 정몽주의 학맥이 조선 건국 후 '사림'에 의해 계승되었다.

그리고 극히 일부 교과서에서 정몽주의 사신 외교 활동을 언급한 사례가 있다. 그런데 교과서라는 책의 성격상 설명이 자세하지는 못하다. 한 교과서에 실린, 정몽주의 죽음 및 조선 건국에 관한 내용을 예로 들어보자.

이색과 정몽주 등의 신진사대부는 고려 왕조를 유지하면서 개혁을 추진하고자 하였다. 그러나 정도전과 조준 등은 개혁을 하기 위해서는 새 왕조를 세워야 한다고 주장하였다. 이들은 정몽주를 비롯하여 새 왕조 개창에 반대하던 신진사대부들을 제거하고 이성계를 왕으로 추대하여 조선을 건국하였다. (이형우, 2020)

위의 글을 보면, 전체적인 역사의 흐름만 간략히 정리했을 뿐 정몽주의 죽음과 조선 건국의 세부적인 내용을 구체적으로 설명하고 있지는 않다. 다른 교과서도 위 인용문보다 더 자세하게 서술하고 있지 않다. 따라서 중·고등학교 교과서의 내용만으로는 정몽주의 행적과 사상·학문에 대한 자세한 정보를 얻기가 어렵다.

한편 김인호 교수는 정몽주의 위인상이 정립되고 신화화되어온 과정을 검토한 일련의 논문에서 위인전에 그려져 있는 정몽주의 모습을 고찰했다(김인호, 2010). 그의 연구에 따르면, 정몽주를 다룬 현대 위인전의 원류는 19세기에 지어진 작자 미상의 소설 《선죽교》라고 한다. 이 소설과 이에 근거한 여러 위인전들은 대부분 정몽주의 비극적인 죽음에 주목하면서 그의 전 생애를 다루고 있으며, 특히 정몽주와 관련된 영웅적이고 신화화된 내용을 많이 포함하고 있다. 문제는 소설과 위인전에는 역사적 사실로 검증되지 않은 내용들, 즉 작가가 상상력을 동원해 창작한 내용이 상당수 포함되어 있다는 점이다.

몇 가지 예를 들어보자. 위인전 중에는 정몽주가 아홉 살 때 미래에 장인이 될 이 판서에게 글을 배웠다는 내용이 나온다. 그러나 정몽주의 시문집인 《포은집》을 비롯한 어떤 문헌에도 이런 내용은 보이지 않는다. 정몽주의 문과 합격 사실이 수록된 《등과록전편》에는 정몽주의 장인이 '이사빈'이라고 기록되어 있는데, 《포은집》에는 정몽주의 부인이나 장인 이사빈에 관한 내용은 전혀 실려 있지 않다. 만약 정몽주가 어린 시절에 글을 배웠던 선생님의 딸과 혼인했다면, 그런 인연을 《포은집》에 수록된 〈행장〉이나 〈연보〉에 기록하지 않았을 리가 없다. 따라서 정몽주가 어린 시절에 장인 이사빈에게 글을 배웠다는 것은 사실로 보기 어렵다.

정몽주의 사신 외교 활동과 관련된 내용에도 상당한 창작이 가미되어 있다. 대표적인 예로 정몽주의 1372년 명나라 사행을 들 수 있다. 뒤에서 자세히 다루겠지만, 당시 정몽주를 비롯한 사신단은 명나라에서 돌아오는 길에 태풍을 만나 타고 있던 배가 난파되었고, 명나라 관리들에게 구조되는 사건을 겪었다. 그런데 위인전에서는 사신단의 다른 관원들은 모두 물에 빠져 익사했고 오직 정몽주 한 사람만 구조되었다고 나온다. 또 정몽주가 물에 빠져 표류하는 와중에도 명나라에서 받은 외교문서를 잃어버리지 않고 끝까지 지켜냈다는 내용도 실려 있다. 하지만 이는 모두 사실이 아니다. 당시 정몽주 외에도 사신단의 많은 사람들이 구조되었으며, 난파 과정에서 명나라 외교문서를 잃어버렸기 때문에 구조된 후 명나라에 요청해 다시 받아왔다. 아마도 정몽주가 죽음의 위기에서 살아 돌아왔다는 사실을 좀 더 드라마틱하고 영웅적인 모습으로 그리고자 했던 작가의 의도가 반영된 창작일 것이다.

정몽주에 관한 위인전이나 대중 역사서에서 가장 극적으로 묘사되는 것은 역시 그의 죽음이다. 그리고 이 부분에서 예외 없이 등장하는 것이 바로 선죽교와 〈단심가〉다. 실제로 일반 대중이 '정몽주' 하면 가장 먼저 떠올리는 것도 그 둘일 것이다. 선죽교는 정몽주가 이방원이 보낸 자객들에게 살해된 순절의 장소로 유명하다. 또 〈단심가〉는 이방원이 정몽주의 속마음을 엿보고 회유하기 위해 읊었다는 〈하여가〉에 화답한 시조로, 고려를 향한 그의 변함없는 일편단심을 담은 노래로 알려져 있다. 정몽주가 〈단심가〉를 지었다는 것과 선죽교에서 순절했다는 것은 대부분의 사람들에게 역사적 사실로 받아들여지고 있다. 오늘날뿐만 아니라 조선시대에도 선죽교와 〈단심가〉에 관해 의심하는 사람은 많지 않았다.

하지만 연구자들은 상당히 일찍부터 다른 의견을 제기해왔다. 즉 정몽주가 살해된 장소는 선죽교가 아니며, 〈단심가〉 역시 정몽주의 저작이 맞는지 의심스러운 부분이 있다는 것이다. 실제로 16세기 전반까지의 문헌에서는 정몽주가 선죽교에서 죽었다는 기록이 전혀 보이지 않는다. 1392년에 정몽주가 죽고 오랜 시간이 지나지 않은 15세기의 문헌에는 정몽주가 살해된 장소가 선죽교가 아니라 다른 곳임을 보여주는 구체적인 기사들을 전하고 있다. 그러다가 16세기 후반에 이르러서야 처음으로 선죽교가 정몽주의 순절 장소로 언급되었고, 이후 이 이야기가 점차 확산되면서 정몽주가 선죽교에서 살해됐다는 것이 정설로 굳어지게 된 것이다.

〈단심가〉도 마찬가지다. 김인호 교수의 연구에 따르면, 〈단심가〉는 16세기까지 어떤 문헌에서도 보이지 않으며, 정몽주의《포은집》에도 〈단심가〉는 실려 있지 않다. 〈단심가〉가 처음 등장하는 문헌은 1617년(광해군 9)에 간행된《해동악부》다(김인호, 2010). 또《연려실기술》에서는《해동악부》에 실린 〈하여가〉를 인용하면서, 이것과 내용이 조금 다른 〈하여가〉도 함께 수록했다. 이는 〈단심가〉나 〈하여가〉가 이전까지는 구전으로 전승되다가《해동악부》에서 처음으로 문자로 기록되었으며, 구전 과정에서 여러 가지 버전이 나타났음을 보여준다. 이 〈단심가〉가 처음 정몽주의 문집에 수록된 것은 1719년(숙종 45)에 편찬된《포은집 속록》이다.

이상의 내용들은 〈단심가〉가 정몽주의 저작이 맞는가에 대해 의심을 갖게 한다. 실제로 〈단심가〉와 〈하여가〉가 정몽주·이방원의 작품이 아니라 후대에 창작된 것이라는 주장이 제기되기도 했다. 하지만 〈단심가〉를 정몽주의 저작으로 인정하는 연구도 있기 때문에,

[표 1-1] 〈하여가〉와 〈단심가〉

〈하여가〉	〈단심가〉
이런들 어떠하리 저런들 어떠하리 성황당 뒷담이 다 무너진들 어떠하리 우리도 이같이 하여 아니 죽으면 또 어떠리	이 몸이 죽고 죽어 일백 번 고쳐 죽어 백골이 진토되어 넋이라도 있고 없고 임 향한 일편단심이야 가실 줄이 있 으랴

주: 다른 곳에서는 밑줄친 부분이 "만수산 드렁칡이 얽어진들 또 어떠리"로 되어 있다.

이 문제는 아직까지 가부를 단언하기가 어렵다.

이처럼 일반 대중이 정몽주에 관한 정보를 가장 쉽게 접하는 위인전이나 대중 역사서에는 문헌 자료를 통해 입증되지 않았거나 역사적 사실과는 거리가 먼 내용이 상당수 실려 있다. 그리고 그중에는 정몽주에 관한 상식이나 정설로 이미 자리 잡은 것들도 있다. 따라서 정몽주라는 역사적 인물을 정확하게 이해하려면 우리가 알고 있는 상식들이 정말 맞는지 여부를 자료에 근거해서, 그리고 당시의 역사적 상황 속에서 구체적으로 검토해볼 필요가 있다.

정몽주 신화 다시 보기

우리는 위인전에 등장하는 역사적 인물들을 본받고 따라야 할 모범으로 인식한다. 물론 대중의 비판을 받는 인물들도 있고, 객관적인 시각에서 잘잘못을 평가하는 경우도 많지만, 몇몇 위인들에 대해서는 완벽하고 절대적인 선으로 인식하고 그들의 삶을 신화화하는 모습도 나타난다. 우리나라 최고의 성군으로 추앙받는 세종대왕이나, 임진왜란이라는 절체절명의 위기에서 나라를 구한 영웅 이순신 등이 대표적인 사례다.

이 세상에 완벽한 사람은 없다는 것은 누구나 인정하는 사실이다. 역사 속의 위인들도 예외는 아니다. 위인전에 등장하는 인물들도 그 삶을 자세히 들여다보면 당연히 잘했고 칭송받을 만한 업적도 있지만 실수나 잘못으로 인해 비판받을 점도 분명히 있다. 다만 그 위인들이 세운 공적과 그것이 후대에 미친 영향력이 훨씬 크고 중요하기 때문에 그들의 단점이나 잘못은 상대적으로 가려져 있을 뿐이다. 그런데 역사적 위인의 삶이 신화화되는 순간 비판이나 이견이 용납되지 않고, 정당한 문제 제기조차도 위인의 업적을 폄훼하려는 불순한 의도로 매도되는 것은 안타까운 일이다.

이 책의 주인공인 정몽주 역시 신화화된 인물 중의 한 사람이다. 정몽주는 이미 조선시대부터 '충절의 화신'으로 추앙을 받았는데, 시간이 가면 갈수록 그 추앙의 정도는 더욱 심화되었다. 여기에 역사적 사실 여부가 확인되지 않은 이야기들까지 후대에 덧붙여지면서 정몽주의 삶은 점점 신화가 되어갔다. 앞서 간단히 살펴보았던 정몽주 관련 위인전의 내용은 정몽주 신화화의 정점을 보여준다. 그 결과 정몽주는 이제 비판이나 문제 제기가 잘 용납되지 않는 위인의 한 사람이 되고 말았다. 아마 독자들 중에도 앞서 본 문제풀이에서 정몽주와 이성계가 절친한 관계였고, 정몽주가 이성계·정도전과 함께 창왕을 폐위시켰다는 말에 불편함을 느낀 분도 혹 있을지 모르겠다.

북한 학계에서도 정몽주에 대한 평가는 상당히 긍정적이다. 앞서 언급했던 이형우 교수의 연구에 따르면 우리의 중학교 역사 교과서에 해당하는 북한의 초급중학교 3학년용 교과서 《조선력사》는 정몽주에 대해 다음과 같이 서술하고 있다.

비록 정몽주는 고려 왕조에 대한 곧은 마음을 변함없이 간직한 봉건관료였지만 불의 앞에 절대로 굴하지 않은 그의 의로운 행동은 오랜 세월을 내려오면서 사람들의 찬사의 대상으로 되었습니다. (이형우, 2020)

위의 글을 보면, 북한 교과서는 정몽주를 봉건관료로 규정하면서도 불의에 굴하지 않은 의로운 인물로 높이 평가하고 있다. 물론 북한 학계의 정몽주에 대한 긍정적인 평가는 정치적 관점이 투영된 것으로 볼 수 있다. 즉 '고구려-고려-북한'으로 이어지는 정통성을 강조하는 북한에서는 고려를 무너뜨린 이성계와 조선에 대해 매우 비판적이고 부정적인 입장을 보이고 있다. 이성계의 위화도 회군을 '사대주의적 역적 행위'로 규정한 북한 교과서의 서술은 이성계에 대한 북한 학계의 시각을 단적으로 보여준다. 그렇기 때문에 이성계와 조선 건국에 반대하고 저항했던 정몽주를 '불의에 굴하지 않은 의로운 인물'로 평가했다고 볼 수 있다.

다시 조선시대로 돌아가보자. 당시에도 정몽주의 충절과 학문을 추앙하는 흐름이 대세였던 것은 사실이다. 하지만 다른 한편에는 정몽주의 우왕~창왕 대의 정치 활동이나 학문적 성취에 대해 이견을 제기하며 날카롭게 비판했던 지식인들이 있었다. 정몽주가 자신이 섬기던 창왕을 폐위하는 일에 앞장섰던 것에 대해 두 임금을 섬기지 않은 충신 정몽주가 어떻게 그럴 수 있느냐며 문제를 제기한 이도 있었다. 심지어는 창왕을 폐위시켰던 정몽주가 고려를 위해 목숨을 바친 것은 가소로운 일이라고 강하게 비판한 사람도 있었다. 또 고려 말에 이색으로부터 "우리나라 성리학의 조상"이라는 극찬을 받았던 정몽주에 대해 "나는 정몽주를 학자로 인정할 수 없다"라고 말해 주변 사람들을 당황하게 했던 학자도 있다.

정몽주에 대해 비판적 입장을 피력했던 이들은 조선의 역사에 관심이 있는 사람이라면 누구나 알 법한, 조선을 대표하는 학자들이다. 물론 이들의 비판은 당시에도 학계의 소수 의견이었다. 훨씬 더 많은 학자들이 정몽주의 입장을 옹호하는 논리를 내세웠고, 그 옹호의 견해가 조선의 지식인 사회에서 더 많은 지지를 받았다. 그 결과 조선시대에도 정몽주에 대한 평가는 존경과 흠모가 주류를 이루게 되었고, 그것이 점점 강고해지면서 결국에는 정몽주의 신화화로 이어졌다고 할 수 있다. 하지만 비록 소수이지만 나름의 소신을 가지고 정몽주의 행적을 비판하는 목소리가 존재했다는 점은 우리에게 시사하는 바가 있다. 즉 정몽주의 이름만 아는 정도가 아니라, 그가 어떤 과정을 거쳐 성장했고, 어떤 사상을 가지고 있었으며, 어떤 활동을 펼쳤는지를 사실 그대로 이해하기 위해서는, 지금까지 가졌던 정몽주에 대한 선입견을 잠시 접어두고 객관적인 시각으로 역사 기록 속의 정몽주와 마주할 필요가 있다.

이 책에서는 역사 기록에 남아 있는 정몽주의 삶을 최대한 객관적으로 따라가봄으로써 인간 정몽주의 참모습을 이해해보고자 한다. 외형적으로는 똑같은 추앙과 숭배로 보이더라도 사실을 정확히 이해하고 추앙하는 것과 잘못된 신화를 근거로 맹목적으로 추앙하는 것은 그 성격이 전혀 다르기 때문이다. 물론 정몽주의 삶을 확인할 수 있는 문헌 기록이 매우 부족하기 때문에 그의 일생을 온전하게 복원하는 것은 불가능하다. 따라서 자료의 공백 부분은 어쩔 수 없이 정황 증거에 기반한 추정으로 메울 수밖에 없다. 하지만 그런 경우라도 최대한 객관적 기록에 근거해서 추정하고, 무리한 주관적 추정은 삼가려고 노력했다.

그럼 이제부터 정몽주는 어떤 사람이었고 어떤 삶을 살았는지를 차근차근 짚으려고 한다. 이를 위해 정몽주의 생애를 살피기에 앞서 조선시대 사람들은 정몽주를 어떻게 이해하고 평가했는지를 먼저 정리해보고자 한다. 조선시대 사람들의 정몽주에 대한 평가는 지금의 정몽주 상이 정립되는 데 매우 중요한 기반이 되었지만, 다른 한편으로는 긍정적 평가와 부정적 평가가 공존했다는 점에서 현재의 정몽주 이해보다는 훨씬 객관적인 시각을 보여준다고 할 수 있다. 따라서 조선시대 사람들의 평가 내용을 먼저 확인하는 것은 정몽주에 대한 우리의 선입견을 제거하는 데 도움이 될 것이다. 그런 다음에 정몽주의 생애를 차분히 따라간다면, 좀 더 객관적인 시각에서 인간 정몽주의 참모습을 만날 수 있을 것이다.

2장

조선시대 사람들의 정몽주 인식과 평가

간신에서 충절의 상징으로

1392년 4월 정몽주가 사망한 직후, 그에 대한 공식적인 평가를 한마디로 요약하면 '간신'이었다.

> 간신 정몽주는 전하(태조 이성계)의 그늘에서 성장한 인물인데, 총재의 지위에 올라 국정을 장악한 후 왕씨와 영합하고 대간을 사주해서 신과 정도전·남은을 전하의 복심이라 하여 틈을 타서 모의하여 죄를 씌워 먼저 귀양 보냈습니다. 그리고 다음으로 전하를 도모하고자 했으나, 전하께서 수레를 빨리 몰아 이틀 길을 하루만에 개경으로 돌아오셨습니다. 4월 4일에 나라 사람들이 모두 분하게 여기므로 몽주는 그 죄로 인해 죽었습니다.　　　　—《동문선》 권40, 〈진정전〉(조준 찬)

이 글에서 조준은 정몽주를 태조 이성계의 지우를 배신했을 뿐만 아니라 이성계와 정도전, 조준 등을 모함해 해치고자 했던 간신으로 규정했다. 정몽주가 역성혁명에 가장 강력하게 대항했던 반혁명 세력의 수장이었기에 조선 건국 세력이 그를 '간신'으로 평가하는 것은 어찌 보면 당연한 일이었다.

정몽주에 대한 인식이 '간신'에서 '충신'으로 바뀐 것은 태종 대 이후인데, 이때 결정적인 역할을 했던 사람이 바로 권근이다. 1401년(태종 1) 1월 권근은 태종에게 소를 올려 정몽주에게 관직을 추증하고 그의 후손들을 관리로 등용할 것을 건의했다. 이 상소에서 권근은 정몽주가 본래 출신 배경이 변변치 못한 선비였는데 태상왕, 즉 이성계가 천거하고 발탁해준 은혜를 입어서 높은 관직에 오를 수 있었고, 그렇기 때문에 그의 마음에는 분명히 태상왕에게 은혜를 갚으려는 뜻이 있었을 것이라고 확신했다. 또 정몽주의 뛰어난 재주와 밝은 식견을 고려할 때, 그가 당시 천명과 인심이 태상왕에게 귀결되어 고려는 결국 멸망할 수밖에 없으며, 따라서 고려를 끝까지 지키고자 한다면 자신의 목숨을 보존할 수 없음을 결코 모르지 않았을 것이라고 했다.

하지만 우리가 잘 알고 있듯이 정몽주의 선택은 고려를 지키는 것이었고, 그 결과 그는 이방원에게 죽임을 당했다. 이에 대해 권근은 정몽주가 고려에 대한 마음을 바꾸지 않고 절조를 지킴으로써 비록 목숨은 잃었지만 큰 절개를 빼앗기지 않았다고 평가했다.

이처럼 권근은 정몽주가 천명과 인심의 향방을 알고 있었고 자신의 위태로움도 모르지 않았지만, 자신이 섬기던 고려를 위해 끝까지 절개를 지켜 목숨을 바쳤다는 점을 강조했다. 그리고 정몽주의 충절은 중국 역사에서 충신의 대명사로 꼽히는 후주後周의 한통이나 송宋의 문천상에 비견될 만하다고 칭송하면서 정몽주에게 관직을 추증할 것을 주장했다.

권근의 상소를 접한 태종은 그의 건의를 적극 수용했다. 그 결과 정몽주는 같은 해 11월 영의정부사에 추증되었으며, '문충'이라는 시호를 받았다. 태종 대의 관직 추증은 정몽주가 나라를 지키기 위해 목숨을 바친 충신으로 평가받는 출발점이 되었다. 이어 세종은 《삼강행실도》를 편찬할 때 정몽주를 〈충신편〉에 포함하도록 지시했다. 이로부터 정몽주는 우리 역사에서 충절을 상징하는 대표적인 인물로 각인되었다.

한편 정몽주의 복권은 그 후손들에게 관직에 나아갈 수 있는 길을 열어주었다. 정몽주에게는 종성(1374~1442)과 종본, 두 아들이 있었다. 정몽주가 사망할 당시 19세였던 장남 정종성은 이후 과거를 포기하고 은거했다. 그러다가 1401년 권근의 상소로 정몽주의 복권과 후손의 등용이 이루어지면서 음직(과거를 거치지 않고 조상의 공덕에 의해 받은 관직)으로 관직 생활을 시작했고, 세종 대에 이조참의까지 역임했다. 차남 정종본은 정몽주가 복권되던 1401년에 문과에 급제해 관직에 진출했으며, 사간원 헌납 등을 역임했다.

조선 초기에 활동한 정몽주의 후손 중 주목할 만한 인물로는 정종성의 아들 정보가 있다. 정보는 문종 대에 사헌부 감찰을 역임했는데, 당시 나이가 60세가 넘었다고 한다. 정보의 행적에서 특히 중요한 것은 사육신 사건과 관련된 내용이다. 1456년(세조 2) 사육신 등이 단종 복위를 모의하다가 발각되어 죽임을 당했을 때 정보가 성삼문 등은 죄가 없다는 발언을 했는데, 이를 들은 한명회가 세조에게 그 내용을 보고했다.《세조실록》에 따르면 당시 의금부에서는 정보를 처형해야 한다고 주장했지만, 세조는 그를 변방의 노비로 보내도록 지시했다. 그리고 감형에 반발하는 관료들에게 세조는 "살릴 수 있는 것을 보고도 죽이는 것은 불가하다"라며 정보를 죽여야 한다는 주장을 물리쳤다.

《세조실록》에는 세조가 정보를 살려준 까닭이 무엇인지 기록되어 있지 않다. 그런데 이로부터 200여 년이 지난 숙종 대의 경연에서 그 이유가 확인되었다. 1699년(숙종 25) 4월 13일에 열린 주강에서 지경연사 이유가 세조 대 정보의 행적에 대해 언급했다. 1698년 단종이 복위된 이후 단종과 관련된 인물들의 신원이 추진되었는데, 정보 역시 신원의 대상으로 경연에서 거론되었던 것이다.

당시 경연에서 이유가 했던 말을 정리해보면, 정보의 서매庶妹는 세조의 핵심 측근이었던 한명회의 첩이었다고 한다. 어느 날 정보가 한명회의 집을 방문했는데, 마침 한명회는 성삼문 등을 추국하는 일 때문에 입궐해 집에 없었다. 그 말을 들은 정보는 크게 화를 내면서 "성삼문, 박팽년 등은 바로 정인군자_{正人君子}인데, 이들을 살해하면 후세에 반드시 악명을 남기게 될 것이다"라고 말하고는 발길을 돌렸다. 나중에 집에 돌아와 정보의 말을 전해 들은 한명회는 즉시 이를 조정에 알렸고, 정보는 곧바로 체포되어 추국을 받게 되었다. 추국장에서 정보는 자신이 한 말을 인정하면서 소신을 굽히지 않았고, 이에 세조는 정보를 환열(사지를 찢어 죽이는 형벌)에 처하라고 명했다. 그러나 잠시 후 정보가 정몽주의 후손임을 알게 된 세조는 '충신의 후예'라는 점을 특별히 고려해 사형을 면제하고 유배로 대신하도록 명했다.

이유의 설명을 볼 때, 정보가 목숨을 건질 수 있었던 것은 그가 충신 정몽주의 후손이었기 때문이다. 성삼문 등을 옹호한 정보를 살려준 것을 보면 아무리 조카를 몰아내고 왕위를 빼앗은 세조라 하더라도 충신 정몽주의 위상을 함부로 무시할 수 없었던 것으로 보인다. 이유는 위와 같은 정보의 행적을 들어 그의 신원을 건의했고, 이것이 수용되어 정보는 이조참의에 추증되었다. 그리고 정몽주의 학덕과 충절을 기리기 위해 1576년(선조 9)에 창건된 용인의 충렬서원에 배향되었다.

1517년(중종 12)에 이루어진 정몽주의 문묘종사는 정몽주가 조선을 대표하는 지식인으로 확고한 위상을 갖는 데 결정적인 역할을 했다. 문묘는 공자를 모신 사당으로 서울에는 성균관에 문묘가 설치되었고, 지방 군현의 향교에도 문묘가 있었다. 문묘의 주향,

즉 제사의 주 대상으로 사당 중앙에 위패가 모셔진 인물은 당연히 공자였다. 공자의 위패 좌우로는 안자·증자·자사·맹자와 공자의 여러 제자들, 그리고 학문과 덕행이 뛰어났던 중국의 학자들이 배향되었다. 그리고 고려시대부터 우리나라 유학자 중에서 학덕을 갖추었고 유학에 공이 큰 인물들을 문묘에 배향하기 시작했다. 이처럼 문묘에 배향되는 것을 문묘종사라고 한다.

문묘에 종사되기 위해서는 학문적으로 뛰어나고 유학의 발전에 큰 공적을 세워야 하는 것은 물론 유교적 윤리를 실천함으로써 흠결이 없는 삶을 살았음을 국가적으로 공인받아야 했다. 그렇기 때문에 문묘종사 논의가 있을 때마다 찬반양론이 분분했고, 많은 학자들이 뛰어난 학문적 업적에도 불구하고 행적의 흠결 때문에 또는 정파 간의 정치적 대립 때문에 문묘에 종사되지 못했다. 그 결과 고려시대에 문묘에 종사된 설총, 최치원, 안유 등 세 명을 포함해 최종적으로 문묘에 종사된 우리나라 학자는 열여덟 명에 불과했는데, 이들을 '동방 18현'이라고 부른다. 정몽주는 1517년에 조광조(1482~1520) 등의 적극적인 지지를 받아 조선 왕조가 들어선 후 첫 번째로 문묘에 종사되었다. 이는 정몽주가 학문적인 면에서는 물론이고 고려에 대해 절의를 지킨 실천의 측면에서도 흠결이 없는 유학자의 표상으로 인정받았음을 의미한다.

한편, 중종은 국가에서 정몽주의 제사를 지낼 때 제문에 '고려 수문하시중 문충공 정몽주'라고 쓰게 했다. 이는 정몽주가 조선의 신

〔표 2-1〕 문묘에 종사된 우리나라 학자들

	동배향		서배향
제1위	홍유후 설총	제1위	문창후 최치원
제2위	문성공 안유	제2위	**문충공 정몽주**
제3위	문경공 김굉필	제3위	문헌공 정여창
제4위	문정공 조광조	제4위	문원공 이언적
제5위	문순공 이황	제5위	문정공 김인후
제6위	문성공 이이	제6위	문간공 성혼
제7위	문원공 김장생	제7위	문열공 조헌
제8위	문경공 김집	제8위	문정공 송시열
제9위	문정공 송준길	제9위	문순공 박세채

하가 아니라 고려의 신하라는 점을 명시함으로써 고려를 위해 목숨을 바치며 끝까지 충절을 지켰던 정몽주를 예우한 것이다. 더 나아가 18세기에 영조는 예조에 명해 앞으로 정몽주의 제사를 지낼 때는 제문에 정몽주의 이름을 직접 쓰지 말고 '공'이라고만 지칭하도록 했다. 이름을 쓰지 않는 일종의 '피휘'를 한 것으로, 이는 정몽주가 함부로 이름을 불러서는 안 되는 존귀한 존재라는 점을 국가 차원에서 인정한 것이다. 이를 통해 정몽주는 예우의 대상을 넘어 숭배의 대상이 되었다고 할 수 있다.

정몽주에 대한 숭배는 그를 제향하는 서원의 건립으로도 나타났다. 정몽주를 제향하는 서원으로는 개경의 숭양서원과 용인의 충렬서원, 경북 영천의 임고서원 등이 있다. 서원이 세워진 곳은 모두 정몽주의 생애와 관련이 있는 지역으로, 숭양서원은 정몽주가 거주하던 지역에, 충렬서원은 정몽주의 묘소 인근에, 임고서원은 정몽주의 고향에 건립되었다. 해당 지역 유학자들과 지방관들이 중심이 되어 건립한 이 서원들은 정몽주를 제사하고 그의 학문과 충절을 지역 유생들에게 전수하는 역할을 담당함으로써 정몽주에 대한 숭배가 확산되는 데 크게 기여했다. 또 이 서원들은 모두 사액서원이 되었다. 사액서원은 나라에서 서원의 이름을 쓴 현판을 내려준 서원으로, 국가의 공인을 받은 서원이라는 의미가 있다. 사액서원은 국가로부터 현판뿐만 아니라 서적과 토지 등 교육과 제사에 필요한 경제적 지원도 받았다. 따라서 정몽주를 제향하는 서원이 모두 사액서원이 되었다는 것은 정몽주에 대한 유학자들의 숭배 활동을 국가가 인정하고 지원해주었음을 의미한다.

이상과 같은 국가적 현창 사업을 통해 정몽주에 대한 추앙과 숭배는 조선 후기로 갈수록 더욱 깊어졌다. 그 결과 정몽주는 우리 역사를 대표하는 '충절의 상징'으로서 절대적 위상을 갖게 되었으며, 그런 모습은 현재까지도 계속 이어지고 있다. 그런데 정몽주가 숭배의 대상이 되는 과정이 아주 순탄했던 것만은 아니었다. 조선시대 학자들 중에는 비록 소수이기는 했지만, 정몽주의 정치적 행적이나 학문적 업적, 외교 노선 등에 대해서 이견과 비판을 제기했던 이들이 있었다. 이에 대해 다수의 조선 학자들은 정몽주의 입장을 변호하고 옹호하는 논리를 제시했으며, 그 결과 정몽주에 대한 긍정적 인식은 더욱 공고해졌다.

우왕~창왕 대 정몽주의 행적에 대한 비판과 반론

앞서 언급한 바와 같이 정몽주는 태종 대 권근의 상소 이후 조선에서 '충절의 표상'으로 인정받았다. 하지만 조선 학자들의 정몽주에 대한 평가나 인식이 찬양 일색은 아니었다. 비록 소수이기는 했지만, 정몽주의 고려 말 행적이나 학문에 대해 의문과 이견을 제기했던 학자들이 있었다. 특히 15~16세기 학자들 중에 그런 경우가 많았는데, 그들은 주로 우왕·창왕 대 정몽주의 관직 활동에 대해 의문을 제기했다. 정몽주가 고려를 위해 목숨을 바친 것은 사실이지만 구체적인 행적에는 미심쩍은 부분이 있다는 것이었다.

15세기 후반의 학자 남효온(1454~1492)은 1485년(성종 16) 9월에 개성을 여행하던 중 정몽주의 고택을 방문했다. 정몽주의 집을 돌아본 남효온은 〈포은의 고택을 지나다〉라는 제목의 칠언절구 2수를 지었다. 그중 첫째 수의 내용은 아래와 같다.

고려가 개국하고 오백 년이 지난 뒤엔

처량한 조정 기강 늙은 신하에 의지했네

나라가 망한 뒤라 남은 물건 하나 없어

지금까지도 고택이 행인을 슬프게 하네

위 시에서 남효온은 정몽주가 쇠망해가던 고려를 끝까지 지탱했던 나라의 기둥이었음을 노래했다. 하지만 둘째 수에서 남효온은 정몽주의 행적에 석연치 않은 부분이 있음을 지적했다.

공승은 원래 한나라 은혜를 갚으려고

유씨 외에는 다른 임금 섬기지 않았네

어찌하여 두 임금을 섬기지 않는 손으로

다시 신창에게 간쟁하는 글을 올렸던가?

두 번째 시에서 남효온은 정몽주가 신창, 즉 창왕에게 간쟁의 글을 올린 것에 대해 의문을 제기했다. 간쟁의 글을 올렸다는 것은 창왕을 왕으로 인정하고 신하로서 그를 섬겼음을 의미한다. 7장에서 자세히 검토하겠지만, 정몽주는 창왕이 왕씨가 아니라 신돈의 자손, 즉 '신씨'이기 때문에 '폐가입진(가짜 왕씨를 폐하고 진짜 왕씨를 세움)'해야 한다고 주장하면서 창왕을 폐위하고 공양왕을 옹립한 아홉 명의 주역 중 한 사람이었고, 이 공으로 공신에 책봉되었다. 남효온의 의문은 바로 여기에서 비롯되었다.

우왕과 창왕이 신돈의 자손이라는 것은 곧 고려의 명맥이 끊기고 왕조가 바뀐 것을 의미한다. 그런데 '불사이군', 즉 두 임금을 섬길 수 없음을 내세우며 고려에 충성했던 정몽주가 왕씨의 명맥이 끊기고 '신씨'가 왕이 된 상황에서 조정에 출사하고 창왕에게 간쟁했던 사실을 남효온의 입장에서는 이해하기 어려웠던 것이다. 정몽주가 창왕 폐위를 주도했다는 것은 창왕이 왕씨가 아님을 알고 있었다는 의미가 된다. 그것이 아니라면 이성계 세력이 정권 장악을 위해 창왕을 신돈의 자손으로 몰아 폐위할 때 정몽주가 항거하지 않고 동조한 것이 된다. 둘 중 어느 쪽으로 해석하더라도 정몽주를 충신으로 생각하는 입장에서는 쉽게 납득하기 어려웠을 것이다. 남효온이 어느 쪽에 더 강조점을 둔 것인지는 위 시의 내용만으로는 확인하기 어렵다. 하지만 그가 고려 말 정몽주의 출처出處(관직에 나가는 것과 물러나는 것)가 완전하지 못했다고 생각했음은 분명하다.

16세기에도 정몽주의 출처 문제에 대한 비판적 인식은 계속 이어졌다. 우선 1517년(중종 12) 8월의 문묘종사 논의에서 정몽주의 고려 말 출처가 그의 종사 여부를 판단하는 데 중요한 쟁점으로 거론되었다. 정몽주의 행적에 대해 문제를 제기했던 이들은 신용개, 정광필 등 고위 중신들이었다. 신용개는 정몽주의 출처 문제가 근거 없는 의심이 아니라 역사 기록에 의거한 것이라는 점을 강조하면서, 정몽주의 학문과 공적은 문묘종사에 부족함이 없지만, '신씨를 섬긴 일', 즉 우왕·창왕 대에 관직에 있었던 것에 대해서는 혐의가 없을 수 없다고 주장했다. 특히 신용개는 "정몽주가 공민왕 9년에 출신하여 공양왕 때에 재상이 되었으니, 그 사이에 신씨를 섬긴 것이 일조일석에 그치지 않습니다"라며, 우왕·창왕 대 정몽주의 출사 기간이 상당히 길었음을 지적했다. 이어 그는 정몽주의 행적을 옹호하는 의견에 대해서도 다음과 같이 비판적 입장을 피력했다.

정몽주가 신씨를 섬기되 늘 적인걸, 장간지와 같은 마음을 품었다고 한다면 옳겠지만, "신씨인 줄 모르고 섬겼다"라고 한다면 옳지 않습니다. 신씨를 섬긴 것이 1~2년뿐이라면 모르겠지만, 15년이나 되도록 생각을 고치지 않았으니 이것은 혐의가 없을 수 없습니다.

위 인용문에서 언급된 적인걸과 장간지는 모두 중국 당나라의 관료로서, 당 현종의 비 측천무후가 아들 예종을 몰아내고 직접 황제가 되어 무주를 세운 후에도 조정의 대신으로 중용되었다. 하지만 이들은 당나라를 복원하려는 의지를 꺾지 않았고, 그 결과 적인걸은 측천무후가 조카 무승사에게 황위를 물려주려고 하자 이에 끝까지 반대해 무산시켰고 현종의 아들 이현을 황태자로 세우도록 했다. 또 장간지는 705년에 측천무후가 병석에 눕자 측천무후를 압박해 황태자 이현에게 황위를 넘기도록 함으로써 당나라가 복원되는 데 결정적인 역할을 했다.

아마도 신용개는 정몽주가 우왕·창왕 대에 관직 생활을 한 것이 적인걸과 장간지가 측천무후 정권에서 대신으로 지냈던 것에 비견된다고 보았던 것 같다. 그런 상황에서 정몽주가 만약 적인걸, 장간지처럼 왕씨 왕실을 회복하려는 뜻을 품고 때를 기다린 것이라면 정당성이 있을 수 있겠지만, 단지 "신씨인 줄 모르고 섬겼다"라고 하는 것은 옳지 않다고 지적한 것이다. 이는 당시 정몽주의 문묘종사를 주장하는 측에서 우왕·창왕이 신씨라는 것을 몰랐기 때문에 출사한 것이라며 옹호했던 것에 대한 비판이라고 할 수 있다.

반면 중종이나 조광조 계열의 학자들은 정몽주의 문묘종사를 강력히 주장했다. 조광조는 고려 말 사람들은 우왕·창왕이 왕씨인지 신씨인지를 정확히 알지 못했고 정몽주 역시 마찬가지였다는 점을 지적했다. 이어 그는 정몽주가 우왕·창왕 대에 관직 생활을 통해 부귀공명을 누렸던 것도 아니며, 공양왕을 책립한 후에는 죽음으로 절개를 지켰으니 이를 통해 정몽주의 어짊을 알 수 있다고 하면서 정몽주의 행적을 옹호했다. 또 정몽주의 입장을 적인걸의 상황과 비교하면서 다음과 같이 주장했다.

정몽주가 적공(적인걸)의 마음으로 자신의 뜻을 삼지는 않았을지 어찌 알겠습니까? 500년을 지낸 고려 말의 종사가 (정몽주의) 한 몸에 달려 있었고 그가 죽자 고려가 곧 망했으니 그에 대해 어찌 경솔하게 논할 수 있겠습니까?

발언의 뉘앙스를 볼 때 앞서 본 신용개는 정몽주가 적인걸과 같은 마음을 가졌다고 보는 것에 부정적인 입장이었다면, 조광조는 측천무후를 섬겼던 적인걸이 당나라를 복원하는 데 공을 세웠던 것처럼 정몽주의 우왕·창왕 대 관직 활동 역시 고려 회복의 뜻을 가지고 때를 기다린 것이라고 인식했음을 알 수 있다. 결국 중종과 조광조 등의 주장이 받아들여져 1517년 9월 정몽주의 문묘종사가 이루어졌다. 이는 결과적으로 신용개, 정광필 등이 거론했던 정몽주의 출처 문제에 대해 잘못된 점이 없음을 국가 차원에서 공식화한 것이라고 할 수 있다.

정몽주의 문묘종사는 그에 대한 긍정적인 인식과 평가가 자리 잡는 데 결정적인 계기가 되었던 것으로 보이는데, 이 점은 17세기 학자 장유(1587~1638)의 글을 통해 확인된다. 장유는 수필평론집 《계곡만필》에서 "문충공(정몽주)이 문묘에 종향된 이후로는 후학들이 그의 잘잘못을 감히 다시는 거론하지 못하고 있다"라고 했다. 이는 정몽주에 대한 문제 제기가 쉽지 않았던 당시 분위기를 잘 보여준다고 하겠는데, 장유는 이런 경향에 대해 상당히 비판적인 시각을 가졌던 것으로 보인다.

하지만 문묘종사 이후에도 정몽주의 출처에 대한 비판적 인식이 완전히 사라진 것은 아니었다. 일부 학자들은 여전히 정몽주의 고려 말 행적에 대해 부정적인 시각을 가지고 있었다. 그중에서도 가장 강하게 비판한 사람은 16세기 조선 학계를 대표하는 학자 중 한

명인 조식(1501~1572)이었다. 조식과 이황(1501~1570)의 문하에서 모두 수학했던 정구(1543~1620)는 이황에게 보낸 편지에서 조식이 정몽주의 출처에 대해 의심하는 점이 있다고 하면서, 자신 역시 조식의 문제 제기에 동의한다고 했다.

조식과 정구의 비판은 기본적으로 정몽주가 우왕·창왕 대에 관직 생활을 하면서 두 왕을 섬겼다는 사실에서 출발했다. 우선 두 사람은 만약 정몽주가 우왕과 창왕을 왕씨로 알았다면 창왕의 폐위에 결단코 참여하지 말았어야 했다고 강조했다. 그리고 정몽주가 10여 년 동안 신하로서 우왕·창왕을 섬겼음에도 불구하고 하루아침에 이들을 추방하고 살해한 것 또한 사람으로서 차마 할 수 없는 일이라고 비판했다. 또 만약 우왕·창왕이 왕씨가 아니라면 우왕이 즉위했을 때 이미 고려가 멸망한 것이나 마찬가지라고 하면서, 그 상황에서 정몽주가 관직에 종사하며 우왕·창왕의 녹을 먹은 것 역시 잘못이라고 지적했다. 정구는 이와 같은 정몽주의 행적을 볼 때 그가 나중에 고려를 위해 죽은 것도 이해하기 어렵다고 주장했다.

정구가 이황에게 전한 조식의 정몽주 비판 내용은 정작 조식의 《남명집》에는 수록되어 있지 않다. 하지만 조선 후기의 학자 이익(1681~1763)이 지은 〈남명 언행록의 발문〉에 위와 동일한 내용이 언급되는 것으로 보아 조식이 정몽주의 행적을 비판했던 것은 사실이었음을 알 수 있다.

조식과 정구의 비판을 전해 들은 이황은 정구에게 자신의 입장을 피력한 편지를 보냈는데, 《퇴계집》에 실린 〈정도가의 문목에 답하다〉가 바로 그것이다. 이 편지에서 이황은 "사람은 마땅히 허물이 있는 가운데서 허물이 없는 것을 구해야 하지, 허물이 없는 가운데서 허물을 찾으려고 해서는 안 된다"라는 정자의 말을 인용하면서 정몽주의 행적을 변호했다. 이황은 정몽주의 정대한 충성과 큰 절개는 천지에 경위가 되고 우주에 동량이 될 수 있다고 높이 평가했다. 이어 의논을 좋아하고 남 공박하기를 즐기는 자들이 남의 미덕을 칭찬하는 데 인색해서 이러쿵저러쿵 말하기를 그치지 않고 있다고 지적한 다음, 자신은 그런 말에 귀를 가리고 듣지 않으려 한다고 했다. 다시 말해 정몽주의 출처에 대한 비판은 남을 험담하기 좋아하는 사람들의 비방일 뿐이라는 것이다. 이어 이황은 정구에게 "그대에게도 이러한 문제가 있을 것이라고는 생각하지 못했다"라며, 정몽주를 비판하는 것은 잘못이라는 점을 분명히 했다.

　　그런데 이황의 문인 중에서 정몽주의 행적에 의문을 제기한 사람은 정구만이 아니었다. 이황의 또 다른 제자 이덕홍(1541~1596) 역시 조식이나 정구와 비슷한 논조로 정몽주의 출처에 대해 의문을 제기했다. 이덕홍은 고려 말 공민왕의 뒤를 이어 신돈의 자손인 우왕·창왕이 왕위를 계승했을 때 정몽주가 이에 대해 문제를 제기하지 않고 그대로 관직 생활을 한 것은 충절을 지키지 않은 것이라고 비판했다. 그리고 비록 나중에 고려를 지키기 위해 목숨을 바친 공이 있기는 하지만, 그렇더라도 앞서 신씨를 섬긴 잘못을 속일 수는 없을 것이라고 지적하면서 이황에게 의견을 물었다. 이에 대해 이황은 앞서 살펴본, 정구에게 보낸 편지의 내용보다 좀 더 구체적인 논리를 제시하면서 정몽주의 행동은 의리를 얻은 것이라고 옹호했다.

> 선생님(이황)께서 말씀하셨다. "그렇지 않다. 왕위를 계승한 자는 신씨였지만, 왕씨의 종사가 아직 망하지 않았으므로 포은이 여전히 섬겼던 것이니, 이는 바로 진秦나라의 여씨나 진晉나라의 우씨와 같다. 《강목》에서도 (주희가) 왕도의 무리를 배척하지 않았으니, 포은은 바로 이와 같은 의리를 얻은 것이다."
>
> ─ 이덕홍, 《간재집》 권6, 〈계산기선록 하〉

위의 글에서 이황은 고려 말에 신씨인 우왕이 공민왕을 계승한 것은 중국의 진에서 여씨가 영씨를 계승한 것이나 진에서 우씨가 사마씨를 계승한 것에 비견된다고 주장했다. '여씨가 영씨를 계승했다'는 것은 진시황이 진나라 영씨의 왕위를 계승했지만, 그가 실제로는 여불위의 아들이므로 여씨라는 점을 가리킨 것이다. 또 '우씨가 사마씨를 계승했다'는 것은 동진을 건국한 원제 사마예가 실제로는 사마씨가 아니었다는 내용이다. 즉 낭야공왕 사마근의 비 하후씨가 우씨 성을 가진 아전과 사통하여 낳은 아들이므로 성이 우씨인데, 왕비가 사마근의 아들이라고 속였다는 것이다.

위의 두 경우는 모두 왕의 성씨는 바뀌었지만, 왕조가 바뀐 것은 아니었다. 이황은 이러한 사례를 원용해 고려 말에 왕의 성씨는 비록 왕씨에서 신씨로 바뀌었지만 나라가 망한 것은 아니기 때문에 정몽주가 고려의 신하로서 계속 왕을 섬긴 것이라고 했다. 그리고 《자치통감강목》에서 주희가 진 원제를 섬겼던 왕도를 배척하지 않은 점을 근거로 정몽주의 행적이 의리상 문제가 없다고 주장한 것이다.

우왕과 창왕의 즉위를 진 원제의 상황에 빗대어 설명한 최초의 인물은 고려 말의 학자 이색이었다. 이색은 창왕이 폐위된 후 정도전 등 혁명 세력으로부터 우왕·창왕의 즉위에 결정적인 역할을 한 인물로 지목되어 많은 공격을 받았다. 이에 이색은 송나라의 역사학자 호인의 논설을 인용해 자신이 우왕·창왕의 즉위에 반대하지 않았던 이유를 해명했다. 이색이 인용한 호인의 논설은 진 원제의 왕위 계승과 관련된 것이었다. 호인은 원제가 실제로는 우씨였지만 이를 속이고 동진의 왕통을 계승했다고 지적한 다음, 동진의 신하들이 이를 받아들이고 왕을 바꾸지 않은 이유에 대해 나름의 해석을 제시했다. 그에 따르면, 당시 오랑캐가 번갈아 동진을 침범함에 따라 강좌(동진이 통치하던 지역)가 상당히 미약해졌다고 한다. 이런 상황에서 호인은 동진이 인심을 결속하고 사회를 안정시키려면 기존의 왕업을 유지하는 수밖에 없었을 것이라고 하면서, 동진의 신하들이 진 원제를 인정한 것은 시세에 따라 일을 처리한 것이며 부득이 그렇게 한 것이라고 평가했다.

이색은 이상과 같은 호인의 논설을 언급한 다음 "내가 신씨를 세울 때 감히 이의를 제기하지 않은 것도 이 뜻이다"라고 주장했다. 즉 이색은 우왕이 즉위했을 때 그가 신씨라는 이유로 폐위시키면 나라 전체가 위태로울 수 있어 부득이 반대하지 않았다고 변명하고, 그와 같은 전례로 진 원제의 사례를 든 것이다. 《고려사》에 수록된 이색의 이 주장은 앞서 살펴본 이황의 말과 같은 맥락으로 볼 수 있다. 이 점을 고려하면, 이황이 진시황이나 진 원제의 사례를 원용할 때 이색의 위 발언을 참고했을 가능성도 충분히 있다.

그런데 조선 후기 학자 중에는 이황이 정몽주의 행적을 변호하면서 진 원제의 사례를 원용한 것은 적절하지 못하다고 생각한 이가 있었다. 18세기의 학자 이익이 바로 그 사람이다. 그는 〈남명 언행록 발문〉에서 이황의 주장을 언급한 다음 "이것은 기록한 자의 오류인 듯하다. 아니면 혹 선생께서 말하기 어렵게 여겨서 은미한 말로 가탁한 것인가?"라며, 그런 주장은 옳지 않다는 입장을 피력했다. 이익은 이황의 학맥을 계승한 남인 학계의 중심인물 중 한 명이었다. 또 정몽주에 대한 조식의 비판을 "심정은 무시하고 행적만 논한 것으로 그 실제와 맞지 않는다"라며 부정적으로 보았고, "후세에 포은의 마음을 알아준 이는 오직 퇴계뿐이다"라며 정몽주를 옹호했던 이황의 입장을 긍정했다. 하지만 이황이 진 원제의 사례를 원용한 부분에 대해서는 동의하지 않았던 것이다.

이상과 같이 이황은 정몽주의 고려 말 출처에 대한 비판적 의견들에 대해 나름의 근거를 제시하면서 정몽주를 적극적으로 옹호했고, 그의 충절과 절개를 높이 평가했다. 이황의 견해는 후대 학자들에게 상당히 큰 영향을 끼쳤던 것으로 보인다. 물론 이후에도 유몽인(1559~1623)이나 장유와 같이 정몽주의 행적에 의문을 표시했던 이들이 있었다.

유몽인은 《어우야담》에서 우리나라의 명신 가운데는 정몽주보다 더 숭앙받는 사람이 없으며, 정몽주가 왕씨를 위해 순국한 것은 곧 그가 평소에 쌓은 학덕의 소치였다고 높이 평가했다. 그러면서도 우왕·창왕 대의 행적에 대해서는 의문을 표시했다. 즉 정몽주가 우왕을 정말로 신돈의 아들이라고 생각했다면 단 하루라도 우왕에게 머리를 숙여 신하가 되지 말았어야 했고, 만약 공민왕의 아들이라고 생각했다면 이성계 세력이 폐가입진의 명분을 내세워 우왕·창왕을 폐위할 때 죽음으로써 그들을 지켰어야 했는데 그렇게 하지 못했다고 비판했다.

장유의 《계곡만필》에는 〈포은과 점필재는 모두 학계에 중한 명망이 있지만 의심스러운 행적이 있다〉라는 글이 있다. 정몽주와 김종직의 행적 중에 의문스러운 부분이 있음을 지적한 것이다. 이 글에서 장유는 정몽주가 나라를 위해 목숨을 바친 분이라고 평가하면서도, 우왕·창왕이 폐위되고 죽임을 당할 때 정몽주가 절의를 제대로 세운 일이 없었고 심지어는 아홉 공신의 반열에 들었던 것에 문제를 제기하면서 이것이 바로 의심스러운 일이라고 지적했다.

하지만 정몽주의 행적에 대한 비판적 인식은 소수에 그쳤고, 대부분의 학자들은 정몽주를 목숨을 바쳐 '불사이군'의 절의를 지킨 '충절의 상징'으로 추앙했다. 16세기 학자 윤두수(1533~1601)는 원나라의 회유를 거부하고 송나라에 대한 충절을 지키다가 죽임을 당했던 문천상과 정몽주의 행적을 나란히 정리해 《성인록》을 편찬했다. 이는 그 당시 조선 학자들의 정몽주에 대한 인식이 어떠했는지를 상징적으로 보여준다.

조선 후기에 정몽주를 가장 높이 평가했던 인물은 송시열(1607~1689)이다. 그는 〈포은 정 선생 신도비명〉에서 정몽주의 업적을 고려에 대한 충절, 중화 문화 수용을 통한 고려의 제도 개혁, 우리나라 성리학의 시조 등 세 가지 측면으로 나누어 정리하고 찬양했다. 특히 그는 정몽주의 고려 말 행적을 의심하는 시각에 대해 이는 우왕·창왕 대의 역사 기록에 누락된 내용이 많아서 당시의 실상을 정확히 알기 어려운 것에 원인이 있다고 진단했다. 이어 송시열은 정몽주가 '의'에 정밀하고 '인'에 성숙해 항상 정당한 '도'로써 주선했던 '군자'였음을 강조하면서, 그와 같은 군자의 처사를 어찌 뭇사람들이 알 수 있겠냐고 반문했다. 이는 정몽주의 행적을 의심하는 주장은 모두 군자의 참뜻을 이해하지 못하는 사람들의 헛소리에 불과하다고 비판하면서 정몽주를 옹호한 것이다. 이어 송시열은 "마땅히 허물이 있는 중에서 허물이 없는 것을 찾아야 하고, 허물이 없는 중에서 허물 있는 것을 찾아서는 안 된다"라고 한 이황의 말을 인용하고, 이것이야말로 정몽주에 대한 지론, 즉 가장 정당한 평가라고 긍정했다.

조선 학계에서 학문적 권위가 가장 높은 인물로 손꼽혔던 이황과 송시열, 두 사람의 정몽주에 대한 절대적 긍정 평가는 이후 학자들에게 큰 영향을 끼쳤다. 송시열 이후 정몽주의 고려 말 행적에 대한 부정적 시각은 거의 사라졌으며, 정몽주는 충절의 상징으로서 학자들에게 절대적인 추앙을 받았다.

"포은은 충신일 뿐 학자는 아니다" 대 "포은의 학문적 공로는 독보적이다"

고려 말에 이색은 정몽주를 "동방이학의 조祖", 즉 우리나라 성리학의 조상이라고 평가했다. 정몽주의 성리학 이해 수준이 다른 학자들에 비해 월등히 뛰어났음을 극찬한 것인데, 성리학자로서 정몽주의 높은 위상은 조선에 들어서도 계속 이어졌다. 1568년(선조 1)에 유희춘, 기대승, 노수신 등은 당시 우의정이던 홍섬의 지시에 따라 우리나라의 대표 유학자 열 명을 선정하고 그들의 사적을 정리한 저술을 편찬했다. 열 명의 유학자는 우탁, 정몽주, 길재, 김종직, 김굉필, 정여창, 조광조, 이언적, 김안국, 서경덕이다. 당시 조선 학자들이 생각했던, 가장 뛰어난 유학자 10인 중에 정몽주가 포함된 것인데, 조선에 들어서도 성리학자 정몽주의 위상은 확고했음을 보여주는 사례다.

그런데 16세기 중반에 이르자 학자 정몽주의 위상에 이의를 제기한 인물이 나타났다. 바로 조선 학계를 대표하는 성리학자 중 한 사람인 율곡 이이(1536~1584)였다. 이이는 34세 때인 1569년(선조 2)에 〈동호문답〉이라는 논설을 지었다. 이 글에는 '우리나라에서 도학이 유행하지 못했음을 논함'이라는 편이 있는데, 여기에서 이이는 기자가 우리나라에 와서 정전제와 8조교를 시행한 이후로 도학을 숭상하고 왕도를 실천한 군주가 없었다고 했다. 또 군주만이 아니라 학자와 관료들 중에도 진지真知와 실천으로 선왕의 전통을 계승한 이가 없었고 불교에 빠져 화복에만 급급할 뿐이어서 천여 년 동안 특출한 이가 나오지 않았다고 지적했다. 이어 정몽주에 대해서는 다음과 같이 평가했다.

고려 말엽의 정몽주는 유자의 기상이 조금 있었지만, 그 역시 학문을 성취하지는 못하였다. 그가 행한 일을 살펴보면 충신에 지나지 않는다.

위 글에서 이이는 정몽주가 고려의 충신이라는 점은 분명히 인정하고 있다. 그러나 정몽주가 학문을 성취하지 못했다고 평가했고, 그 점에서 비록 정몽주에게 유자, 즉 학자의 기상이 조금 있었던 것은 사실이지만 완전한 학자로 인정할 수는 없다고 주장했다.

　이어 이이는 우리나라에 진유眞儒, 즉 참된 학자가 한 사람도 없었다고 하는 것은 너무 야박한 평가가 아니냐는 반론에 대해, '진유' 여부를 판단하는 두 가지 기준을 제시했다. 그리고 이 기준에 부합하지 않는다면 다른 사람들이 모두 참된 학자로 인정하더라도 자신은 인정할 수 없다고 했다. 그 기준은 다음과 같다. 첫째, 관직에 나아갔을 때 한 시대에 도를 실천해 백성들이 태평성대를 누리도록 하는 것이다. 둘째, 관직에서 물러났을 때 온 세상에 교화를 베풀어 학자들로 하여금 큰 잠에서 깨어나게 하는 것이다. 이이는 이 두 기준에 비추어 볼 때, 우리나라는 기자가 와서 오랑캐의 풍속을 바꾼 이후로 더는 본받을 만한 좋은 정치가 없었으니 이것은 관직에 나아가서 도를 행한 자가 없었기 때문이라고 했다. 또 우리나라 사람들의 저술에서 의리에 밝은 내용을 볼 수 없으니 이것은 은퇴한 사람 중에 교화를 베푼 자가 없었기 때문이라고 비판했다.

　이 같은 이이의 평가는 기자 이후 우리나라의 모든 학자 및 관료에게 적용되는 것이므로, 정몽주도 예외는 아니었다고 할 수 있다. 하지만 더 이상의 자료가 없어서 이이가 구체적으로 어떤 점을 근거로 정몽주가 학문을 성취하지 못했고 관직에 나아가서는 도를 행한 바가 없으며 물러나서는 가르침을 베푼 바가 없다고 생각했는지 알기 어렵다. 다만 한 가지 생각해볼 수 있는 것은 정몽주의 학문적 성과를 보여주는 저술이 전하지 않는다는 점이 위와 같은 평가에 영향을 끼쳤을 가능성이다.

17세기 전반의 학자 이식(1584~1647)은 이색이 정몽주를 '이학의 조상'라고 평가했지만, 정몽주의 논설이 전해지지 않기 때문에 그의 학문이 실제로 어떠했는지를 확인해볼 방법이 없다고 언급한 바가 있다. 즉 이색과 정도전 등이 지은 시문이나 《고려사》의 기사 중에 정몽주가 유학 경전에 해박했음을 언급한 내용이 있으며, 그가 성균관에서 유생 교육에 힘썼고 강의를 상당히 잘했다는 기록이 전해지고 있지만, 정몽주의 학문적 성취와 수준을 구체적으로 확인할 수 있는 저술이 없어 그 실상을 알 수 없다는 것이 이식의 지적이다.

현전하는 《포은집》을 보면 정몽주의 저술은 대부분 시이고, 산문으로는 서문과 발문, 상소문, 편지 등을 합쳐 10여 편이 전할 뿐 정몽주의 학문적 수준이나 연구 성과를 보여주는 글은 전혀 없다. 이 점은 이이나 이식이 활동했던 16~17세기에도 마찬가지였다. 물론 《포은집》에 실린 정몽주의 시 중에는 〈《주역》을 읽고 자안과 대림 두 선생에게 부치다〉, 〈《주역》을 읽다〉, 〈겨울밤에 《춘추》를 읽다〉 등과 같이 유교 경전을 읽은 후의 감회를 담은 글이 있어 그의 경전 이해의 일단을 엿볼 수 있다. 그 내용 중 일부를 소개하면 다음과 같다.

부정한 학설이 어지러이 백성을 그르치니

어느 사람이 선창하여 그들을 깨우쳐줄까
들건대 그대 집에 매화꽃이 피려고 한다니
서로 함께 모여서《세심경》을 다시 읽어볼까

이 마음이 허령함을 참으로 알겠나니
씻어내면 온통 성성함을 더욱 느끼네
간괘의 여섯 획을 자세히만 보더라도
《화엄경》한 부를 읽는 것보다 나으리라
　　　　　—《포은집》권2,〈《주역》을 읽고 자안과 대림 두 선생에게 부치다〉

내 마음이 건곤을 포괄하고 있으므로
삼십육궁의 봄을 넉넉히 노닐 수 있네
획 긋기 전의 역리를 눈앞에서 안다면
포희씨의 팔괘 이미 묵은 자취 되리라
　　　　　　　　　　—《포은집》권2,〈《주역》을 읽다〉

중니가 필삭하여 뜻이 정미한《춘추》를
눈 오는 밤 등불 켜고 자세히 완미할 때
벌써 내 몸이 중국의 예법에 나아갔거늘
곁의 사람 알지 못하고 이적에 산다고 하네
　　　　　　　—《포은집》권2,〈겨울밤에《춘추》를 읽다〉

첫 번째 시에서 정몽주는 불교를 비롯한 이단 학설이 횡행하는 세태를 비판하면서 부정한 학설에 현혹된 사람들을 깨우쳐주기 위해 세심경, 즉《주역》을 함께 공부할 것을 제안하고 있다. 또《주역》의 간괘 하나만 잘 연구해 깨닫는다면《화엄경》전체를 다 읽는 것보다 훨씬 유익하다는 점을 강조했다. 두 번째 시와 세 번째 시는 각각《주역》과《춘추》공부에 매진하고 있던 정몽주의 모습을 잘 보여준다. 이 밖에도 정몽주가 여러 편의 시와 산문에서 유가 경전의 문구나 성리학의 개념들을 자유자재로 인용해 자신의 뜻을 피력했음이 김인규, 엄연석 교수 등의 선행 연구들을 통해 확인되었다. 하지만 그 내용이 성리학의 일반론에서 벗어나지 않고 또 기록 자체가 매우 단편적이어서 정몽주의 학문적 특징을 보여준다고 하기에는 조금 미진한 부분이 있다.

이이가 정몽주에 대해 "유자의 기상이 조금 있지만, 학문을 성취하지 못했다"라고 평가한 것은 아마도 이상에서 검토한 것처럼 정몽주의 학문적 성과와 특징을 구체적으로 보여주는 저술이 없기 때문이 아닐까 싶다. 즉 이이는 일차적으로 정몽주가 학술적인 저작을 남기지 못했다는 점에서 그의 학문이 성취되지 못했다고 판단했던 것이다.

한편, 위에서 본 〈동호문답〉 인용문에서 이이는 "우리나라 사람의 저술에서 의리에 밝은 것을 볼 수 없다"라고 했는데, 여기에도 중요한 의미가 있다. 정몽주를 비롯한 고려 말 학자들이 비록 저작을 남기지는 못했더라도 만약 학문적 성취를 이루었고 이를 후학들에게 가르쳤다면 후학들의 저술을 통해서 그 내용을 확인할 수 있었을 텐데, 당시에 남아 있는 저술에서는 그런 것을 찾아볼 수 없다는 것이다. 실제로 현전하는 15세기 학자들의 문집을 검토해 보면, 수록 저술의 거의 대부분이 시, 서문·발문, 기문 등 문학 작품으로 분류되는 것들이고 저자의 학문적 성취를 보여주는 저작은 찾아보기 어렵다.

이상을 정리하면, 이이는 정몽주 본인도 학술 저작을 남긴 것이 없고, 후학 세대의 저술에서도 의리의 학문에 관한 내용을 찾아볼 수 없다는 점에서 정몽주가 학문을 성취하지 못했다고 판단했던 것으로 보인다. 하지만 정몽주의 학문적 성취에 대한 이이의 부정적 평가는 후대 학자들에게 별다른 영향을 끼치지는 못했던 것 같다. 이후 학자들의 평가를 보면, 대부분 정몽주를 우리나라 도학의 출발점으로 이해하고 있었기 때문이다. 그리고 17세기의 학자 송시열이 정몽주의 학문적 업적을 극찬하면서 그의 위상은 절정에 이르렀는데, 이를 가장 잘 보여주는 글이 바로 송시열의 〈포은 정 선생 신도비명〉이다.

〈포은 정 선생 신도비명〉의 서두에서 송시열은 정몽주를 하늘이 우리나라를 위해 낸 인물이라고 전제했다. 이어 그는 중국 고대 주나라 무왕 시대에 은나라 태사, 즉 기자가 우리나라에 와서 군장이 되어 팔조의 법을 시행하고 순임금의 가르침을 계승해 교화를 펼쳤다고 말했다. 이는 우리나라의 문명이 기자로부터 시작됐다는 시각을 분명히 밝힌 것이다. 그리고 기자 이후 2천 년 동안 기자를 계승하여 교화를 일으킨 이가 없었고, 그 결과 기자가 남긴 은택은 식어버리고 가르침의 말씀은 인멸되었으며, 특히 고려 말에 이르면 원나라의 정치적·문화적 영향력이 커지면서 윤리가 더욱 퇴폐해졌고 사회의 혼란이 극에 달했다고 비판했다. 송시열은 고려 말의 학문적·문화적 상황을 "혼란이 극도에 이르렀고 사람들이 다스려짐을 그리워하는 시기"라고 규정했다. 그리고 바로 이러한 위기 상황에서 정몽주가 이 땅에 출현해 나라의 학문과 도덕을 다시 일으켰다고 강조했다.

송시열은 이 글에서 정몽주의 학문적·문화적 업적을 크게 다섯 가지로 정리했다.

첫째, 삼년상을 시행한 점이다. 송시열은 정몽주가 부모의 상을 당하자 묘소 옆에 초막을 짓고 3년 동안 시묘했음을 언급하면서, 상중에 비단옷을 입고 쌀밥을 먹으며 부처에게 물건을 바치고 중에게 음식을 먹이는 '퇴폐한 풍습'이 점차 바른 모습을 찾아가게 하는 모범이 되었다고 평가했다.

둘째, 의관문물의 개편을 주도한 점이다. 고려 말 정몽주는 명나라의 복식을 적극적으로 수용하고 적용함으로써 몽골의 영향을 받은 고려의 의복과 문화를 개혁하고자 했고, 실제로 이와 관련된 정책을 주도적으로 추진해나갔다. 송시열은 이러한 정몽주의 활동을

"중화로써 이적을 변화시킨 것", 즉 중국의 선진 문물을 수용해 오랑캐의 풍습을 고친 것이라고 이해했다.

셋째, 고려 말 성리학 연구와 교육을 주도한 점이다. 송시열은 《고려사》에 기록된 정몽주의 성균관 강의 일화를 인용해 정몽주가 글을 강론하고 이치를 말할 때 항상 주자를 근본으로 삼았으며, 그가 종횡으로 강설한 내용은 모두 호씨(호병문)의 학설에 부합했다는 점을 강조했다. 그리고 정몽주의 강설로 인해 이전 학자들의 지리멸렬한 주석이나 사이비 학설들이 힘을 잃었으며, 온 시냇물이 바다로 돌아가고 별들이 북극을 향하는 것처럼 고려 학자들이 오직 성리학을 공부하게 되었다고 했다. 또 송시열은 조선의 선비 중에 도학을 깊이 공부하고자 하는 자들은 모두 정몽주를 시조로 삼고 있다고 말하며 우리나라 성리학의 연원이 정몽주에게 있다는 점을 분명히 했다.

넷째, 송시열은 정몽주가 《주자가례》를 따라 사당을 세워 제사의 예를 바르게 했음을 강조했다. 고려시대에는 조상에게 지내는 제사를 주로 사찰에서 거행했다. 반면 《주자가례》에서는 집 안에 사당을 건립하고 이곳에 선조의 신주를 모시고 제사를 거행하도록 규정했는데, 이를 가묘라고 한다. 가묘제는 고려 말에서 조선 초에 삼년상과 함께 《주자가례》의 시행과 관련해 가장 중시되었던 부분으로, 송시열은 정몽주가 가묘제의 시행에 있어서도 선구적인 역할을 했다고 보았던 것이다.

다섯째, 송시열은 정몽주의 친명親明 외교 노선을 "북쪽 오랑캐(원나라)를 거절하고 의로운 군주(명나라)에게 돌아가게 한 것"으로 규정했다. 그리고 이것이 단순히 외교정책에 그치는 것이 아니라, 대의명분을 밝히고 시비를 엄격히 구분하는 《춘추》의 법을 드러낸 것이라고 평가했다.

이상과 같이 송시열은 정몽주가 성리학 연구와 교육 및 성리학적 제도의 정착에 크게 공헌한 점을 강조했다. 특히 정몽주가 "경敬을 주장하여 근본을 세우고 이치를 궁구해서 앎을 지극하게 하며 이를 자신에게 돌이켜 실천"하는 성리학의 요체를 후대 학자들에게 전수했다고 하면서, 이것은 고려에 충절을 지킨 것이나 친명정책을 추진하고 중화의 제도를 도입한 것보다 훨씬 뛰어난 공로일 뿐 아니라 다른 어떤 학자도 따라올 수 없는 정몽주만의 독보적인 공로라고 극찬했다.

또 송시열은 중국의 경우 주희 이후 도학이 여러 갈래로 분열되었고 왕수인·진헌장 등이 주장한 양명학의 황당하고 괴벽한 학설이 유행하면서 공자와 주희의 학문적 연원이 전해지지 못하고 있지만, 우리나라만은 주자학을 택해 지키는 것이 정밀하고 전일해서 지금까지 여러 갈래로 분열되는 의혹이 없었다고 하면서, 이러한 공로의 근원이 바로 정몽주에게 있다고 주장했다. 그리고 이 때문에 조선의 선비들이 모두 정몽주를 '동방이학의 종宗', 즉 우리나라 성리학의 조상으로 추존하고 있으며, 이런 평가는 '사림의 공론'

이라고 단언했다. 이처럼 정몽주는 송시열의 평가를 통해 '우리나라 성리학의 조상'이라는 학문적 권위를 확고히 인정받게 되었다.

그런데 정몽주의 학문에 대한 송시열의 평가는 조선의 학자들, 특히 서인 계열 학자들에게 한 가지 중요한 문제를 남겨주었다. 앞서 보았듯이 이이는 정몽주를 충신으로는 인정할 수 있지만 학자로는 인정할 수 없다고 주장했다. 그런데 바로 그 이이의 '적통', 즉 이이의 학문적 정통을 계승했다고 자타가 공인하는 송시열이 정몽주의 학문적 공로를 높이 평가함으로써 이이의 평가를 정면으로 부정한 셈이 되었기 때문이다. 특히 송시열은 정몽주를 우리나라 성리학의 조상으로 인정하고 추앙하는 것이 '사림의 공론'이라고 했는데, 이 논리를 적용하면 이이의 평가는 사림의 공론에 위배되는 것이 된다. 이이도 송시열도 부정할 수 없는 서인 학자들에게 정몽주에 대한 상이한 평가는 매우 곤혹스러운 일이 아닐 수 없었다. 따라서 이 문제를 어떤 식으로든 해결할 필요가 있었는데, 그 방법을 찾은 이가 바로 송시열의 수제자 권상하(1641~1721)였다.

권상하의 문인이었던 한홍조는 정몽주에 대한 이이와 송시열의 인식이 다른 이유가 무엇인지를 권상하에게 물었다. 그는 정몽주에 대해 "충신은 될지언정 유자의 기상은 없다"고 한 이이의 평가와 "우왕·창왕 때의 역사가 많이 궐실되었다. 어떤 사람이 퇴계에게 물으니 퇴계가 '허물이 있는 중에서 허물이 없음을 구해야 하고 허물이 없는 중에서 허물이 있음을 구해서는 안 된다'고 했는데, 이

것이 참으로 지론이다"라고 한 송시열의 〈포은 정 선생 신도비명〉을 차례로 언급한 다음, 두 사람의 평가가 왜 이렇게 다른지를 권상하에게 문의했다.

한홍조의 질문은 당시 서인 학자들의 혼란스러운 입장을 대변하는 것이었다. 정몽주를 유자, 즉 학자로 인정하지 않았던 이이. 이이의 학맥을 계승한 서인 학자이면서 정몽주의 학문적 업적을 칭송했을 뿐만 아니라 남인 학계의 학문적·사상적 지주인 이황의 말을 인용해 정몽주를 적극적으로 변호했던 송시열. 두 사람의 입장 차이는 서인 후학들에게 상당히 큰 혼란을 주었다. 송시열 이후 서인 학계를 이끌었던 핵심 인물 중 한 명인 권상하는 후배들의 혼란을 해결해줄 책임을 느꼈던 것으로 보인다. 이에 권상하는 이이가 정몽주를 학자로 인정하지 않았던 이유를 우왕 대 정몽주의 출처 문제와 결부 지어 재해석함으로써 이 문제를 풀어나가고자 했다.

먼저 권상하는 우왕과 창왕의 옹립 과정을 설명하면서 이색이나 정몽주는 우왕과 창왕이 신씨, 즉 신돈의 핏줄이 아닌 왕씨의 혈통이라고 생각했기 때문에 우왕 추대에 동의했던 것이라고 단언했다. 이어 정몽주가 창왕을 폐위하고 공양왕을 옹립한 후 공신이 된 것을 언급하면서 우왕·창왕을 섬겼던 정몽주가 창왕을 폐위하고 공양왕을 옹립한 공훈에 참여한 것은 잘못이라고 지적했다. 그러면서도 정몽주가 공양왕 옹립에 참여한 것은 나라를 위한 불가피한 선택이었다고 해석했다.

권상하는 창왕이 폐위될 때 정몽주가 이에 맞서 싸워야 한다는 것을 모르지 않았다고 단언했다. 그리고 만약 정몽주가 혼자서 창왕 폐위에 반대했더라면, 이성계 세력이 분명히 "온 나라 사람이 모두 신창이라 하는데 왜 그대만 왕창이라 하는가? 신씨를 왕씨라 고 하면 이는 왕씨를 무시하는 것이다"라며 정몽주를 공격했을 것 이고, 그렇게 되면 정몽주는 변명할 여지도 없이 죽임을 당했을 것 이며, 정몽주가 죽는 날 고려 역시 같이 멸망했을 것이라고 주장했 다. 이어 권상하는 정몽주가 바로 이런 점들을 헤아렸기 때문에 우 선 녹훈에 참여해 종사를 보호하다가 기회를 보아 태조의 당을 제 거하려 했던 것이라고 결론을 내렸다.

다시 정리하면, 정몽주는 창왕 폐위에 맞서 싸웠다가는 죽임을 당할 것이고 그렇게 되면 곧 고려도 멸망하고 만다는 점을 인식했 기 때문에 잘못인 줄 알면서도 고려를 지키기 위해 어쩔 수 없이 창왕 폐위와 공신 녹훈에 참여했다는 것이 권상하의 해석이다. 권 상하는 〈어떤 사람에게 답하다〉라는 글에서도 정몽주가 창왕 폐위 와 공양왕 옹립에 참여한 것은 '변사', 곧 일상적이지 않고 긴급한 위기 상황에 대처한 것이며, 이는 나라의 존망이 정몽주의 한 몸에 달려 있었기 때문에 우선 목숨을 보전함으로써 만분의 1이나마 요 행을 기대했던 것이라고 주장했다. 그리고 이를 《맹자》에서 말한 "사직을 편히 하는 것을 기쁘게 여기는 자"에 비견하면서 정몽주 의 충성을 높이 평가했다.

그렇지만 권상하는 정몽주의 선택이 비록 나라를 위한 것이었다 하더라도 잘못된 것임을 부정할 수는 없다고 인정했다. 그리고 이이의 평가는 바로 이 점을 지적한 것이라고 해석했다. 권상하는 "나라는 언제고 망하는 것이니 자신의 행동을 어긋나게 해서는 안 된다. 따라서 포은은 의당 창왕이 폐위될 때 함께 죽었어야 하며, (정몽주가) 공양왕을 세운 공훈에는 참여하지 말았어야 한다"는 것이 이이의 본심이었다고 주장했다. 이이 역시 정몽주의 행적이 고려를 지키기 위한 충심에서 나온 것이라는 점을 인정했지만, 그렇다 하더라도 학자로서 지녀야 할 공명정대한 태도에는 부합하지 않으므로 학자로 인정하지 않았다는 것이다.

한편 권상하는 송시열의 평가에 대해서는 "우암은 잘한 것을 칭찬하는 것에서 멈추었을 뿐"이라고 했다. 즉 송시열 역시 정몽주의 출처 문제를 모르지 않았지만 자료가 많이 사라졌기 때문에 쉽게 단정하지 못했다는 것이다. 또 출처 문제보다 정몽주의 학문적 공로가 훨씬 더 크고 중요하므로 송시열은 그의 공로만을 높이 평가하는 데 그쳤다고 해석했다.

사실 이이가 정몽주를 학자로 인정하지 않은 이유가 권상하의 해석처럼 그의 출처 문제와 연관이 있는지는 확인할 방법이 없다. 하지만 권상하는 이이의 평가를 정몽주의 출처 문제와 연결시킴으로써 정몽주의 학문적 성취에 대한 이이와 송시열의 평가가 서로 어긋나지 않음을 설명할 수 있는 길을 찾았다. 즉 이이는 정몽주의 출처가 학자의 공명정대한 태도에 부합하지 않는다는 점에서 그를 학자로 인정하지 않았고, 송시열은 정몽주가 주희의 학문을 연구하고 이를 후학들에게 전수했다는 점에서 그를 우리나라 도학의 출발점으로 평가했다는 것이 권상하의 결론이라고 할 수 있다. 이와 같은 해석은 이이와 송시열의 평가 모두에 정당성을 부여하고, 특히 송시열이 이이의 주장을 부정했다는 혐의도 해결하는 결과를 가져왔다고 할 수 있다.

3장

정몽주의 출생과 성장

정습명의 후예

정몽주의 본관은 영일이다. 영일 정씨는 지금의 경상북도 포항시 남구 오천읍을 관향으로 하는 성씨로, 연일 정씨 또는 오천 정씨라고도 한다. 영일 정씨의 시조는 신라 때 간의대부를 지낸 정종은으로 알려져 있다. 그의 후손 정의경이 영일의 호장을 지내고 영일현백에 봉해지면서 영일이 정씨의 관향이 되었다고 한다. 하지만 정의경 이후 고려 중기까지의 세계世系는 현재 전해지지 않는다.

영일 정씨는 고려 중기의 학자 정습명(1094~1150)을 파조派祖로 하는 '지주사공파', 고려 때 감무를 역임했던 정극유를 파조로 하는 '감무공파', 정자피를 파조로 하는 '양숙공파' 등으로 나누어져 현재까지 이어지고 있다. 정몽주는 정습명의 후손인 지주사공파에

[표 3-1] 영일 정씨 지주사공파의 분파

파조	분파	분파 파조
정습명	문충공파	정몽주
	생원공파	정문예
	문계공파	정문계
	문손공파	정문손
	사정공파	정문비
	정랑공파	정문욱
	만호공파	정형지
	도사공파	정희손

속한다. 지주사공파는 다시 여러 개의 파로 나뉘는데, 정몽주는 그 중에서 '문충공파'의 파조다.

《포은집》에 실린 정몽주의 〈행장〉에는 정몽주의 선조 몇 사람에 관한 내용이 실려 있다. 그중에서 가장 먼저, 중요하게 언급된 인물이 바로 지주사공파의 파조 정습명이다. 그는 고려 인종·의종 대에 관료로 활동했던 인물로, 〈행장〉에는 '명망 있는 선비'였다고 기록되어 있다.

《고려사》에는 정습명의 열전이 수록되어 있다. 그에 따르면 정습명은 기개와 재주가 뛰어났고 학문에 힘써서 문장에 능숙했으며, 향공으로 과거에 급제해 내시가 되었다고 한다. 고려시대의 내시는 국왕을 측근에서 시종하고 보좌하는 관원으로, 조선시대의 내시, 즉 환관과는 전혀 다른 존재다. 고려 제11대 왕 문종 대에 정해진 규정에 따르면 내시는 국가에 공로가 있고 재능을 겸비한 자를 선발하며 정원은 20인 내외였다. 내시는 국왕을 측근에서 모시는 근시로서 제반 의식의 집행과 어가(왕의 가마) 수행을 담당했다. 또 학문적 능력을 바탕으로 왕에게 경서를 강의하거나 국왕 명의의 문서를 작성했으며, 국가의 기무를 관장하기도 했다. 따라서 정습명이 내시가 되었다는 것은 그가 일찍부터 학문적·행정적 능력을 갖춘 인물로 인정받았음을 보여준다.

정습명은 인종 대 국자사업으로 재직할 때 최재, 김부식, 임원애, 이중, 최주 등과 함께 '시폐 10조', 즉 국정 운영의 열 가지 폐단과 그에 대한 대책을 진술한 상소를 올렸다. 그런데《고려사》등에는 정습명 등이 상소를 올린 사실만 기록되어 있을 뿐 상소의 내용은 수록되어 있지 않아서 이들이 지적한 열 가지 폐단이 무엇인지는 알 수 없다. 이후 정습명은 예부시랑, 한림학사, 승선, 추밀원 지주사 등의 관직을 역임했다. 간관으로도 오래 활동했는데,《고려사》에는 "정습명에게 쟁신(간쟁을 잘하는 신하)의 풍모가 있었다"라고 기록되어 있다. 인종은 이와 같은 정습명의 능력을 높이 평가하고 그에게 태자(뒤의 의종)의 교육을 맡겼다. 또 인종은 병석에 누웠을 때 아들 의종에게 "나라를 다스리는 데는 마땅히 정습명의 말을 들어야 한다"라고 당부하기도 했다.

정습명은 당시 가장 유력한 정치가이자 학자였던 김부식과 상당히 가까웠던 것으로 보인다. 앞에서 본 바와 같이 정습명은 김부식과 함께 '시폐 10조'를 상소했고, 1135년(인종 13)에 김부식이 묘청의 난을 진압하기 위해 서경으로 출전했을 때는 토벌군의 일원으로 참여했다. 또 정습명은 간관으로 재직할 당시 한때 김부식의 별제(별장)에서 생활한 적이 있었는데, 이는 그가 김부식의 정치적 후원을 받았을 가능성을 시사한다. 이 때문에 정습명은 다른 간관으로부터 "간쟁을 맡은 신하로서의 체모를 잃었다"는 이유로 탄핵을 당했고, 그 결과 기거주(왕의 언행을 기록하는 일을 맡은 관직)로 좌천되는 좌절을 겪기도 했지만, 곧 다시 예부시랑의 직책에 제수되었다.

한편 정습명은 김부식의 《삼국사기》 편찬에도 일조했다. 《삼국사기》의 끝부분에는 김부식을 도와 편찬에 참여했던 참고 여덟 명, 관구 두 명 등 총 열 명의 편찬관 명단이 실려 있는데, 관구 두 명 중 한 사람이 바로 정습명이다. 정습명의 《삼국사기》 편찬 참여는 태자 교육을 담당했던 일과 함께 그의 학문적 수준이 상당히 높았음을 보여준다.

앞서 언급했듯이 인종은 아들 의종에게 나라를 다스릴 때 정습명의 조언을 들을 것을 당부했다. 《고려사》의 〈정습명 열전〉에 따르면, 정습명은 이를 선왕의 부탁으로 여겼다고 한다. 이에 그는 의종이 즉위한 후 국정 운영에 관한 간언을 적극적으로 개진했는

〔표 3-2〕《삼국사기》편찬관 명단

직책	관직	성명
편수	문하시중 판상서이예부사 집현전대학사 감수국사	**김부식**
참고	문림랑 보문각 수교 예빈승 동정	김영온
	유림랑 서재장판관 상의직장 동정	최우보
	문림랑 국학학유 예빈승 동정	이황중
	유림랑 전 국학학정	박동주
	유림랑 금오위 녹사참군사	서안정
	문림랑 수궁서령 겸 직사관	허홍재
	장사랑 분사 사재 주부	이온문
	문림랑 시장야서령 겸 보문각 교감	최산보
관구	장사랑 내시 보문각 교감 상식직장 동정	김충효
	우승선 상서공부시랑 한림시강학사 지제고	**정습명**

데, 정습명의 기대와 달리 의종은 그의 간언을 매우 꺼리는 태도를 보였다. 여기에 김존중, 정함 등이 의종에게 정습명을 참소하는 말을 자주 했던 것도 의종이 정습명을 멀리하는 원인이 되었다. 김존중은 의종의 태자 시절 시학에 임명되어 의종과 인연을 맺었으며, 의종 즉위 후 왕의 총애를 받아 왕의 비서인 우승선에 임명되었고 대단한 권세를 누렸던 인물이다. 정함은 의종의 총애를 받았

던 환관으로, 의종의 비호 아래 김존중 등과 결탁해 권력을 휘둘렀다. 특히 환관으로서 '권지합문지후'라는 문반직을 받았으며, 이를 비판하던 문신 관료들이 오히려 축출되었을 정도로 정함은 의종의 최측근으로서 절대적인 영향력을 행사했다.

정습명은 김존중·정함 등의 참소로 의종이 자신을 멀리하자 병을 이유로 휴가를 청했다. 의종은 정습명의 청을 수락하면서 휴가 기간 중 그의 직책을 대신할 사람으로 김존중을 지명했다. 그러자 정습명은 의종의 뜻이 무엇인지를 깨닫고는 약을 먹고 자살했다고 한다.

《포은집》의 부록에는 '본전'이라는 항목으로《고려사》의 열전 두 편이 실려 있다. 하나는 정습명의 열전이고, 다른 하나는 정몽주의 열전이다.《포은집》에 정습명의 열전을 수록하고 그다음에 바로 정몽주의 열전을 배치한 데에는 특별한 의도가 있는 것으로 보인다. 바로 정습명과 정몽주의 연결성, 즉 정습명의 학문적 능력과 간관으로서의 풍모, 국왕에 대한 충성심, 불의와 타협하지 않는 기개 등을 정몽주가 이어받았다는 점을 강조하려는 편찬자의 의도가 반영된 편집이 아닐까 생각한다. 정몽주 본인이 선조 정습명에 대해 어떻게 생각하고 있었는지는 확인할 길이 없다. 하지만 정몽주의 생각과는 별개로《포은집》의 편찬자들은 정몽주가 정습명의 후손이라는 점을 매우 중요하게 인식했음이 분명하다.

한미한 집안 배경

정몽주의 〈행장〉에서 그의 선조 중 정습명 다음으로 언급된 인물은 증조부 정인수와 조부 정유, 그리고 부친 정운관이다. 정습명과 정인수 사이에 6대의 조상들이 있었지만 모두 건너뛰고 바로 정몽주의 증조부로 넘어온 것이다. 이는 그 중간에 있는 선조 중에 현달한 인물이 없었기 때문일 것이다. 실제 영일 정씨의 세계를 보면, 정습명 이후 정인수 전까지의 인물들은 모두 동정직이나 검교직 등 실제 직무가 없는 명예직이나 한직에 그쳤음을 알 수 있다.

이 점은 정몽주의 증조부나 조부도 다르지 않아서, 정인수는 검교 군기감, 정유는 직장 동정에 임명되는 데 그쳤다. 또 족보에는 정몽주의 부친 정운관이 성균관 복응재생이었다고 기록되어 있다. 복응재는 1109년(예종 4)에 국학의 교육을 체계적으로 운영하기 위해 설치된 7재, 즉 일곱 개의 전문 강좌 중 하나로,《대례》를 전공하는 과정이었다.《대례》는《예기》의 다른 이름이다. 족보의 기록은 정운관이 성균관 복응재에서《예기》를 전문적으로 공부했던 유생이었음을 보여주는데, 이는 결국 정운관이 관직에 나아가지 못했음을 의미한다.

정몽주의 〈행장〉에는 이들 세 사람의 관직이 상당한 고위직으로 기록되어 있으며, 특히 정운관은 공신에 책봉되었고 일성부원군이라는 군호까지 받은 것으로 되어 있다. 하지만 이것은 모두 정몽주가 고위직에 오르고 공신에 책봉되면서 그의 선조들에게 증직이 내려진 결과일 뿐, 실제로 이런 고위직을 맡았던 것은 아니다. 이상을 종합해볼 때, 정습명 이후 정몽주에 이르기 전까지 정몽주의 친가에서는 크게 현달한 인물이 없었다고 할 수 있다.

그렇다면 정몽주의 외가는 어땠을까? 정몽주의 어머니는 영천 이씨로, 선관서 승을 지낸 이약의 딸이다. 선관서는 고려시대에 국가 제사나 연회의 음식 마련을 담당했던 관서다. 원래 이름은 대관서인데, 1298년(충렬왕 24)에 선관서로 개칭됐고, 이후 몇 차례의 관제 개편에서 두 가지 이름이 번갈아 사용되었다. 선관서는 가장 높은 관직이 종7품의 영슈인 하급 관서이고, 승은 종8품직이다. 즉 정몽주의 외조부는 하급 관서의 말단 관원이었다. 따라서 그의 외가 역시 정치적 유력 가문과는 거리가 멀었다고 할 수 있다.

이처럼 정몽주의 친가나 외가는 모두 정몽주가 태어날 당시 크게 출세한 인물이 없었고, 따라서 중앙 정계의 유력한 세력과 연결될 만한 고리가 전혀 없는 한미한 집안이었다. 귀족적 성격이 강했던 고려 사회에서 정몽주의 출신 배경은 요즘 말로 하면 '흙수저'에 가까웠다고 할 수 있다. 이 점은 정몽주의 출세가 가문 배경의 도움 없이 오로지 그 자신의 능력으로 이루어진 것이었음을 분명히 보여준다.

정몽주의 이름, 자, 호

정몽주는 1337년(충숙왕 복위 6) 12월 22일에 경상북도 영천군 우항리에서 태어났다. 우항리는 영천군 치소의 동쪽에 있던 마을로, 지금도 그 이름이 그대로 이어지고 있다. 정몽주의 생가 터는 영천시 임고면 우항리 183번지에 있으며, 2015년에 생가가 복원되었다.

〈행장〉과 〈연보〉를 비롯하여 정몽주에 관한 자료 중에 출생 이후 과거에 급제하기 전까지의 행적을 보여주는 내용은 거의 없다. 따라서 정몽주의 성장기 및 수학기의 삶이 어떠했는지를 파악하는 것은 매우 어렵다. 하지만 그런 와중에도 몇 가지 단편적인 기사들이 전해지고 있는데, 그중 하나가 정몽주의 이름에 관한 내용이다. 〈행장〉과 〈연보〉를 보면, 어린 시절에 몇 차례 개명을 했던 것으로 나오는데, 개명과 관련된 재미있는 일화들도 함께 전해진다.

몽란, 몽룡, 몽주. 언뜻 보면 '몽' 자를 돌림자로 쓰는 삼 형제의 이름처럼 보인다. 하지만 모두 정몽주 한 사람의 이름이다. 첫 번째 이름 '몽란'은 정몽주가 1337년 12월에 출생했을 당시에 붙인 이름으로, 태몽과 관련이 있다. 그의 어머니가 정몽주를 임신했을 때 난초 화분을 안고 있다가 갑자기 놀라서 화분을 떨어뜨리는 꿈을 꾸었다고 한다. 그래서 태어난 아이의 이름을 '몽란'으로 지었다는 것이다. 어머니가 꿈에서 본 난초 화분이 바로 정몽주라는 뜻으로 지은 이름이 아닐까 생각한다.

두 번째 이름 '몽룡' 역시 어머니의 꿈에서 비롯된 이름이다. 몽란, 즉 정몽주가 아홉 살이 되던 1345년(충목왕 1)의 어느 날, 그의 어머니가 잠깐 낮잠이 들었는데 검은 용이 집 정원의 배나무를 타고 올라가는 꿈을 꾸었다. 깜짝 놀라 잠에서 깬 어머니는 그 배나무가 있는 정원으로 나가 보았는데, 바로 그 자리에 어린 몽란이 있었다고 한다. 그래서 그의 이름을 '꿈에서 본 용', 즉 '몽룡'으로 바꾸었다는 것이다.

'몽룡'이라는 이름은 그리 오래 가지 못했다. 몽룡으로 개명한 바로 그해에 정몽주는 관례, 즉 성인식을 치렀다. 그리고 관례를 마친 후 이름을 우리가 잘 아는 '몽주'로 바꾸었다. 그런데 〈행장〉이나 〈연보〉에는 앞서 두 번의 개명 때와는 달리 '몽주'로 개명한 배경에 대한 기록이 나오지 않는다. 아마도 앞의 경우와 같은 특별한 이유가 없었기 때문이 아닐까 한다. 그렇다면 원래 이름은 '몽주'였는데 어릴 적에는 몽란, 몽룡 등의 아명을 쓰다가 성인식을 치른 후에야 원래 이름인 몽주를 사용하게 된 것은 아닐까? 물론 추측일 뿐 어떤 근거가 있는 것은 아니다.

한편 정몽주를 다룬 소설이나 위인전에는 정몽주의 아버지가 꿈에서 중국 고대 성인의 한 사람으로 추앙받는 주공周公을 만난 후 이름을 '몽주'로 고쳤다는 이야기가 나온다. 하지만 어떤 문헌에도 이런 내용은 실려 있지 않다. 따라서 허구일 가능성이 높다.

주지하는 바와 같이 옛날에는 일상생활에서 이름을 직접 부르기보다는 자나 호를 많이 사용했다. 정몽주의 자는 '달가達可'이고, 호는 '포은圃隱'이다. '달가'에 대해서는 관련 기록이 없어서 정확히 어떤 의미인지 확인하기 어렵다. 다만 《맹자》의 〈진심장구상〉 제19장에 "천민이 있으니, 통달하여 천하에 행할 만한 후에야 행하는 자이다"(有天民者 達可行於天下而後行之者也)라는 문장이 있다. 주희는 《맹자집주》에서 이 구절을 다음과 같이 해석했다.

천리를 온전히 다함으로써 하늘의 백성이 되기 때문에 '천민'이라고 하였다. 반드시 그 도를 온 천하에 시행할 만한 상황이 된 후에야 행하며, 그렇지 않으면 종신토록 알아주지 않아도 후회하지 않는다.

주희의 해석에 비추어 본다면 '달가'는 "천리에 통달하여 세상에 시행할 만하다"라는 정도의 의미로 이해할 수 있다. 아마도 정몽주의 자 '달가'는 《맹자》의 이 구절에서 가져온 것이 아닐까 생각하지만, 이 또한 명확한 관련 기록이 없어서 확언하기 어렵다. 만약 이 추측이 맞는다면, '달가'라는 자에는 도에 통달하고 도를 세상에 펼치는 인물이 되기를 바라는 마음이 담겨 있다고 볼 수 있지 않을까?

한편 정몽주의 호 '포은'에 대해서는 선배 학자였던 이색(1328~1396)이 정몽주의 부탁을 받아 지은 〈포은재기〉가 전해지고 있어서 대략적인 의미를 확인할 수 있다. '포은'은 정몽주 본인이 직접 지은 호인데, 글자 그대로 해석하면 '채소밭에서 농사짓는 은둔자'라는 뜻이다. 이색은 〈포은재기〉에서 정몽주 본인의 말을 인용해 '포은'이라는 호를 지은 이유를 다음과 같이 서술했다.

> 언젠가 그(정몽주)가 말하기를 "(중략) 백성의 농사가 아래에서 이루어지고 하늘의 도가 위에서 순조롭게 되면, 학문의 지극한 공과 성인의 능한 일이 완성된다. 내가 이것을 버리고 어디로 가겠는가?"라고 하였다. 그러고는 '포은'을 자신의 재실齋室 이름으로 삼고 나에게 기문을 청하였다.

위 인용문에서 정몽주는 학문의 공과 성인의 일은 결국 농사를 통해 완성되며, 그렇기 때문에 농사를 버려둘 수 없다는 점을 강조했다. 이는 정몽주가 국가 경영의 성패가 농사의 성공 여부에 달려 있다고 인식했으며, 자신의 호를 '포은'이라고 지은 것도 바로 그런 인식에서 비롯된 것임을 보여준다. 따라서 '포은'은 글자의 의미만 보면 채소밭에 숨어 사는 은둔자이지만, 실제로는 정몽주의 강한 경세 의식이 반영된 호라고 할 수 있다.

이색은 위 인용문에 이어서 자신의 말을 덧붙여 정몽주에 대한 기대를 피력했다. 이 글에서 이색은 "지금 달가가 채소밭에 숨어 있지만, 한편으로는 조정에 서서 사도를 자임하며 얼굴을 들고 학자들의 스승이 되고 있다"라고 했다. '사도', 즉 유학을 일으킬 책임을 스스로 담당해 관학에서 학자들을 가르치는 일에 전념하고 있던 정몽주의 활동을 강조한 것이다. 이어 이색은 이와 같은 정몽주의 행적을 고려할 때 그가 비록 호를 '포은'이라고 짓기는 했지만, 실제로 은둔하려는 것은 아님이 분명하다는 말로 끝을 맺었다. 즉 표면적으로는 은둔을 말하고 있지만, 그 이면에는 관료로서의 책임의식이 담긴 이름이 '포은'이라는 것이다. 이는 이색이 '포은'에 담긴 정몽주의 본뜻이 무엇인지를 분명하게 이해하고 있었음을 보여준다고 하겠다.

"사도를 자임하며 학자들의 스승이 되고 있다"라는 말은 당시 정몽주가 담당했던 역할을 서술한 것이지만, 한편으로는 이색이 정몽주에게 가장 기대했던 바를 밝힌 것으로도 볼 수 있다. 즉 이색은 정몽주가 관학 교육을 주관해 인재를 양성하는 역할을 담당해주기를 바랐다. 이 역할은 공민왕 대에 성균관이 중영重營된 이후 이색 본인이 담당했던 것인데,• 이제 그 사명을 정몽주가 이어받아주기를 기대한 것이라 할 수 있다. 이는 이색이 정몽주의 학문적 능력을 인정하고 신뢰했음을 잘 보여준다.

• 성균관의 중영은 1367년(공민왕 16)에 이루어졌다. 이해에 성균좨주 임박이 성균관을 다시 건설할 것을 건의했고, 이를 수용한 공민왕이 숭문관의 옛터에 성균관을 다시 조성하도록 지시했다. 이에 따라 성균관 건물을 새로 지었고 학제를 개편했으며 성균관 생도의 정원도 늘렸다. 그리고 당대 최고의 유학자들이 성균관 교관에 임명되어 유생 교육을 담당했고, 이색이 책임자인 겸대사성을 맡아 성균관 교육과 운영을 총괄했다. 성균관이 새로 건설된 위치는 현재 북한의 개성시 방직동이다.

삼년상 실천의 선구자

앞서도 언급했듯이 정몽주의 성장기나 수학기의 삶을 보여주는 기록은 사실상 전무하다. 그런 중에도 정몽주의 젊은 시절을 단편적으로나마 보여주는 기사가 있는데, 부친 정운관이 사망했을 때 상장례를 거행한 일에 관한 것이다. 그런데 정몽주의 상장례 시행에 대한 기록을 검토하기에 앞서《포은집》의 판본들을 간단히 정리해둘 필요가 있다. 각 판본마다 내용이 조금씩 다르기 때문이다.

《포은집》이 처음 간행된 것은 1439년(세종 21)으로, 정몽주의 아들 정종성과 정종본이 부친의 유고를 모아 편집했다. 이로부터 1903년(광무 7)에 간행된 옥산본까지《포은집》판본은 모두 열네 종으로 현존하는 개인 문집 중에서 판본이 가장 많다. 그중 정몽주의 상장례 시행 기록과 관련해 주목해볼 판본은 '신계본', '개성본', '교서관본', 그리고 류성룡이 정리한 '서애교정본' 등 네 종이다. 신계본은 1533년(중종 28)에 정몽주의 5세손 정세신이 황해도 신계에서 간행한 판본이고, 개성본은 1575년(선조 8)에 개성 숭양서원에서 간행한《포은시고》판본이다. 교서관본은 1575~1584년에 교서관에서 을해자로 인쇄한《포은선생집》판본이다. 마지막으로 서애교정본은 1585년(선조 18)에 류성룡이 신계본, 개성본, 교서관본을 종합적으로 검토하여 교정·정리한 원고를 경북 영천의 임고서원에서 간행한《포은선생문집》판본이다. 이상 네 종의 판본에는

[표 3-3] 《포은집》 주요 판본

판본	간행 연도	간행지	비고
신계본	1533	황해도 신계	
개성본	1575	숭양서원	《포은시고》
교서관본	1575~1584	교서관	을해자로 인쇄
서애교정본	1585	임고서원	류성룡이 신계본, 개성본, 교서관본을 종합적으로 검토하여 교정, 정리

모두 정몽주의 〈연보〉가 실려 있는데, 정몽주의 부모상에 관한 기록에 조금씩 차이가 있어서 면밀한 비교가 필요하다.

《포은집》 판본에 대한 위의 정보들을 염두에 두고 정몽주의 상장례 시행에 관한 기록들을 검토해보자. 먼저, 정몽주의 〈연보〉와 〈행장〉에는 1355년(공민왕 4)에 부친상을 당했다고 기록되어 있는데, 정확한 시기에 대해서는 두 가지 다른 내용이 전해지고 있다. 즉 함부림(1360~1410)이 지은 〈행장〉에는 1355년 11월에 상을 당했다고 기록되어 있는 반면, 《포은집》 '신계본'과 '개성본'의 〈연보〉에는 1355년 1월에 상을 당한 것으로 기록되어 있다. 둘 중 하나는 오류일 수밖에 없는데, 《포은집》을 교정했던 류성룡은 〈연보〉의 내용이 맞고 〈행장〉이 잘못된 것으로 판단했다. 류성룡은 그런 판단의 근거로 정몽주가 1357년에 감시에 합격한 사실을 들었다.

〈연보〉와 〈행장〉에는 당시 상례에 대해 "묘소 곁의 여막에서 3년을 보냈다"(〈연보〉), "묘소 곁의 여막에서 상제를 마쳤다"(〈행장〉)라는 등 정몽주가 삼년상을 마쳤다고 기록하고 있다. 삼년상의 '3년'은 햇수로 3년을 말하며, 실제 기간은 상을 당한 날부터 담제를 마칠 때까지 만 26개월이다. 상을 당한 후 만 1년이 되는 첫 번째 기일에 거행하는 절차를 소상, 만 2년이 되는 두 번째 기일에 거행하는 의례를 대상이라 한다. 대상 후 만 2개월이 지나면 상기를 모두 마친 상주가 일상생활로 돌아감을 고하는 제사를 올리는데, 이것이 담제다. 따라서 1355년 1월에 상을 당했다면 1357년 3월에, 11월에 상을 당했다면 1358년 1월에 삼년상을 마치게 된다. 그런데 정몽주는 1357년에 감시에 응시해 합격했다. 만약 1355년 11월에 상을 당했다면, 정몽주는 상중에 과거에 응시한 것으로 삼년상을 마치지 못한 것이 된다. 이는 곧 "삼년상을 마쳤다"는 〈연보〉와 〈행장〉의 기록과 부합하지 않는다. 류성룡은 바로 이 점에 주목하고 〈행장〉의 기록을 오류로 판단했다.

류성룡이 직접 글로 표현하지는 않았지만, 아마도 그의 판단에는 정몽주가 유학의 예법을 어기지 않았으리라는 믿음이 깔려 있지 않았나 생각한다. 효를 중시하는 유학의 관점에서 보면, 자식이 부모의 상중에 과거에 응시하는 것은 윤리에 어긋나는 행동이다. 따라서 류성룡은 '우리나라 성리학의 조상'으로 평가받는 정몽주가 효의 윤리에 위배되는 행동을 했을 리 없다고 생각하지 않았을까?

이런 생각이 〈연보〉와 〈행장〉의 기록을 검토하고 판단하는 데 작용했을 것으로 추측된다.

1355년 부친상 당시 정몽주는 묘소 옆에 여막을 짓고 거처하며 삼년상을 마쳤다고 한다. 1365년에 모친상을 당했을 때도 정몽주는 관직에서 물러나 어머니 묘소 곁의 여막에서 삼년상을 마쳤다. 조선시대의 관점에서 보면 유학자가 삼년상을 치르는 것은 당연한 일이다. 하지만 고려 말에는 삼년상을 치르는 것이 결코 흔한 일은 아니었다.

정몽주의 〈행장〉에서 함부림은 고려 말에 상제가 문란하고 해이해져서 사대부도 상을 당하면 100일 만에 탈상했음을 지적한 다음, 그런 상황에서 정몽주가 홀로 두 어버이를 시묘하며 슬픔과 예법이 모두 극진하니 국가에서 이를 아름답게 여겨서 정려를 내려 표창했다고 했다. 여기에서 "두 어버이를 시묘하며 슬픔과 예법이 극진했다"라는 말은 삼년상 시행을 가리킨 것으로, 이에 대해 국가에서 정려를 내려 표창했다는 것은 당시 삼년상 시행이 매우 드문 일이었음을 보여준다.

고려 말 성리학 수용 과정에서 주희가 편찬한 의례서인《주자가례》가 수입되면서 성리학적 예제 시행의 당위성이 강조되기 시작했다.《주자가례》에서 가장 중시되었던 예법 중 하나가 부모의 상을 삼년상으로 치르는 것이었다. 하지만 이론적 당위성과는 별개로 실생활에서 삼년상을 실천하는 것은 성리학을 공부한 사대부들에게도 그다지 흔한 일이 아니었다. 〈행장〉에서 당시 사대부들이 대부분 100일 탈상을 했다고 한 것은 성리학 수용 이후에도 기존의 불교적 전통에 따라 100일 만에 상기를 마치는 사람들이 여전 많았음을 보여준다.

정몽주의 후배 학자였던 권근은 1389년(창왕 1) 10월에 절친한 친구 이숭인이 간관의 탄핵을 받자 그를 옹호하는 상소를 올렸다. 이숭인이 모친의 삼년상을 마치기 전에 시관이 되어 과거를 주관했다는 것이 탄핵 사유 중 하나였다. 권근은 이숭인에 대한 탄핵이 부당하다고 주장했다. 그는 당시 삼년상을 치르는 사람은 만 명에 한 명 있을까 말까 하다는 점을 지적하면서, 만약 이숭인을 처벌하고 반드시 삼년상을 치르는 자만 등용하려 한다면, 이는 만 명을 버리고 단지 한 사람만 얻고자 하는 것이라고 비판했다. 삼년상을 치르는 사람이 '만 명에 한 명 정도'라는 것은 좀 과장된 말이었겠지만 어쨌든 고려 말에는 삼년상을 치르는 것이 상당히 드문 일이 었음을 알 수 있다. 이런 상황에서 정몽주가 부모의 상을 모두 삼년상으로 치렀다는 것은 그가 성리학적 의례를 시행하는 데 선구적인 위치에 있었음을 잘 보여준다.

한편 《포은집》을 보면, 정몽주의 부친상과 모친상에 관한 기록이 판본마다 다르게 기록되어 있다. 먼저 1355년의 상에 대한 기록을 보면, 《포은집》 '신계본'의 〈연보〉에는 "아버지가 돌아가셨다"라고 되어 있는 반면, '개성본'의 〈연보〉에는 "어머니가 돌아가셨다"라고 기록되어 있다. '교서관본'에는 '내간을 당했다'라고 적혀 있다.

이처럼 정몽주의 1355년의 상에 대한 기록이 판본마다 다른데, 이런 차이는 10년 후인 1365년의 기록에서도 동일하게 나타난다. 즉 '신계본'에는 "어머니가 돌아가셨다", '개성본'에는 "아버지가 돌아가셨다", 그리고 '교서관본'에는 '외간을 당했다'라고 나온다. '신계본'과 '개성본'에서 부친상과 모친상의 시기를 반대로 기록하고 있다. 표로 정리해보면 〔표 3-4〕와 같다.

〔표 3-4〕정몽주 부모상에 관한 《포은집》판본별 기록 차이

	신계본	개성본	교서관본
1355년 상	아버지가 돌아가셨다	어머니가 돌아가셨다	내간을 당했다
1365년 상	어머니가 돌아가셨다	아버지가 돌아가셨다	외간을 당했다

그렇다면 이런 차이는 어디에서 비롯된 것일까? 아마도 〈연보〉들보다 앞서 지어진 〈행장〉의 관련 내용을 〈연보〉의 편찬자마다 각각 다르게 해석했기 때문이 아닐까 생각한다. 함부림이 정몽주의 〈행장〉을 지은 것은 1410년(태종 10)이고, 《포은집》 초간본이 간행된 것은 1439년이다. 〈행장〉에서 함부림은 1355년의 상에 대해 '교서관본' 〈연보〉처럼 '내간을 당했다'라고 기록했고, 1365년의 상은 '외간을 당했다'라고 기록했다. 따라서 '신계본'의 편찬자는 〈행장〉의 '내간'과 '외간'을 각각 부친상과 모친상으로 보았고, '개성본'

편찬자는 이를 반대로 해석했던 것이다. 그리고 '교서관본' 편찬자는 〈행장〉의 표현을 그대로 사용했다.

'내간'은 일반적으로 모친상을 가리키는 말로 사용되었으며 '내우'라고도 한다. 이에 대칭되는 말이 '외간' 또는 '외우'로, 부친상을 가리킨다. 따라서 이 용례대로라면 '개성본'에서 1355년을 모친상, 1365년을 부친상으로 해석한 것이 맞을 것이다. 《포은집》국역본에서도 〈행장〉을 번역하면서 내간을 모친상, 외간을 부친상으로 해석해, 정몽주가 1355년에 모친상을, 1365년에 부친상을 당한 것으로 해석했다.

그런데 문제는 이 두 가지 표현이 반대의 의미로 사용되는 경우도 많았다는 것이다. 이 점은 조선시대 학자들 사이에서도 논란이 되었다. 대표적인 사례가 16세기 학자 기대승과 정철·이후백 사이의 논란이다.

하루는 이후백과 정철이 저(기대승)를 방문하여 담소하던 중에 우연히 내간과 외간에 대해 언급하였습니다. 정철이 '내간'을 부친상이라 하고 '외간'을 모친상이라 하기에 제가 반대로 말한 것이라고 반박하자, 이후백도 정철의 말이 옳다고 하였습니다. (중략) 두 사람이 돌아간 후 제가 즉시 여러 책을 찾아 상고해보니, 주자의 〈행장〉에 모친상이 "내간을 당했다"라고 기록되어 있었습니다. 이에 두 사람의 견해가 잘못되었음을 분명히 알게 되었습니다. 그런데 그 후에 우연히

《포은집》을 보니 첫째 권에 〈연보〉가 있는데, 부친상을 내간이라 하고 모친상을 외간이라 하였습니다. 저는 이것을 본 뒤에야 두 사람의 말이 전해져 내려온 바가 있으며, 세속에 전하는 오류가 이미 오래되었음을 알게 되었습니다.

— 기대승, 《고봉집》 권3, 〈선생의 문목에 답함〉

위의 글에 따르면 기대승은 정철·이후백 등이 내간을 부친상, 외간을 모친상이라고 주장하자 그렇지 않다고 반박했고, 주희의 〈행장〉에 모친상이 내간으로 기록된 것을 근거로 자신의 견해가 옳다고 생각했다. 그러다가 나중에 《포은집》의 〈연보〉에서 내간과 외간이 자신의 생각과 반대의 의미, 즉 내간이 부친상, 외간이 모친상으로 적힌 것을 보고는 정철의 주장도 근거가 있는 것임을 알게 되었다고 한다.

《고봉집》의 위 기사는 조선시대 학자들 사이에서도 내간과 외간의 의미를 둘러싸고 논란이 있었음을 잘 보여준다. 그리고 위 기사는 그 논란에 대한 답안을 제시해주었다고 할 수 있다. 17세기 예학의 대가였던 김장생(1548~1631)은 문인 송준길(1606~1672)이 내간과 외간의 의미에 대해 질문하자 "고봉(기대승)의 답이 옳은 듯하다"라면서 위 인용문의 내용으로 답변해주었다. 그리고 자신의 예학 저술인 《의례문해》에도 '외우와 내우의 구분'이란 제목으로 송준길에게 답변해준 내용을 그대로 실었다. 이를 통해 《포은집》〈연보〉 기록은 '내간'이 부친상, '외간'이 모친상으로 사용된 대표적인 사례로 공식화되었다.

이상을 종합하면, 정몽주의 〈행장〉과 '교서관본'《포은집》〈연보〉에 기록된 '내간'과 '외간'은 각각 부친상과 모친상을 가리키는 것이며, 따라서 1355년을 부친상, 1365년을 모친상으로 기록한 '신계본'의 〈연보〉가 맞고 이를 반대로 해석한 '개성본'의 〈연보〉가 오류임이 분명하다. 류성룡이 〈연보고이〉에서 세 판본의 〈연보〉와 〈행장〉을 비교 검토한 후 1355년을 부친상, 1365년을 모친상으로 정리했을 때도 이런 점을 고려했을 것이다.

성장기·수학기의 친구들

정몽주의 성장기 및 수학기의 행적을 엿볼 수 있는 또 하나의 통로는 그의 교유 관계다.《포은집》을 비롯해 고려 말에 활동했던 여러 학자들의 문집을 검토해보면, 정몽주가 과거에 응시하기 전부터 시문을 주고받으며 교유했던 인물들이 몇 사람 확인된다. 이경, 전녹생·전조생 형제, 이집, 김구용·김제안 형제 등이 바로 그들이다.

정몽주가 출사 이전에 교유했던 인물 중에서 교유 시기가 가장 빠른 것으로 보이는 사람은 이경(1337~?)이다. 이경의 문집《이우당집二憂堂集》에 수록된 〈연보〉에 따르면, 이경이 15세가 되던

1351년(충정왕 3)에 충정왕은 이경이 신동이라는 소문을 듣고 그를 궁으로 불렀다. 이 자리에서 충정왕이 이경에게 스승과 친구가 누구인지 묻자, 이경은 "정몽주가 같은 마을에 사는 동학입니다"라고 대답했다고 한다. 정몽주와 이경은 모두 1337년생으로 동갑이다. 여기에 같은 마을에 산다고 했으므로 아마도 두 사람은 어린 시절 동네 친구로 처음 만났으며 나이도 같아서 쉽게 친해졌을 것이다. 또 이경은 정몽주를 '동학'이라고 했는데, 아마도 두 사람은 어린 시절 한동네에 살면서 자연스럽게 같은 선생님에게 글을 배웠을 가능성이 높다.

1392년에 정몽주가 서거했을 때 이경은 그의 죽음을 애도하는 제문을 지었는데, 그 글에서 정몽주를 '죽마고우'라고 표현했다. 이를 통해서도 두 사람이 어린 시절부터 상당히 가깝게 교유한 사이였음을 확인할 수 있다.

정몽주와 이경의 교유는 성인이 된 후에도 계속되었다. 두 사람은 1360년의 예부시에서 함께 급제함으로써 동년이 되었다. '동년'은 과거시험에서 함께 합격한 사람들을 가리키는 말로, 뒤에서 자세히 살펴보겠지만 고려시대에 동년들은 친형제처럼 가까운 관계였다고 알려져 있다. 따라서 어린 시절부터 친구였던 정몽주와 이경이 함께 과거시험에 급제해 동년이 됐다는 것은 두 사람의 관계가 더욱 친밀해졌음을 의미한다고 할 수 있다.

《이우당집》에는 이경과 정몽주가 주고받은 시문들이 다수 수록되어 있다. 이를 이경의 〈연보〉와 대조하여 저작 연대를 확인해보면, 두 사람은 과거에 급제해 관직 생활을 시작한 이후에도 정몽주가 사망할 때까지 교유 관계를 지속했음을 알 수 있다. 〈여묘살이하는 정포은에게 주다〉는 1355년에 정몽주가 부친상을 당했을 때이경이 지어준 시로, 아버지의 묘소 옆에 여막을 짓고 삼년상을 치르고 있는 정몽주의 효성을 치하하는 내용이 실려 있다. 1372년에정몽주가 명나라로 사행을 떠날 때도 이경은 〈임자년 봄, 촉 지역평정을 축하하기 위해 명나라에 가는 홍사범과 정달가를 전송하는시〉를 지어서 정몽주가 사행 임무를 잘 수행하고 안전하게 귀환하기를 기원했다. 이경은 1383년에 고려 태조의 능을 방문한 적이 있었는데, 이때의 감회를 담아 〈태조의 능에 울면서 하직을 고하는시〉를 지었다. 이에 대해 정몽주는 〈이경이 태조릉에서 지은 시에화답함〉을 지어 이경에게 주었다. 이로 미루어 짐작하건대 아마도두 사람이 함께 태조의 능을 방문했던 것이 아닐까 한다.

앞서 말했듯이 이경은 1392년 4월에 정몽주가 죽자 만사와 제문을 지어서 그의 죽음을 애도했다. 당시 정몽주에게는 이성계 세력을 무고해 죽이려 했다는 죄목이 덧씌워졌고, 그의 머리는 저자에효수되었다. 그런 상황에서 정몽주를 추모하는 것은 자칫 본인도위험에 빠질 수 있는 행동이었지만, 이경은 아랑곳하지 않고 평생지기를 위해 만사와 제문을 지었다. 특히 제문에서 이경은 정몽주가 '왕실의 기둥'이었다고 평가하면서, "나라가 주석(기둥과 주춧돌)

을 잃었으니 누가 사직을 떠받칠 수 있을까?"라며 고려의 마지막 보루였던 정몽주의 죽음을 애통해했다.

전조생(?~?)은 정몽주의 초기 교유 관계에서 상당한 비중을 차지했던 인물로 추정된다. 전조생은 우왕 대에 정몽주 등과 함께 북원(원의 지배 세력이 명에게 수도를 빼앗기고 북쪽으로 옮겨가 세운 정치체)과의 외교 재개에 반대하다가 이인임 등에게 국문을 받고 사망한 전녹생(1318~1375)의 동생이다. 하지만 전조생에 관해서는 전해지는 자료가 거의 없어서 그의 생애를 자세히 알기 어렵다. 다만 그의 형 전녹생의 《야은일고》에 수록된 〈세계도〉에 따르면, 전조생은 재주가 탁월해 공민왕으로부터 중한 부탁을 받았으며, 많은 사람들이 그가 곽광이나 제갈량 같은 명재상이 될 것으로 기대했다고 한다. 또 정몽주와 도의로써 교제했으며, 전조생이 사망한 후 정몽주는 꿈에서 전조생을 만난 일을 시로 지었다고 기록되어 있다.

정몽주가 전조생과 관련해 지은 시문으로는 위의 《야은일고》 〈세계도〉에서 언급된 시 〈꿈을 기록하다〉와 전조생의 초상화를 보고 느낀 감회를 담은 〈경은 전조생의 초상화에 부친 찬〉이 있다. 두 편의 글은 모두 전조생이 사망한 이후에 지은 것으로, 전조생을 그리워하고 존경하는 마음이 잘 나타나 있다.

먼저 〈꿈을 기록하다〉의 내용을 보자. 1383년(우왕 9) 10월 8일 정몽주는 꿈에서 전조생을 만난 일을 다음과 같이 노래했다.

잊을 수 없는 아름다운 한 사람이여
훨훨 바람 타고 어디에서 노니시는가
예장 같은 큰 재목을 하늘이 내시니
명당을 부지하리라 세상 사람 바랐지
더구나 선왕에게 두 왕자를 부탁받을 때
곽광과 제갈공명이 되기를 기대했음에랴
오호라 상서롭지 못한 시대를 문득 만나니
안연의 요절과 도척의 장수는 모를 이치이네

시의 첫 구절에서 정몽주는 전조생을 "잊을 수 없는 아름다운 한 사람"이라고 부르며 세상을 떠난 친구에 대한 그리움을 드러냈다. 이어 그는 "예장 같은 큰 재목", "곽광과 제갈공명이 되기를 기대했음에랴"라는 구절을 통해 전조생이 군주를 보필하고 국가 운영을 책임지기에 충분한 국량과 능력을 갖춘 인재였다는 점을 강조했다. 이어 "안연의 요절과 도척의 장수는 모를 이치이네"라며, 안연과 같은 덕과 능력을 가진 전조생이 젊은 나이에 세상을 떠난 것에 대한 안타까움을 표현했다. 이어 정몽주는 같은 시에서 아래와 같이 꿈속에서 만난 전조생의 모습 및 그와 나눈 대화 내용을 묘사했다.

위에 있는 모습을 어제 문득 꿈에서 보니

옥 같은 얼굴 금 같은 목소리가 완연한데
생전처럼 자상히 옛일을 이야기하다가
당시 봉성으로 갔던 일을 말하였네

위 인용문에서 특히 "생전처럼 자상히 옛일을 이야기하였다"라
는 시구는 정몽주와 전조생의 교유가 상당히 친밀했음을 보여준다.

다음으로 정몽주는 〈경은 전조생의 초상화에 부친 찬〉에서 다음
과 같이 전조생의 학문을 높이 평가했다.

경을 주로 하고 의에 통하여 성학을 정밀히 연구하니
참된 선비의 연원이요 재상의 기국이라
(중략)
예전에 모실 때엔 춘대에 든 것 같았는데
남겨진 초상화를 이제 뵈니 한숨만 더 하네

여기에서 "경을 주로 하고 의에 통하여 성학을 정밀하게 연구하
니"라는 표현은 전조생이 고려 말 신흥 유신의 한 사람으로서 성리
학에 조예가 깊었음을 보여준다. 한편 정몽주는 이 글의 다른 구절
에서 "덕은 있으나 수가 없으니 예측 못할 천명이지만, 안자와 비
교하면 6년을 더 누렸네"라며 전조생이 일찍 사망한 것에 대한 안
타까움을 피력했다. 전조생의 생몰년은 기록이 부정확해 확언하기

어렵지만, 32세에 요절한 안연보다 6년을 더 살았다는 내용을 통해 전조생이 38세에 사망했음을 추정할 수 있다.

정몽주는 전조생의 형 전녹생과도 가까운 사이였다. 전녹생은 자가 맹경, 호가 야은으로 충혜왕 대에 과거에 급제한 이후 여러 관직을 역임했다. 1371년(공민왕 20)에는 이색과 함께 과거를 주관해 전백영, 김진양, 이행 등을 선발했다. 1375년(우왕 1)에는 정몽주, 정도전, 이숭인 등이 주도한 북원 사신 영접 반대에 동참해 이첨과 함께 이인임 등을 탄핵하다가 투옥되어 국문을 받고 유배되던 중에 사망했다. 당시 정몽주도 북원 사신 영접 반대에 앞장섰음을 고려하면, 정몽주와 전녹생은 정치적 입장이 동일했다고 할 수 있다.

《포은집》에는 전녹생의 시 〈김해의 기생 옥섬섬에게 주다〉에 정몽주가 차운한 시 4수가 실려 있다.

예전에 재상 야은 전 선생이 계림의 판관으로 있었을 때 김해의 기생 옥섬섬에게 시를 지어주었는데, "바닷가엔 신선 사는 칠점산이 푸르고 거문고 속 흰 달은 한 바퀴가 밝도다. 세상에 옥섬섬의 고운 손이 없었다면 누가 기꺼이 태고의 정을 타려 하겠나"라는 내용이었다. 10여 년이 지난 뒤 야은이 합포에 와서 다스릴 때 옥섬섬이 이미 늙었지만 그녀를 불러 곁에 두고는 날마다 거문고를 타게 했다고 한다. 내가 이 소문을 듣고 뒤따라 그 시에 화운하여 벽 위에 적는다.

위 인용문은 정몽주가 지은 차운시의 제목이다. 전녹생이 기생 옥섬섬에게 시를 지어주게 된 경위를 담고 있어서 제목 자체가 엄청나게 길다. 그런데 제목의 내용을 보면, 정몽주가 전녹생과 기생 옥섬섬 사이에 있었던 일을 비교적 소상하게 알고 있었음을 짐작할 수 있다. 지방 수령과 기생의 관계는 상당히 사적인 일이다. 그런데 제삼자인 정몽주가 자세히 알고 있는 것은 당사자인 전녹생으로부터 들었기 때문일 것이다. 정몽주와 전녹생이 언제부터 교유했는지는 분명하지 않지만, 두 사람은 사적인 이야기도 스스럼없이 터놓을 만큼 매우 친밀한 관계였던 것으로 여겨진다.

이집(1327~1387)도 정몽주가 출사 이전부터 교유하기 시작해서 일생을 함께 했던 인물이다. 두 사람의 교유는 1350년대 후반부터 시작된 것으로 추정되는데, 이는 정몽주가 이집의 죽음을 애도하며 쓴 시 〈이호연을 곡하다〉를 통해 확인된다. '호연'은 이집의 자이다.

교유한 날 헤아려보면 30년 세월이니
청담을 몇 번이나 등 앞에서 나누었나
백발 되어 이렇게 지기의 벗 잃었으니
까닭 없이 눈물 흘린다고 누가 말하랴

위 시에서 정몽주는 이집과 학문을 논하면서 사귄 지 30년이 되었다고 했다. 이집이 사망한 해가 1387년이므로 이로부터 30년 전이면 1357년이다. 즉 정몽주와 이집은 1357년을 전후로 처음 만나서 교유하기 시작했던 것으로 보인다. 이집은 정몽주보다 열 살 연상이었으며, 1357년경이면 정몽주가 감시에 합격했을 무렵으로 아직 출사하기 전이었지만 이집은 이미 1355년(공민왕 4)에 과거에 급제해 관직에 나아가 있던 상황이었다. 이처럼 이집과 정몽주는 나이 차이도 꽤 많고 출사 시기도 서로 달랐지만, 그런 차이를 모두 잊고 서로 마음을 나누는 친구가 되었다. 위 시에서 정몽주가 이집을 '지기의 벗', 즉 마음을 아는 친구라고 표현한 것은 두 사람의 교유가 일상적인 친구 이상의 깊은 관계였음을 잘 보여준다.

정몽주는 〈둔촌의 권축에 적은 시〉에서 이집에 대해 고난 속에서도 꺾이지 않는 의기를 지닌 인물이라고 높이 평가했다.

이에 알겠노라 옛날 사람들이
역경에 처했던 것이 유익했음을
선생도 예전에 원수를 피하여
기구하게 험지로 몸을 숨겼으니
보는 이들은 괴롭게 여겼으나
오직 선생만은 자득한 듯했네
꺾일수록 의기가 더욱 굳세니

센 불이라야 좋은 옥임을 안다네

위 시에서 "예전에 원수를 피했다"는 것은 1368년에 이집이 신돈을 논죄했다가 도리어 화를 입게 되자 부친을 모시고 경상도 영천으로 피신했던 일을 가리키는 것으로 보인다. 이집은 이후 지방에서 계속 은거하다가 1371년에 신돈이 축출된 후에야 개성으로 돌아왔다. 정몽주는 위 시를 통해 불의한 권력을 비판하다가 화를 입었지만 이에 개의치 않고 자득하는 모습을 보였던 이집을 '좋은 옥'에 비유하면서 극찬했다. 이런 평가 역시 두 사람이 서로 마음을 아는 친구였기에 가능했던 것이 아닐까 생각한다.

《포은집》과 이집의 《둔촌잡영》에는 두 사람이 주고받은 많은 시문들이 수록되어 있다. 교유 시문 중에는 두 사람이 이웃에 살면서 주고받은 시들이 여러 편 있다. 1363년(공민왕 12) 5월 2일, 정몽주는 비가 내리는 것을 바라보며 혼자 집에서 한가로운 시간을 보내고 있었는데, 마침 이집이 찾아왔다. 반가운 친구의 방문에 정몽주는 기쁜 마음을 담아 시를 지었으니, 그것이 《포은집》에 수록된 〈계묘년 5월 2일에 비가 내려 홀로 앉았는데 이둔촌이 마침 찾아왔다〉다. 이에 이집이 정몽주의 시에 차운하여 시를 읊었고, 정몽주도 다시 이집의 시에 차운하여 화답했다. 그 내용이 바로 《둔촌잡영》에 수록된 〈차운하여 포은에게 주다〉 3수와 《포은집》의 〈또 둔촌의 시에 차운하다〉 2수다. 특히 정몽주의 첫 번째 시 〈계묘년 5월 2일

에 비가 내려 홀로 앉았는데 이둔촌이 마침 찾아왔다〉에 이런 구절
이 나온다.

때마침 서쪽 사는 이웃 손님이 있어
찾아와서 나와 함께 시를 읊조리네

여기서 '서쪽 사는 이웃 손님'이 바로 이집이다. 이는 두 사람이
이웃에 가까이 살면서 수시로 상대방을 방문해 시문을 나누고 교
유했던 정황을 보여준다. 이 밖에 이집의 〈비 오는 가운데 홀로 앉
아 있다가 빨리 써서 포은에게 주다〉와 〈6월 15일에 포은에게 주
다〉, 정몽주의 〈삼가 우중독좌시에 화답하다〉와 〈둔촌이 6월 15일
에 지은 시에 화답하다〉 등은 두 사람이 서로 시를 주고받으면서
교유했던 모습을 잘 보여준다. 이집이 만년에 경기도 여주에 은거
하면서 서로 멀리 떨어져 살게 된 후에도 두 사람은 편지를 주고받
으며 교유를 지속해나갔다.

한편 정몽주와 이집의 교유는 그다음 세대까지도 이어졌다. 정
몽주는 이집의 아들 이지직이 1380년(우왕 6)에 문과에 급제하자
이를 축하하는 시를 지어주었다.

내 문하에서 공부할 때 글재주가 새롭더니
소년의 봄 시절에 방안榜眼에다 이름을 적었네

재주 없는 나도 다행히 문명한 때를 만나
부끄럽게 그 당시에 제일인으로 뽑혔었지

—《포은집》권3, 〈이태상의 시에 차운하여
이둔촌의 아들 지직의 급제를 축하하다〉

위 시는 정몽주가 지은 축하시의 두 번째 수다. 여기에서 정몽주는 "내 문하에서 공부할 때 글재주가 새롭더니"라며 이지직이 자신의 문하에서 수학했고, 그때부터 뛰어난 재능을 보여주었다는 점을 강조했다. 이지직이 정몽주의 문하에서 공부했던 것은 물론 아버지 이집과 정몽주가 절친한 사이였기 때문일 것이다. 이처럼 이집은 그 자신뿐만 아니라 아들까지도 정몽주와 친밀한 관계를 가졌을 만큼 정몽주의 교유 관계에서 대단히 큰 비중을 차지하는 인물이었다.

이 밖에 정몽주가 수학기부터 교유했던 인물로 김구용·김제안 형제가 있다. 김구용·김제안 형제와의 교유 사실은 고려 말의 학자 민사평(1295~1359)의 시를 통해 확인할 수 있다.

내 문하의 정 태학
이제 훌륭한 아들을 두었네
게다가 내 손자와 교유하니

어찌 자식처럼 보지 않겠나

— 민사평, 《급암시집》 권1, 〈정몽주에게 보이다〉

위 시에서 '정 태학'은 정몽주의 부친 정운관으로, 그가 성균관에서 공부한 경력이 있었기 때문에 정 태학이라고 부른 것이다. 그리고 '내 손자'는 민사평의 외손자인 김구용·김제안 형제를 가리킨다. 민사평이 사망한 해가 1359년임을 고려할 때, 위 시에서 언급된 정몽주와 김구용·김제안 형제의 교유는 민사평이 생존해 있던 1359년 이전에 이미 시작되었다. 김구용·김제안 형제가 정몽주와 상당히 절친한 사이였다는 것은 잘 알려진 내용이지만, 기존에는 이들이 관직에 진출한 이후 성균관 등에서 함께 근무하면서 학문적 동지로서 가까워졌다고 보는 것이 일반적이었다. 하지만 위시를 통해 이들이 출사 이전부터 교유하고 있었으며, 그 인연이 부친 대로 거슬러 올라간다는 것을 확인할 수 있다.

과거 급제와 정몽주의 좌주들

정몽주의 〈연보〉나 〈행장〉에는 앞서 살펴본 개명 관련 기록과 부친상 기사를 제외하면 그의 과거 합격 이전의 행적을 보여주는 기록이 전혀 없다. 따라서 현재로서는 정몽주의 성장기와 수학기의 행적을 파악해 그의 삶을 재구성하는 것은 사실상 불가능하다. 다만 정몽주의 시나 동료 학자들의 글에서 단편적인 단서를 발견할 수 있을 따름이다.

먼저 《포은집》 권2에 실린 〈안동서기로 부임하는 이 수재를 전송하다〉라는 시의 제3절에 다음과 같은 구절이 나온다.

그 옛날 글 읽었던 그리운 홍국사여

때때로 꿈속에서 청산을 찾아가노라

예전에 교유했던 주지 노승이 가장 생각나니

나를 위해 틈을 내서 한번 다녀오시오

이 시를 통해 정확한 시기는 알 수 없지만 정몽주가 안동의 홍국사에서 글공부를 한 적이 있음을 알 수 있다. 홍국사는 경상북도 안동시 서후면 태장리에 있는 사찰로, 현재 이름은 개목사이다. 이시를 지은 시기가 1379년경이고, 홍국사에서 공부하던 때를 '옛날'이라고 표현한 것을 보면 과거 응시 이전의 일이 아닐까 생각한다.

정도전은 정몽주가 1386년에 명나라 사행을 다녀오는 과정에서 지은 시들을 모아 정리한 시고에 서문을 지어주었는데, 그것이 바로 정도전의 《삼봉집》에 실려 있는 〈포은봉사고서〉이다. 이 글에는 정도전이 정몽주를 처음 만나게 된 과정이 실려 있는데, 그 중에 "그때 마침 국가에서 빈흥과를 실시했는데, 선생(정몽주)이 삼각산에서 내려와 삼장에서 연속 장원하여 명성이 자자하였다"
라는 내용이 있다. 이 글에서 말한 '그때'는 정도전이 16~17세 때
인 1357~1358년으로, 이는 정몽주가 감시에 합격한 이후다. 그
리고 "삼각산에서 내려왔다"는 것은 정몽주가 삼각산에 소재한
사찰에서 공부했음을 의미한다. 즉 정몽주가 감시에 합격한 후
1357~1358년경에 삼각산에 있는 사찰에 들어가서 공부했음을 알
수 있다. 삼각산은 지금의 북한산을 가리키는 것으로 추정된다. 이
상을 정리해보면, 정몽주는 과거(예부시) 급제 전 수학기에 안동 홍
국사와 한양 삼각산의 산사에서 학업을 연마했음을 알 수 있다.

 1357년(공민왕 6) 3월, 부친의 삼년상을 마친 정몽주는 국자감시
에 응시했다. 국자감시는 과거시험의 최종 고시인 예부시의 전 단
계에 시행된 예비시험이다. 국자감에서 실시했기 때문에 국자감시
라고 했으며, 감시·성균시·남성시 등으로 불리기도 했다. 조선의
과거제도와 비교해보면, 예부시가 33명의 최종 합격자를 뽑는 대
과에 해당하고 국자감시는 생원·진사를 선발하는 소과에 준한다.
1357년 3월의 국자감시에서는 이준을 비롯해 98명이 선발되었는
데, 정몽주는 3등으로 합격했다.

 정몽주는 국자감시에 합격하고 3년 뒤인 1360년(공민왕 9) 10월
예부시에 응시해 합격했다. 그것도 초장, 중장, 종장의 세 차례 시
험에서 모두 수석을 차지해 을과 제1인으로 급제했다. 조선에서는
문과 합격자 33명의 석차를 갑과(3명), 을과(7명), 병과(23명)로 구

분했지만, 고려에서는 '갑과'라는 표현을 쓰지 않고 을과(3명), 병과(7명), 동진사(23명)의 순으로 구분했다. 따라서 고려에서는 '을과 제1인'이 장원 급제자였다.

고려시대에는 같은 과거시험에서 급제한 사람들을 '동년'이라고 불렀다. 정몽주의 1360년 예부시 동년 중에서 현재 확인되는 사람들의 명단을 정리하면 다음과 같다.

을과 : 정몽주, 임박, 백군영
병과 : 신인보, 김주, 문익점, 김질, 박계양, 이준, 김군정, 송윤경
동진사 : 이경, 이인민, 이자용, 김린, 정천린, 허진, 이존오, 김희, 서
　　　　균형, 유원, 이인범, 곽추, 윤덕린, 김승원, 이사위, 김경생,
　　　　김석해, 황원철, 이을, 유향.

— 허흥식,《고려과거제도사연구》, 1981

정몽주는 1360년 예부시에서 '3장 장원'으로 합격했는데, 그 구체적인 내용과 학문적인 의미에 대해서는 4장 '성리학자 정몽주'에서 자세하게 알아볼 것이다. 여기에서는 국자감시와 예부시에서 정몽주를 선발했던 고시관들에 대해 살펴보고자 한다. 그것은 고려시대 과거제에서 특징적으로 나타나는 '좌주–문생' 관계 때문이다.

널리 알려진 바와 같이 고려의 과거제는 958년(광종 9)에 중국 후주에서 귀화한 쌍기의 건의에 따라 처음 실시되었다. 고려 전기

에는 국왕이 최종 합격자를 결정하는 복시가 자주 시행되면서 과거에서 국왕의 권한이 큰 비중을 차지했다. 그러나 인종 대(재위 1122~1146)에 복시가 폐지되면서, 이후에는 지공거·동지공거 등 고시관의 권한이 대폭 강화되는 변화가 나타났다. 이에 따라 합격자는 자신을 선발한 지공거와 동지공거를 '은문' 또는 '좌주'라 부르며 스승으로 예우했고, 지공거와 동지공거는 자신이 선발한 과거 급제자를 문생, 즉 제자로 칭했다. 이것이 바로 '좌주-문생' 제도다.

여말선초의 학자 권근은 좌주와 문생의 관계에 대해 다음과 같이 기록하고 있다.

우리 동방은 고려 광종 대 이래로 그 예가 지극히 풍성하여, 무릇 고시를 맡아보는 사람은 반드시 풍성한 음식을 장만해놓고 공복 차림으로 문생을 거느리고 (자신의) 좌주를 모셔다가 그의 집에서 잔치를 베풀었는데 자기 어버이를 대접하는 것과 다름이 없게 하였다. 그래서 왕이 유사에게 명하여 청사를 마련하도록 하고 특별히 내악(궁중악)을 내려 총애하였다. 이로 말미암아 좌주는 문생 보기를 자식과 같이 하고 문생은 좌주 보기를 아비와 같이 하였으니, 사제의 예가 후하였다고 할 만하다.

— 권근, 《양촌집》 권16, 〈문하좌시중 평양 조준 공을 축하하는 시의 서문〉

위의 글에서 "좌주는 문생 보기를 자식과 같이 하고 문생은 좌주 보기를 아비와 같이 하였다"는 말은 좌주와 문생이 얼마나 친밀한 관계였는지를 단적으로 보여준다. 문생은 좌주를 자신이 직접 배웠던 스승보다 더 존숭했으며, 좌주는 문생의 학문과 관직 생활을 적극적으로 후원하는 것이 일반적이었다. 이런 경향은 시간이 갈수록 더욱 보편화되어 예부시뿐만 아니라 성균시와 승보시 등 아래 단계의 시험에도 좌주-문생 관계가 적용되었다. 한편 같은 좌주에게 선발된 급제자들을 '동문'이라고 불렀는데, 이들의 유대는 형제 관계에 비견될 정도로 돈독했다고 한다. 그중에서도 특히 같은 시험의 합격자들은 서로를 '동년'이라 부르며 더욱 긴밀하게 교유했고, 동년회를 결성하기도 했다.

좌주는 문생들을 학문적·정치적으로 이끌어주는 후원자였다. 따라서 학계와 정계에서 영향력 있는 인물을 좌주로 만나는 것은 출세를 위한 금수저를 하나 얻은 것과 같았다. 그렇다면 이 글의 주인공 정몽주는 과거 급제를 통해 누구를 좌주로 만났을까? 그리고 정몽주는 고려시대의 일반적인 좌주-문생 관계처럼 학문적으로나 정치적인 면에서 좌주의 적극적인 후원을 받았을까? 아래에서는 바로 그 점을 알아보고자 한다.

먼저 정몽주가 1357년 3월에 합격한 국자감시의 고시관, 즉 정몽주의 첫 좌주는 당시 어사대부였던 신군평이다. 《고려사》에 따르면, 신군평은 충숙왕 대에 과거에 급제한 후 대관(탄핵·감찰을 담당하는 관원)을 지냈으며, 충목왕 대(재위 1344~1348)에는 정치 개혁을 주도했던 정치도감의 일원으로 활동했다. 충목왕 대 정치도감에서는 권세가들이 불법으로 탈취한 토지와 노비를 조사해 원래대로 회복시키고, 정동행성의 내정 간섭을 차단하는 등의 개혁을 추진했으며, 이에 저항하는 부원 세력의 불법 행위를 조사했다. 그런데 이 과정에서 원나라의 실세였던 기황후의 일족 기삼만이 조사를 받다가 옥에서 사망하는 사고가 발생했다. 이에 기황후가 직접 개입해 정치도감의 관원들을 처벌했으며, 신군평도 그 대상에 포함되었다. 이후 신군평은 공민왕 대에 좌대언, 어사대부 등을 역임했다.

《고려사》〈신군평 열전〉에는 그가 대관으로 있을 때 권세가에게 아첨해 벼슬을 얻은 관리의 고신(임명장)에 서명하는 것을 거부하다가 파직된 적이 있다는 기사가 실려 있다. 또 신군평이 좌대언으로 재직할 때 그의 동서 우유길이 파직됐다가 얼마 안 되어 복직된 일이 있었다. 그러자 신군평의 동서이기 때문에 빨리 복직됐다는 시비가 일어났는데, 이에 신군평은 공민왕에게 건의해 우유길을 복직자에서 제외시켰다. 또 공민왕이 승직을 임명하기 위해 신군평을 부르자 그는 병을 핑계로 나가지 않았다고 한다. 아마도 승려들에게 승직을 주는 것에 대해 불만을 가졌기 때문이 아니었을까 추측된다. 이상의 기사들은 신군평의 강직한 품성을 잘 보여준다. 하지만 이 정도를 제외하면 신군평의 활동에 관한 기사는 전하지 않으며 정몽주와의 접점도 찾아보기 어렵다. 따라서 신군평이 좌주로서 문생 정몽주를 후원한 일은 그다지 없었던 것으로 보인다.

다음으로 정몽주가 3장 장원을 했던 1360년 10월 예부시의 고시관을 살펴보자. 이때에는 정당문학 김득배가 지공거, 추밀원 직학사 한방신이 동지공거를 맡아 시험을 주관했다. 이에 따라 정몽주는 김득배와 한방신 두 사람을 좌주로 모시게 되었다.

김득배(1312~1362)는 충숙왕 대에 문과에 급제해 예문검열로 관직 생활을 시작했다. 공민왕이 1341년부터 1351년까지 원나라에 체류할 때 숙위를 맡아 함께 생활했으며, 공민왕 즉위 후에는 왕의 측근으로서 요직을 두루 역임했다. 1359년에는 부원 세력 기철을 숙청한 공으로 2등 공신에 책봉되었고, 1360년에는 홍건적의 침입을 물리쳐 '수충보절 정원공신'에 책봉되었다. 공민왕의 측근이자 공신이라는 김득배의 정치적 위상을 고려할 때, 좌주 김득배는 문생 정몽주에게 큰 힘이 되어줄 수 있는 인물이었다. 그런데 김득배는 공민왕의 또 다른 측근 김용의 모략에 걸려들어 정몽주가 관직 생활을 시작하기도 전에 억울한 죽임을 당했다.

1361년(공민왕 10) 10월에 홍건적 장수 반성, 사유, 관선생 등이 10만 대군을 이끌고 압록강을 건너 삭주(지금의 평안북도 삭주군)로 침입했다. 고려군은 초반 몇 차례 전투에서 승리하는 등 선전했지만 안주(지금의 평안남도 안주군)와 절령책(지금의 황해도 서흥 자비령에 설치됐던 목책)에서 대패하면서 무너졌고, 결국 공민왕은 11월 19일에 개경을 떠나 복주(지금의 경상북도 안동)로 피난했다. 그리고 개경은 홍건적에 의해 함락되었다. 복주에 도착한 공민왕은 정세운을 총병관에 임명하고 홍건적 토벌을 명하는 조서를 내렸다. 정세운의 지휘 아래 전열을 재정비한 고려군은 이듬해(1362) 1월 개경으로 진격해 홍건적을 격퇴하고 개경을 탈환했다. 김득배 역시 이 전투에 참여해 큰 공을 세웠다. 그런데 당시 정세운과 대립관계에 있던 김용이 공민왕의 조서를 위조해 김득배, 안우, 이방실 등에게 정세운을 살해하도록 지시했다. 이어 김용은 김득배 등 세 사람이 국왕의 허락도 없이 상관 정세운을 죽이는 하극상을 저질렀다며 죄를 뒤집어씌웠다. 결국 김득배는 체포되어 상주에서 처형당했고, 안우와 이방실도 김용이 보낸 측근에게 살해되었다.

〈연보〉에 따르면 정몽주는 1360년 과거에 급제했고, 1362년 3월에 첫 번째 관직인 예문검열에 임명되었다. 김득배가 처형된 시기도 1362년 3월이었다. 즉 정몽주가 본격적인 관직 활동을 막 시작할 무렵에 그의 좌주 김득배는 억울한 죄인으로 몰려 죽임을 당했던 것이다. 정몽주는 관직 생활 시작부터 좌주로부터 정치적 후원을 받기는커녕 좌주가 하극상의 죄목으로 처형됨으로써 오히려 불이익을 당할 수도 있는 상황에 처했다.

그럼에도 정몽주는 좌주에 대한 의리를 지켰다. 김득배가 죽자 정몽주는 공민왕에게 글을 올려 자신이 김득배의 문생임을 밝히고 장사를 치르게 해줄 것을 요청했다. 공민왕이 그의 요구를 들어줌에 따라 정몽주는 상주에서 효수된 김득배의 시신을 수습해 장

레를 치를 수 있었다. 그리고 직접 제문을 지어서 김득배의 억울한
죽음을 애도하는 제사를 올렸다.

지난번 홍건적이 침입하여 왕께서 도성을 떠나니, 나라의 운명이 실
에 매달린 듯 위태롭게 되었습니다. 이때 공(김득배)이 가장 먼저 대
의를 주창하니 원근에서 메아리처럼 호응하였습니다. 만 번 죽을 계
책을 내어 삼한의 왕업을 회복했으니, 지금 사람들이 밥을 먹고 잠을
잘 수 있게 된 것이 누구의 공입니까? 비록 죄가 있더라도 공으로 덮
어주어야 옳고, 죄가 공보다 무거우면 반드시 죄에 승복하게 한 뒤에
처벌해야 옳습니다. 어찌하여 전마의 땀이 마르지도 않고 개선의 노
래가 끝나기도 전에 태산 같은 공훈이 도리어 창칼의 피가 되게 한
단 말입니까? 이것이 제가 피눈물을 흘리며 하늘에 묻는 이유입니
다. 저는 충직하고 씩씩한 공의 혼백이 천추만세에 반드시 구천의 아
래에서 피눈물을 삼키실 것을 압니다. 아! 운명입니다. 어찌하겠습
니까!

— 《포은집》 권3, 〈김득배에게 올리는 제문〉

위 제문에서 정몽주는 나라를 위해 큰 공을 세운 김득배가 억울
한 죽임을 당한 이유가 무엇인지를 하늘에 묻고 피눈물을 흘리며
애통해했다. 이후 정몽주는 김득배의 동생 김선치와 교유하며 좌
주와의 인연을 이어갔다. 불이익의 위험을 무릅쓰고 좌주 김득배

에 대한 의리를 지켰던 모습은 그로부터 30년 후 고려에 대한 절의를 지키며 죽음을 맞았던 그의 마지막 순간을 떠올리게 한다. 이후 1391년 3월에 중랑장 방사량이 안우·이방실·김득배의 공로를 표창하고 증직할 것을 건의하고 이를 공양왕이 받아들임에 따라 김득배는 신원되었으며, 그의 자손들도 관직에 진출할 수 있게 되었다.

다음으로 정몽주의 또 다른 좌주 한방신(?~1376)을 살펴보자. 한방신은 1355년(공민왕 4)에 문과에 급제한 인물로, "장수다운 지략이 있었다"라는 《고려사》의 평가처럼 문신이지만 여러 차례 북방 지역의 군사지휘관에 임명되어 많은 군공을 세웠다. 1360년 예부시 이후 한방신과 정몽주의 인연 역시 군사적인 측면으로 이어졌다. 한방신이 1363년 동북면 도지휘사에 임명됐을 때 정몽주를 자신의 종사관으로 발탁해 함께 출전했던 것이다. 변방에 종군한 것이 정몽주의 경력이나 출세에 얼마나 도움이 됐는지는 판단하기 어렵다. 하지만 정몽주가 군사적 경험을 쌓고 전공을 세울 기회를 가졌던 점을 고려한다면 이 또한 일종의 후원이었다고 봐도 될 것이다. 그리고 무엇보다 종군을 통해 이성계와 첫 만남을 가졌던 것은 그의 일생에서 매우 중요한 전환점이 되었다. 이 점은 5장 '군사행정가 정몽주'에서 좀 더 자세히 살펴볼 것이다.

1363년의 종사관 발탁은 정몽주가 관직 생활 중에 좌주의 추천을 받은 유일한 사례였다. 이후의 관직 활동에서 한방신이 정몽주를 추천하거나 그에게 긍정적인 영향을 끼쳤던 사례는 발견되지 않는다. 오히려 한방신은 아들 문제로 인해 자칫하면 정몽주에게 부정적인 영향을 끼칠 수도 있었다. 1374년 9월에 최만생, 홍륜 등이 일으킨 공민왕 시해 사건에 가담한 주모자 중 한 명이 바로 한방신의 아들 한안이었기 때문이다. 이 일로 한안은 참형을 당했으며, 한방신 역시 원주로 유배되었다가 그곳에서 우왕이 보낸 사람들에게 살해당했다.

이상을 종합해보면, 정몽주는 감시와 예부시를 거치면서 신군평, 김득배, 한방신 등 세 명의 좌주를 만났지만, 이들로부터 학문적으로나 정치적으로 특별한 후원을 받은 바가 없었다. 즉 당시 과거 합격자들이 일반적으로 누렸던 '좌주-문생' 제도의 혜택을 정몽주는 전혀 받지 못했던 것이다. 또 앞서 보았듯이 정몽주의 집안은 그 이전에 몇 대 동안 출세한 인물이 거의 없을 만큼 상당히 한미했다. 따라서 정몽주가 유력한 학자이자 정치인으로 성장한 것은 거의 전적으로 본인의 능력으로 이루어낸 것이라고 할 수 있다.

1361년의 안동 호종과 초기 관직 활동

〈연보〉와 〈행장〉에는 정몽주가 1360년 예부시에서 장원으로 급제한 후 1362년에 예문검열에 임명되었다고 기록되어 있다. 즉 과거에 급제하고 2년이 지난 후에 첫 번째 관직을 받은 것이다. 그 2년 동안 정몽주가 어떤 활동을 했는지는 관련 자료가 거의 없어서 알기 어렵다. 다만 1361년 홍건적의 침입으로 공민왕이 복주, 즉 안동으로 피난 갔을 때 정몽주도 공민왕을 호종해 안동에 갔던 사실은 확인된다. 앞에서 잠깐 언급했던 정몽주의 시 〈안동서기로 부임하는 이 수재를 전송하다〉의 제1절에 다음과 같은 내용이 있다.

선왕께서 예전에 갑자기 남쪽으로 순행하실 때
또 외람되이 행궁의 시종신이 되었네
지난해 영호루 아래를 지나가면서
신한辰翰을 우러러보니 눈물이 수건을 적셨네

위 시에서 '선왕'은 공민왕을, '남쪽으로의 순행'은 홍건적의 침입으로 개성이 함락되면서 공민왕이 안동까지 피난했던 일을 가리킨다. 즉 처음 두 구절은 1361년 공민왕이 홍건적을 피해 안동으로 파천했을 때 정몽주 본인이 시종신으로 따라갔던 일을 말한 것이다. 그리고 다음 두 구절은 1378년에 일본 사행을 마치고 돌아오던 길에 안동 영호루에 들렀을 때 그곳에 걸려 있던 신한, 즉 공민왕의 글씨를 보면서 공민왕을 시종했던 옛일을 추억하고 공민왕을 추모했던 일을 읊은 것이다. 이를 통해 정몽주가 공민왕의 안동 피난을 호종했다는 사실을 확인할 수 있다.

그렇다면 당시 정몽주는 어떤 신분으로 공민왕을 호종한 것일까? 〈연보〉와 〈행장〉에 따르면 당시 정몽주는 과거 급제자였을 뿐 관직을 받은 상황은 아니었다. 이에 대해 조선 선조 대에 《포은집》을 교정했던 류성룡은 〈연보고이〉에서 위 시의 내용을 근거로 "그렇다면 (공민왕이) 복주로 거둥했을 때 공은 이미 한림으로 호종한 것"이라고 주장했다. 한림은 사관의 별칭으로, 예문관 검열이 사관의 직무를 수행했다. 이어 류성룡은 공민왕이 임인년(1362) 2월에 안동을 출발해 상주로 이동했는데, 기존의 《포은집》〈연보〉에는 정몽주가 임인년 3월 검열에 제수됐다고 기록되어 있으니 그 이유를 알 수 없다고 의문을 제기했다. 하지만 류성룡도 의문을 해결할 만한 다른 자료를 발견하지 못했기 때문에 〈연보〉를 수정하지 않고 그대로 두었다.

한편 위 시에서 정몽주가 시종신으로 호종한 것을 '외람되다'라고 표현한 점이 주목된다. 이것은 정몽주가 호종에 참여할 만한 위치가 아닌데 참여했다는 의미로 해석할 수 있지 않을까? 만약 그렇다면, 정몽주는 아직 정식 관원으로 임명되지 않은 상태에서 과거에 장원급제한 예비 관원으로서 호종에 참여했을 가능성이 있다. 하지만 이 또한 추측일 뿐이고, 관련 자료가 없어서 무엇이 맞는지 단정할 수는 없다.

〈연보〉와 〈행장〉을 기준으로 보면, 정몽주는 1362년에 예문검열에 임명되어 관직 생활을 시작했다. 예문관은 국왕 문서 작성을 담당하던 관서이고, 검열은 예문관의 정9품 관직이다. 이후 정몽주가 1365년 1월에 모친상을 당하기 전까지의 관력을 〈연보〉 기준으로 정리해보면 다음과 같다.

[표 3-5] 정몽주의 초기 관력(1362~1365)

연도	관력	비고
1362	3월, 예문검열(정9품)	
	10월, 수찬(정8품)	예문관 또는 춘추관 〈행장〉에는 종군 기사 다음에 수찬 임명 기사 수록
1363	5월, 낭장 겸 합문지후(정7품)	
	7월, 위위시승(종6품)	
	8월, 종사관	한방신을 따라 종군
1364	2월, 전보도감 판관(종5품)	
1365	1월, 전농시승(종5품)	

[표 3-5]를 보면, 정몽주는 1362년 3월에 정9품의 예문검열을 첫 관직으로 받은 이후 꾸준히 승진해 모친상을 당하기 전에 종5품의 전농시승에까지 올랐음을 알 수 있다. 만 3년 사이에 정9품에서 종5품까지 승진했던 것은 무엇보다도 능력을 인정받았기 때문일 것이다. 과거에서 3장 연속으로 장원을 했던 점도 빠른 승진의 주요 원인으로 작용하지 않았을까 생각한다.

한편 정몽주가 수찬에 임명된 시기는 〈연보〉와 〈행장〉에서 서로 다르게 기록되어 있다. 즉 〈연보〉에서는 1362년 10월에 예문검열에서 수찬으로 승진했다고 기록한 반면, 〈행장〉에서는 종군에서 군공을 세우고 돌아온 후에 수찬에 임명됐다고 했다. 이에 대해 류성룡은 정몽주가 종군할 당시 친구 김구용이 정몽주에게 준 시의 제목이 〈한림 달가의 종군에 부치다〉인 것을 근거로 "〈연보〉가 잘못된 듯하다"는 입장을 피력했다. 즉 류성룡은 '한림'을 예문검열로 판단한 것이다. 하지만 이 또한 확실한 자료가 없기 때문에 류성룡은 〈연보〉의 내용을 고치지 않고 그대로 두었으며, 지금도 어느 것이 맞다고 단정하기는 어렵다.

이처럼 관직 생활 초기를 순탄하게 보냈던 정몽주는 1363년 좌주 한방신의 종사관으로 발탁되면서 관료로서 새로운 전기를 맞게되었다. 그 이후 정몽주의 활동을 정리해보면, 성리학자로서의 교육과 연구, 세 차례의 종군 활동, 그리고 명나라와 일본에 모두 합쳐서 일곱 차례나 파견된 사행과 외교 활동이 가장 큰 비중을 차지한다. 이에 위의 세 가지 활동을 중심으로 관료-학자 정몽주의 삶을 조명해보도록 하겠다.

4장

성리학자 정몽주

동방이학의 조

고려 말의 학자 목은 이색(1328~1396)은 아홉 살 연하의 후배 학자 정몽주에 대해 '동방이학의 조'라고 극찬했다. '동방이학의 조'는 '우리나라 성리학의 조상', 즉 정몽주로부터 우리나라의 성리학이 시작되었다는 의미다. 정몽주가 활동하던 시기는 원나라로부터 성리학이 들어온 지 약 100년 정도 지난 시점이었고, 따라서 앞서 성리학을 연구한 학자들이 여럿 있었다. 앞 세대에 활동했던 고려의 성리학자 중에서 주목할 만한 인물은 안향, 우탁, 권보, 이제현 등이 있다.

안향(1243~1306)은 본관이 순흥, 자는 사온, 호는 회헌이며, 충렬왕 때 원나라의 성리학을 처음으로 고려에 들여온 학자로 알려져 있다. 1260년(원종 1) 문과에 급제해 관직에 나아간 안향은 1289년 (충렬왕 15) 정동행성의 고려유학제거에 임명되었다. 유학제거는 학교·제사·저술 등 유학 교육 전반을 관장하는 직책이었다. 그는 같은 해 11월에 충렬왕을 호종해 원나라에 갔는데, 이때 주희의 저술을 손수 베끼고 공자와 주희의 초상화를 제작해 이듬해 고려로 가지고 들어왔다. 1303년(충렬왕 29)에는 국학학정 김문정을 중국 강남으로 보내 공자와 그 제자들의 초상화, 문묘에서 사용할 제기·악기, 육경·제자·사서 등의 각종 서적을 구해오게 했다. 또 문무백관에게 은과 포를 내게 해서 양현고(고려시대 국립장학재단)의 재원을 확충하는 등 성리학의 보급과 교육에 힘썼다.

우탁(1262~1342)은 본관이 단양이고, 자는 천장, 호는 백운이다. 1278년(충렬왕 4)에 향공진사가 되었고 과거에 급제해 관직에 나아갔다. 우탁은 벼슬에서 물러난 뒤 경상도 예안에 은거해 원나라에서 수입한 성리학의 연구와 교육에 전념했는데, 특히 《주역》 연구에 힘써서 '역동선생'이라는 별칭을 얻었다. 송나라의 학자 정이가 주석한 《이천역전》이 고려에 처음 들어왔을 때 이를 이해하는 사람이 없었는데, 우탁이 방문을 걸어 잠그고 《이천역전》을 연구해 한 달여 만에 터득했다는 일화가 있다. 또 《고려사》의 〈우탁 열전〉에는 "역학에 더욱 조예가 깊었으며, 《주역》으로 점을 치면 맞지 않는 것이 없었다"라고 기록되어 있다. 이상의 내용들은 우탁이 《주역》에 대단히 조예가 깊은 학자였음을 보여준다.

권보(1262~1346)는 본관이 안동이며, 자는 제만, 호는 국재다. 1279년(충렬왕 5)에 과거에 합격하고 이듬해 다시 전시에서 급제했다. 충선왕 대에 사림원 학사를 역임했고, 충렬왕이 복위한 후에는 관리의 선발과 임명을 주관했다. 특히 충렬왕 대에 《사서집주》 간행을 건의해 시행함으로써 성리학적 경학 이해가 널리 보급되는 데 상당한 기여를 했다. 또 1314년(충숙왕 1)에는 성균관 박사 유연 등이 중국 강남에서 구입해온 경학 서적 1만 800여 권을 이진, 권한공 등과 함께 검토·확인하는 등 고려의 관학 진흥에도 중요한 역할을 담당했다. 이 밖에 1330년(충숙왕 17)에는 《은대집》을 주석했으며, 1342년(충혜왕 복위 3)에는 아들 권준, 사위 이제현과 함께 《효행록》을 편찬하는 등 저술 활동도 활발히 했다.

이제현(1287~1367)은 권보의 사위이자 제자·문생으로 권보의 학풍을 계승해 학문의 기초를 세웠다. 이제현은 1314년(충숙왕 1)에 충선왕의 시종신으로 원나라에 가서 1325년(충숙왕 12)까지 12년간 생활했는데, 이때 원나라의 저명한 학자들과 폭넓게 교유하면서 성리학의 다양한 조류를 접했다. 왕위에서 물러나 원나라에 거주하던 충선왕은 연경에 만권당을 짓고 원나라의 유명 학자 및 문인들을 이곳으로 초청해 교유했으며, 이제현에게 이들을 상대하도록 했다. 이에 따라 이제현은 만권당에서 조맹부, 원명선, 장양호, 우집, 주덕윤 등 원나라의 대표적인 문인들과 교유하면서 학문과 식견을 넓혔다.

이제현의 학문적 성장과 관련해 특기할 만한 사실은 그가 세 번이나 중국 내륙을 여행했다는 점이다. 1316년에는 충선왕을 대신해서 아미산 제사의 제관으로 참여하기 위해 서촉 지방에 다녀왔고, 1319년에는 충선왕을 수행해 절강 지역을 여행했다. 1323년에는 유배된 충선왕을 만나 위로하기 위해 감숙성 타사마에 다녀왔다. 특히 1319년의 절강 여행은 이제현의 학문적 성장에 큰 영향을 끼쳤던 것으로 보인다. 이 여행에서 이제현은 일류 인물화가 진감여를 항주에서 만나 화상을 받았고, 당대의 석학 탕병룡에게 화상찬을 받았다. 또 강남 지역을 대표하는 성리학자인 허겸, 진초 등과도 교유했다. 이러한 사실들은 이제현이 원나라의 관학뿐만 아니라 당시 강남 지역의 성리학까지도 두루 섭렵하고 있었음을 잘 보여준다.

이처럼 고려 말 성리학이 수용되는 과정에서 뚜렷한 발자취를 남겼던 여러 선배 학자들이 있었음에도 불구하고, 이색은 정몽주를 '동방이학의 조'라고 평가했다. 이는 정몽주에 이르러 성리학에 대한 이해가 더욱 깊어졌고, 그 결과 정몽주의 학문적 수준이 선배학자들보다 월등히 뛰어났음을 의미한다.

정몽주를 극찬했던 이색 역시 이제현의 문인으로 고려 말 학계를 대표하는 성리학자였다. 그의 아버지 가정 이곡(1298~1351)은 원나라 과거에 급제한 후 원나라에서 관료로 활동했던 경력이 있으며, 이색은 아버지의 후광으로 원나라 태학에 유학해 3년간 수학한 뒤 귀국했다. 고려에 돌아온 후 이색은 1367년(공민왕 16) 성균 관이 중영되었을 때 최고 책임자인 대사성을 맡아 유생 교육을 총 괄했으며, 개인적으로도 많은 제자를 배출했다.

정도전이 고려 말에 친구 이숭인에게 지어준 〈도은문집서〉의 내용은 당시 학계에서 이색이 차지했던 위상을 잘 보여준다. 이 글에서 정도전은 이색이 부친 이곡의 가르침에 따라 원나라에 유학하여 당대의 석학들을 스승과 벗으로 삼아 성명도덕의 학설, 즉 성리학을 연구하고 귀국한 사실을 서술했다. 이어 고려로 돌아온 이색이 선비들에게 성리학을 가르치자 많은 학자들이 이를 보고 감화하여 성리학 연구에 더욱 정진하게 되었음을 강조했다. 이 글에서 정도전은 이색의 영향을 받은 학자로 정몽주, 이숭인, 박상충, 박의중, 김구용, 권근, 윤소종 등을 나열했으며, 자신도 그중 한 사람임을 밝혔다. 정도전이 언급한 이들은 모두 고려 말 성균관의 교관으로 활동하면서 성리학 연구를 주도했던 당대 최고의 학자들이었다. 정도전의 글은 이색이 후배 학자들과 제자들에게 대단히 큰 학문적 영향을 끼쳤음을 잘 보여준다.

또 이색은 과거를 주관하는 고시관을 여섯 차례나 맡아 인재 선발에서도 중요한 역할을 담당했다. 이 같은 학문적 공로로 이색은 당시 학자들로부터 '유종', 즉 우리나라 유학의 종장(대가, 거장)이라는 평가를 받았다. 그런 이색으로부터 '우리나라 성리학의 조상'이라는 극찬을 받았으니, 정몽주의 학문적 수준과 당시 학계에서 그가 차지했던 위상이 어느 정도였는지를 짐작해볼 수 있다.

　정몽주가 어떤 과정을 통해, 누구에게 배워서 학문적 성취를 이루었는가에 대해서는 알려진 바가 없다. 이는 정몽주의 성장기 및 수학기의 삶을 보여주는 자료가 거의 남아 있지 않기 때문이다. 《포은집》에 수록된 〈연보〉나 〈행장〉에도 정몽주의 수학 과정에 관한 기록은 전무하다. 현재까지 이루어진 연구들에서는 정몽주에게 뚜렷한 스승이 있었던 것은 아니며, 스스로의 노력을 통해 학문적 성취를 이루었던 것으로 평가하고 있다. 즉 정몽주는 독자적으로 학문의 일가를 이룬 '자득의 학자'였다고 할 수 있다.

정도전과의 만남과 학문적 교유

정도전이 쓴 《삼봉집》에 정몽주의 젊은 시절 학습 과정을 엿볼 수 있는 글이 있다. 3장에서도 잠깐 언급했던 〈포은봉사고서〉가 바로 그것이다. 이 글은 정몽주가 1386년(우왕 12) 명나라에 사행을 다녀오는 길에 지은 시들을 모아 편집한 시고에 부친 서문이다. 여기에서 정도전은 자신이 정몽주를 처음 만나게 된 인연을 다음과 같이 소개하고 있다.

　(정)도전이 16~17세 때 성률을 공부하며 대우를 만들고 있었다. 어

느 날 여강 민자복(민안인)이 내게 와서 말하기를 "내가 정달가 선생을 뵈었는데, 선생께서 "사장詞章은 말예末藝이고, 이른바 신심身心의 학문이 있으니, 그 내용이 《대학》과 《중용》 두 책에 갖추어져 있습니다'라고 하시었네. 그래서 이순경(이존오)과 내가 두 책을 가지고 삼각산의 절집으로 가서 강론하며 연구하고 있네. 그대는 그 사실을 아는가?"라고 하였다. 나는 그 말을 듣고 두 책을 구하여 읽었는데, 비록 잘 알지는 못하겠으나 못내 기뻤다. 그때 마침 국가에서 빈흥과를 시행하니 선생이 삼각산에서 내려와 삼장에서 연속으로 장원하여 명성이 자자하였다. 그래서 내가 급히 (선생을) 찾아가 뵈었더니, 선생은 나와 더불어 이야기하기를 평생의 친구처럼 하시고는 드디어 가르침을 주셨는데 날마다 이전에 듣지 못한 바를 들었다.

위에서 정도전은 16~17세 때에 민안인을 통해 정몽주를 처음 알게 되었다고 했다. 정도전이 1342년에 출생해 정몽주보다 다섯 살 연하였으므로, 이때는 대략 1357~1358년경, 정몽주의 나이 21~22세였다. 당시 정몽주는 1357년 국자감시에 합격한 후 예부시를 준비하고 있었다.

민안인은 정몽주가 "사장은 말예이고, 이른바 신심의 학문이 있다"라고 한 점을 강조했다. 여기에서 '문장과 시문을 의미하는 '사장'을 '본질이 아니라 부차적인 것'이라는 의미의 '말예'로 평가한 것과 대비해볼 때, '신심의 학문'은 정심수신正心修身, 즉 몸과 마음을 수양하고 이를 바탕으로 일상에서 윤리를 실천하는 학문, 곧 성리학을 의미한다. 따라서 위의 글은 정몽주가 상당히 일찍부터 성리학 연구에 전념하고 있었음을 보여준다. 또 21~22세 정도였던 정몽주가 거의 동년배인 이존오, 민안인, 정도전으로부터 '선생'으로 불린 것은 이때 정몽주의 학문적 깊이가 이미 상당한 수준에 이르렀기 때문으로 생각한다.

한편 위의 글에서 민안인과 이존오는 신심의 학문이 《대학》과 《중용》에 있다는 정몽주의 조언에 따라 삼각산 절집에서 두 책을 공부하고 있다고 했다. 그런데 그 뒤에 국가에서 빈흥과, 즉 과거를 시행했으며 정몽주가 삼각산에서 내려와 과거에 응시해 3장 연속으로 장원했다는 내용이 이어지고 있다. 이는 당시 정몽주가 삼각산에서 과거시험을 준비하고 있었음을 보여준다. 그렇다면 정몽주와 민안인, 이존오가 모두 삼각산에 있었다는 애기가 되므로, 세 사람이 함께 공부했을 가능성이 상당히 높다. 이런 추정은 이존오가 정몽주에게 지어준 〈정랑 정몽주가 시를 지어주기에 차운하여 보냄〉이라는 시를 통해서도 뒷받침된다.

유학하던 3년 동안 눈은 암자에 가득한데
진국 술에 절고 취하는 줄 깨닫지 못하였네
이별한 뒤로 세월은 번개처럼 달리는데
학문의 지남이 되어줄 사람 없어 한스럽네

위의 시는 이존오가 정몽주와 함께 공부하던 젊은 시절을 회상하면서 같이 만나 학문을 토론하지 못하고 있는 현재 상황을 아쉬워하는 내용이다. 특히 "유학하던 3년 동안 눈은 암자에 가득한데"라는 첫 구절은 과거 두 사람이 함께 산사에서 공부하던 시기를 회상한 것으로, 아마도 위에서 본 삼각산에서 공부하던 시절을 가리키는 것이 아닐까 생각한다. 즉 정몽주는 1357년에 감시에 합격한 후 1360년에 예부시 급제를 하기까지 3년 동안 삼각산에서 민안인, 이존오와 함께 공부했으며, 그 과정에서 사장보다 신심의 학문, 즉 성리학의 중요성을 강조하며 두 사람에게 학문적 영향을 끼쳤다고 할 수 있다. 이존오와 정몽주는 1360년의 예부시에서 나란히 급제해 동년의 관계를 맺음으로써 더욱 돈독한 교유를 하게 되었다.

민안인을 통해 정몽주에 대해 알게 된 정도전은 정몽주가 과거에 장원으로 급제한 후 직접 그를 찾아가서 만났다. 〈포은봉사고서〉에서 정도전은 정몽주와의 첫 만남에 대해 "선생은 나와 더불어 이야기하기를 평생의 친구처럼 하시고는 드디어 가르침을 주셨는데 날마다 이전에 듣지 못한 바를 들었다"라고 술회했다. 처음 만났음에도 불구하고 정몽주가 자신을 평생의 친구처럼 대해주었다는 것이다. 아마도 정도전이 친구 민안인을 통해 정몽주를 알게 되었던 것처럼, 정몽주 역시 함께 공부했던 이존오와 민안인을 통해 정도전이 어떤 인물인지를 이미 알고 있었던 것이 아닐까? 그렇기 때문에 정도전을 처음 만났지만 마치 오래전부터 알던 친구처럼 대할 수 있었던 것 같다.

〈포은봉사고서〉에서 정도전은 정몽주와의 첫 만남 이후 그로부터 가르침을 받았고 날마다 전에 듣지 못했던 바를 들었다고 했다. 이는 두 사람의 학문적 교유가 돈독했음을 잘 보여준다. 여기서 정도전이 말한 '듣지 못했던 바'란 무엇일까? 민안인을 통해 정몽주에 대해 처음 알게 되었을 당시 정도전은 "성률을 공부하며 대우를 만들고 있었다"라고 했다. 이는 그가 문장을 짓는 공부에 힘쓰고 있었음을 의미한다. 이어 그는 민안인의 말을 듣고《대학》과《중용》을 구해 읽었지만 뜻을 잘 이해하지 못했다고 했다. 이 점을 고려한다면, 정도전이 말하는 '이전에 듣지 못했던 바'는 아마도 성리학 이론과 관련된 내용이었을 가능성이 높다. 그렇다면 이 일화는 정도전이 정몽주로부터 학문적 영향을 상당히 많이 받았음을 단적으로 보여준다고 할 수 있다.

이와 관련해 또 하나 주목해볼 점이 있다. 바로 정도전의 삼년상 기간 중에 일어난 이야기다. 1366년(공민왕 15) 1월에 부친상을 당한 정도전은 관직에서 물러나 고향 영주로 내려가서 삼년상을 치렀다. 그런데 그해 12월에 어머니마저 돌아가시자, 정도전은 아버지와 어머니의 삼년상을 연이어 치르면서 거의 4~5년 정도를 영주에 거주했다. 이처럼 정도전이 고향에서 부모님의 상을 치르고 있을 때 정몽주가《맹자》한 질을 보내왔다. 이에 정도전은 상중에 시간이 날 때마다 《맹자》를 펼쳐놓고 하루에 한 장씩, 때로는 반 장씩 정독했다고 한다. 정도전은 《맹자》의 뜻을 알 듯하다가도 다시 의심이 생기곤 했는데, 의심이 풀리지 않는 부분은 나중에 선생(정몽주)을 만나 가르침을 받을 생각이었다고 했다.

정도전은 부친상을 당하기 4년 전인 1362년(공민왕 11)에 문과에 급제했다. 당시 고려의 문과에서는 사서가 중요한 시험 과목이었다. 따라서 정도전은 정몽주로부터 책을 받아보기 전에 이미 《맹자》를 공부했다고 보는 것이 타당하다. 하지만 그 당시에는 과거시험에 대비한 공부를 주로 했을 것이므로 《맹자》의 학문적 의미를 깊이 탐구하는 수준에는 이르지 못했을 가능성이 크다. 그러다가 부모상을 당해 관직에서 물러나 비교적 한가한 시간을 갖게 되자, 정몽주가 보내준 《맹자》를 하루에 한 장 또는 반 장씩 정독하면서 본격적으로 공부하게 되었다고 생각한다. 이 점을 고려한다면 정도전이 여말선초의 대표적인 성리학자로 성장하는 데 정몽주가 큰 영향을 미쳤다고 볼 수 있다.

3장 장원

정몽주가 1360년(공민왕 9)의 예부시에서 3장 연속으로 장원을 했다는 사실을 이미 몇 차례 언급했다. 고려에서는 예부시를 시행할 때 초장, 중장, 종장의 3단계로 시험을 치렀는데, 이를 3장이라고 한다. 과거에 응시한 사람은 초장에 합격해야만 그다음 단계인 중장에 응시할 수 있었고, 마찬가지로 중장에 합격한 사람만 종장에 응시할 자격이 주어졌다. 종장에서는 응시자를 탈락시키지 않고, 합격자의 순위를 결정했다. 즉 과거 합격 여부는 중장에서 결정되고, 종장에서는 합격자들의 최종 석차가 정해지는 방식이었다.

정몽주가 3장에서 연속으로 장원을 했다는 것은 곧 초장을 1등으로 통과했고, 중장도 1등으로 통과했으며, 최종 석차를 정하는 종장에서도 1등을 차지해 장원으로 급제했다는 의미다. 정몽주의 3장 장원이 회자되었던 사실은 이것이 매우 어렵고 드문 일이었음을 보여준다.

고려시대 문과에서 초장, 중장, 종장의 시험 과목은 과거제도가 개정될 때마다 조금씩 달라졌다. 정몽주가 과거에 응시했던 1360년에는 1344년(충목왕 즉위년) 8월에 개정된 제도가 적용되었다. 《고려사》〈선거지〉에 따르면 1344년 8월의 개정에서는 과거의 초장에서 오경의五經義와 사서의四書疑를, 중장에서는 고부古賦를, 그리고 마지막 종장에서는 책문策問을 시험하도록 규정했다.

초장의 오경의와 사서의는 유학 경전인 오경과 사서에 대한 이해 정도를 시험하는 것으로, 요즘으로 치면 논술 형식으로 치러졌다. 먼저 오경의는 오경 중에서 한 문장이나 한 단락을 뽑아서 제시하면, 응시자가 그 문장(단락)의 요지와 의미에 대한 자신의 견해를 논리적으로 서술하는 시험이었다. 사서의는 사서 가운데 한 가지 혹은 두 가지 이상의 책에서 내용상의 의문점에 대해 질문하면 응시자가 자신의 생각을 논리적으로 서술하는 방식이다. 즉 오경의와 사서의는 경서에 대한 깊은 이해는 물론이고 자신의 생각을 논리적으로 서술하는 문장 능력을 요구하는 시험이었다.

중장의 고부는 문학적 능력을 시험하는 것으로 볼 수 있다. 부는 작자의 생각이나 눈앞의 경치 같은 것을 있는 그대로 드러내 보이는 한문학의 한 장르인데, 그중에서 선진양한, 즉 중국 고대에 유행했던 부의 문체를 고부라고 했다. 종장의 책문은 국정의 주요 현안과 관련된 내용을 문제로 제시하면 응시자가 경학 및 역사학 지식을 바탕으로 자신의 입장을 개진하여 답안을 작성하는 시험이다. 국정 업무를 담당할 만한 정책적 능력을 갖추고 있는지를 시험하는 것이라고 할 수 있다.

이처럼 정몽주가 응시했던 1360년의 과거에서는 초장에서 유학 경전에 대한 이해, 중장에서 문학적 능력, 그리고 종장에서 관료로서의 국정 수행 능력을 시험했다. 정몽주는 이 세 번의 시험에서 모두 1등을 차지했던 것이다. 이는 그가 유학 경전 이해와 문학 작품을 짓는 문장력, 그리고 국정 운영에 필요한 정책 능력에 이르기까지 모든 면에서 탁월한 재능을 소유했던, 완벽한 학자이자 관료였음을 보여준다.

이색은 정몽주의 호 '포은'의 의미를 해설한 〈포은재기〉에서 정몽주의 학문에 대해 다음과 같이 서술했다.

(유학의) 도의 실마리를 염락의 연원에서 이어받았고, 모든 유생들을 시서의 동산으로 이끌었으며, 더욱이 시를 잘하는 것으로써 당세의 칭송을 받았다.

여기에서 '염락'은 성리학을 처음 일으킨 송대의 학자 주돈이와 그 학문을 계승한 정호·정이 형제를 말하고, '시서의 동산'에서 '시서'는 유학 경전인 《시경》과 《서경》을 가리킨다. 따라서 이색의 평가는 정몽주가 주돈이와 정호·정이 형제로 대표되는 성리학의 정통 학맥을 이어받았고, 《시경》·《서경》 등의 유학 경전에 대한 지식이 해박해 유생들에게 경전의 깊은 의미를 가르칠 수 있으며, 여기에 시를 짓는 문학적 능력까지 매우 탁월해 당시 학자들로부터 칭송을 받았다는 의미다. 즉 정몽주가 성리학과 경학, 문학 등의 다방면에서 뛰어난 학자임을 극찬한 것이다. 이는 '3장 장원' 정몽주에게 꼭 들어맞는 평가라고 할 수 있다.

한편 정몽주가 유학 경전을 시험하는 초장에서 장원을 했다는 사실은 그의 성리학 이해 수준을 파악하는 데 중요한 단서를 제공해준다. 13세기 말부터 고려는 원나라와의 다양한 인적 교류 및 서적 교류를 통해 성리학을 수용했으며, 관학을 중심으로 고려 내부의 성리학 보급과 연구도 점차 확산되었다. 이에 따라 사서오경의 유학 경전도 성리학자의 주석이 달린 책들이 널리 퍼지게 되었는데, 특히 충렬왕 대(재위 1274~1308)에 주희의 《사서집주》가 고려에서 간행된 것은 송·원의 성리학자들이 주석한 유학 경전이 국내에 보급되는 데 크게 기여했다.

성리학적 관점의 주석이 달린 유학 경전들이 고려 학계에 보급됨에 따라 과거시험에서도 이런 책들이 표준 텍스트로 사용되었을 것으로 보인다. 이와 관련해 1315년에 처음 시작된 원나라의 과거제도는 고려의 과거제도 운영에 중요한 영향을 끼쳤다. 원나라에서는 성리학이 관학으로 정착하면서 과거에서 유학 경서를 시험할 때 정이나 주희, 그리고 그들의 학문을 계승한 학자들이 주석한 텍스트를 표준으로 삼았다. 즉 성리학자들의 주석에 입각해서 답안을 작성해야만 과거에 합격할 수 있었던 것이다. 그리고 원나라는 과거 시행에 관한 조서를 내려 고려에서 예비 시험에 합격한 사람은 원나라의 과거에도 응시할 수 있는 자격을 주었다. 이에 고려에서는 충숙왕 대부터 기존 과거와는 별개로 원나라 과거에 응시하기 위한 예비 시험으로 정동행성에서 주관하는 향시를 시행했고, 시험 과목의 규정은 원나라 과거와 동일하게 적용했다. 그에 따라 고려의 많은 학자들이 향시에 도전했고, 합격자들은 원나라에 가서 과거에 응시해 관료가 되기도 했다. 대표적인 사례로 이색의 아버지 이곡을 들 수 있다.

이곡은 20세가 되던 해인 1317년(충숙왕 4)에 국자감시에 합격했고, 1320년(충숙왕 7)에는 예부시에서 2등으로 급제했지만, 한미한 집안 배경 때문에 탁월한 학문적 능력에도 불구하고 관료로서 출세하기가 쉽지 않았다. 그러다가 1332년(충숙왕 복위 1) 정동행성 향시에서 수석으로 합격했고, 이듬해에는 원나라로 가서 회시에 급제한 후 황제 앞에서 치르는 전시에서 당당히 차석으로 선발되었다. 《고려사》의 기록에 따르면, 당시 고시관을 맡았던 원나라의 재상이 이곡의 답안을 읽고 크게 감탄했으며, 황제에게 건의해 이곡을 한림국사원 검열관에 임명했다고 한다.

이곡은 비록 고려에서는 출신 배경의 한계로 좌절을 겪었지만, 원나라의 과거시험에서 학문적 능력을 인정받음으로써 세계 제국인 원나라의 관리로 발탁되는 인생 역전을 이룰 수 있었다. 즉 이곡처럼 한미한 출신 때문에 자신의 능력을 펼치지 못했던 고려 학자들에게 원나라 과거는 새로운 출세의 길을 열어준 최고의 기회였다. 이에 따라 많은 학자들이 원나라 과거에 도전했으며, 이는 명나라가 들어선 이후에도 계속되었다. 이러한 경향은 분명히 고려 자체의 과거시험에도 영향을 끼쳤을 것이며, 특히 송·원의 성리학자들이 주석한 유학 경서를 과거시험의 표준 텍스트로 삼는 관행이 정착되었을 것으로 보인다.

이상과 같은 역사적 배경을 고려하면, 정몽주가 예부시의 초장에서 수석을 했다는 것은 곧 그가 유학 경서의 성리학적 주석에 대해 해박한 지식과 깊은 이해를 갖고 있었음을 보여준다. 이와 관련하여 앞서 살펴보았던 〈포은봉사고서〉에서 정도전이 정몽주의 유학 경전 연구와 이해에 대해 평가한 내용이 주목된다.

선생(정몽주)은 《대학》의 제강提綱과 《중용》의 회극會極에서 도를 밝히고 도를 전하는 뜻을 얻었으며, 《논어》와 《맹자》의 정미精微에서 그 조존操存·함양涵養하는 요령과 체험하고 확충하는 방법을 얻었다. 《주역》에 있어서는 선천先天과 후천後天이 서로 체용體用이 된다는 것을 알았고, 《서경》에서는 정일집중精一執中이 제왕의 전수한 심법임을 알았다. 또 《시경》은 민이民彝·물칙物則의 교훈을 근본으로 삼으며 《춘추》는 도의道誼와 공리功利의 차이를 분별한 것임을 알았다. 우리 동방 500년에 이러한 이치를 안 자가 과연 몇 사람이나 되겠는가?

이 글에서 정도전은 《대학》의 제강, 《중용》의 회극, 《주역》의 선천·후천, 《서경》의 정일집중 등 사서오경의 핵심 개념들을 언급하면서 정몽주가 경전을 깊이 연구해 이 같은 내용을 완벽하게 이해했다고 했다. 그리고 유학 경전에 대한 이해가 이러한 수준에 이른 학자는 고려 500년 역사에서 정몽주 외에는 찾아보기 어렵다고 극찬했다. 위의 글에서 정도전이 언급한 각 경전의 주요 개념들은 모두 성리학에서 중시되는 내용이다. 따라서 정몽주가 이런 개념들을 깊이 연구하고 이해했다는 것은 정몽주의 성리학적 경전 이해 정도가 상당한 수준에 이르렀음을 의미한다.

정몽주의 경학 이해 수준이 높았음을 보여주는 또 다른 근거로 그가 경서에 구결口訣을 붙였던 사실을 들 수 있다. '구결'이란 경서 원문의 구두점 위치에 토를 붙이는 것으로 '현토懸吐'라고도 한다. 예를 들어 《논어》 제1편 〈학이〉의 첫 구절인 "學而時習之不亦說乎"의 경우 "學而時習之면 不亦說乎아"라고 토를 붙이는 것이다. 구결은 한문과 우리말 사이의 언어 간격을 좁히기 위한 독해법인데, 경서 구결은 경문의 뜻을 규정해 경서 해독의 지침이 된다는 점에서 중요한 의미를 가진다.

현재 정몽주가 붙인 경서 구결이 전해지지는 않는다. 하지만 15세기 중반 세조가 유가 경서의 구결 작업을 추진하면서 기존 학자들의 구결 성과들을 수집하도록 지시했을 때 그 대상에 정몽주의 《시경》 구결이 포함되어 있어서 정몽주가 경서 구결 작업을 했음이 확인된다. 또 서거정이 지은 최항의 비명에도 정몽주가 경서에 구결을 붙였던 사실이 기록되어 있다.

경서에 구결을 붙이기 위해서는 일정한 기준에 따른 경서 해석이 필요하고, 이를 위해서는 경학과 성리학에 대한 충분한 연구가 선행되어야 한다. 이 점을 고려할 때 정몽주가 고려 말에 경서에 구결을 붙였다는 사실은 그의 경서 연구와 이해가 높은 수준에 이르렀음을 시사한다. 하지만 아쉽게도 구결의 실물이 전해지지 않아서 정몽주의 경학 이해가 어느 정도였는지를 확인할 수 없다.

정몽주의 대책문: "문무를 겸용해야 한다"

앞에서 문과 종장의 책문은 국정의 주요 현안과 관련된 문제에 대해 응시자들이 자신의 입장을 개진하여 답안을 작성하는 시험이라고 말했다. 책문의 시험 문제와 대책문(답안)은 당시 국정의 현안이 무엇이었고, 그에 대해 응시자가 어떻게 인식하고 있었는지를 보여준다는 점에서 사료의 가치가 높다.

10여 년 전 연세대학교 사학과 도현철 교수는 일본 나고야 호사 문고에 소장된 《책문》이라는 책에서 정몽주가 작성한 대책문을 발견했다. 1360년 예부시 종장에서 정몽주가 장원으로 합격했을 때 제출했던 답안지를 후대에 필사해놓은 것이었다. 정몽주 관련 자료, 특히 그의 학문적 성취를 보여주는 자료가 거의 없는 상황에서 이 필사본을 발견한 것은 대단한 성과라고 할 수 있다. 도현철 교수는 책문을 번역하고 그 의미를 분석한 논문을 발표해 학계에 이 자료를 소개했고, 원문도 함께 공개했다(도현철, 2009). 여기에서는 도현철 교수의 논문을 바탕으로 정몽주가 대책문에서 주장했던 바를 정리해보고자 한다.

자료의 앞부분에는 당시의 책문, 즉 시험 문제가 기록되어 있는데, 이를 요약하면 다음과 같다.

① 중국 삼대三代 이후로 송나라·요나라까지의 역사를 볼 때 나라가

잘 다스려진 경우는 무엇 때문이었고, 나라가 혼란했던 경우는 무엇 때문이었는가?

② 국가의 통체(통치의 근본)를 갖춤에 있어 무엇이 선하고 무엇이 선하지 않은가?

③ 원나라가 천하를 통일한 지 100년도 안 돼서 홍건적이 일어나 나라가 혼란해진 이유는 무엇인가?

④ 근래 홍건적이 우리나라를 침략했지만 이를 물리쳤다. 나라를 다스릴 때 문덕을 펼치고 지극한 정치를 이룰 것을 생각해야 하지만, 불가피하게 무위(무력과 위엄)를 일으켜야 하는 경우라면 무엇을 본받아야 하는가?

①번과 ②번이 정치의 원론적인 내용을 물은 것이라면, ③번과 ④번은 국정 현안에 관해 질문한 것이라고 할 수 있다. 위 책문에 따르면, 당시 고려에서 가장 중요한 현안은 홍건적 문제였다. 홍건적이 일어나면서 천하의 패권자 원나라가 혼란에 빠졌을 뿐만 아니라 이제는 고려에까지 침략의 손길을 뻗치고 있었기 때문이다.

홍건적은 원나라 말기에 하북성 일대에서 일어난 한족 반란군으로 머리에 붉은 두건을 둘렀기 때문에 홍건적이란 이름이 붙었으며, 홍두적·홍적이라고도 불렀다. 홍건적은 1355년 국호를 송宋으로 정한 후 주변으로 세력을 확장했으며, 일부가 만주로 북진해 요동을 점령하기도 했다. 하지만 곧바로 원나라의 반격을 받아 쫓기게 되면서 고려를 침범하는 일이 발생했다. 특히 정몽주가 예부시에 응시하기 한 해 전인 1359년 12월에는 홍건적 장수 모거경이 4만 명의 병력을 이끌고 침입했는데, 초반에 고려군이 연패하면서 의주, 정주, 인주와 서경이 함락되었다. 이듬해 1~2월에 고려군의 반격으로 홍건적은 압록강 이북으로 물러났지만, 이제 홍건적은 고려의 안위를 좌우할 만큼 중대한 국방 현안으로 대두되었다. 이에 고시관들은 고려의 어려움을 타개할 방안이 무엇인지를 응시자들에게 물었던 것이다.

정몽주는 대책문에서 자신의 견해를 다음과 같이 제시했다.

① 삼대 이전에는 문과 무가 하나였으나 삼대 이후에는 문과 무가 둘로 나뉘었다. 문과 무가 하나가 되면 천하를 다스릴 수 있지만, 문과 무가 둘로 나뉘면 천하를 다스릴 수 없다. 문무를 함께 쓰는 것은 모든 왕이 따라야 할 큰 법이고 만세 불변의 원칙이다.

② 삼대 시기에는 문무를 함께 사용함으로써 통치의 근본을 세웠다. 하지만 진·한 이후에는 문무를 함께 사용하는 것에 한계가 있었으니, 한 고조는 문치가 순수하지 못했고 당 태종도 덕에 부끄러운 점이 있었다. 통치의 근본이 훌륭했던 것은 오직 삼대뿐이다.

③ 원나라 세조는 무를 통해 화란을 안정시켰고 그 이후 황제들은 문으로써 태평을 이루었다. 그러나 근래에는 상하가 모두 안일

해져서 문치가 무너졌어도 무너진 것을 모르고 무비가 소홀해도 소홀한 것을 깨닫지 못하고 있으니, 갑작스러운 우환이 생겼을 때 구원할 방도가 없다.

④ 우리 태조(고려 태조 왕건)가 후삼국을 통일할 때 문무를 함께 사용하여 500년간 이어진 성대한 국가를 이루었고, 우리 주상(공민왕)이 이를 계승했다. 이제 무위를 일으키려면 태공망, 사마양저, 제갈량 등 문무의 덕을 모두 갖춘 이들을 따라야 한다. 또 명장이라 할 만한 손빈, 오기, 이정 등에 대해서도 장수들이 몰라서는 안 된다. 오늘날 계책으로 가장 중요한 것은 문무를 겸비한 인재를 얻는 것이다.

위의 답안에서 정몽주가 일관되게 주장하는 것은 문무를 함께 사용해야 한다는 점이었다. 정몽주는 중국 고대의 하·은·주 삼대 시절에 통치의 근본이 훌륭하고 나라가 안정됐던 이유와 삼대 이후 나라들이 그렇지 못했던 이유는 모두 문무를 겸용했는가 그렇지 못했는가에 있었다고 주장했다. 그리고 원나라가 통일한 지 100년도 안 돼서 홍건적이 일어나고 나라가 혼란해진 것은 문치와 무비가 모두 잘못됐기 때문이라고 진단했다. 또 태조 왕건이 500년 고려의 초석을 다질 수 있었던 것도 문무를 겸용했기 때문이라고 보았다. 따라서 고려의 국정을 안정시키기 위해서는 문무의 겸용이 필요한데, 이를 위해서는 문무를 겸비한 인재를 등용해야 한다는 결론을 내렸다.

　정몽주의 대책문은 시험의 답안지로 제출된 것인 만큼 성리학자 정몽주의 면모를 확인하는 데는 한계가 있다. 하지만 정몽주가 대책문에서 피력한 국정 운영의 방향은 그의 학문이 단순히 아카데믹한 측면에만 머물렀던 것이 아니라 이상적이고 안정적인 국가를 만들어가고자 하는, 강한 경세 의식이 동반된 것이었음을 잘 보여준다. 정몽주가 성리학자이면서 동시에 탁월한 외교 전문가이자 정치가·행정가로서 다방면으로 활약할 수 있었던 것은 이와 같은 경세 의식이 뒷받침되었기에 가능했다.

"달가의 횡설수설은 이치에 맞지 않는 것이 없다"

1365년(공민왕 14)에 모친상을 당한 정몽주는 삼년상을 마치고 1367년에 관직에 복귀했다. 이때 정몽주는 예조정랑에 임명되었으며, 성균관 박사를 겸직했다. 이후 정몽주는 1372~1373년의 명나라 사행 기간을 제외하고, 1375년에 유배되기 전까지 계속해서 성균관의 직책을 겸직했다. 1371년에는 성균관 사성, 1375년에는 대사성에 오르는 등 30대의 상당 기간을 성균관의 교관으로 활동했다.

　1367년은 고려 말 성리학의 연구와 확산에서 매우 중요한 해다.

바로 이해에 그동안 유명무실했던 성균관이 중영되어 명실상부한 관학 교육의 중심 기구로 거듭났기 때문이다. 1361년(공민왕 10) 홍건적의 침입 이후 성균관을 비롯한 고려의 관학은 제반 여건의 황폐화로 교육이 제대로 이루어지지 못했다. 그러다가 1367년에 성균관이 중영되면서 고려의 관학 교육은 다시 부흥할 수 있었다.

고려 정부는 성균관을 중영하면서 당시 판개성부사였던 이색에게 대사성을 겸직하도록 했다. 대사성은 지금의 국립대학교 총장에 해당한다. 앞서 살펴보았듯이 이색은 원나라에 유학을 가서 성리학을 연구했으며, 당시 학자들로부터 '유종儒宗'으로 존경받고 있었으므로 성균관 교육을 책임지는 자리에 가장 적합한 인물이었다. 또 성균관 생도의 정원을 늘렸으며, 김구용, 정몽주, 박상충, 박의중, 이숭인 등 당대 최고의 학자들을 교관으로 임명했다. 당시 이들은 모두 다른 관직에 재직 중이었는데, 정부에서는 기존의 관직을 그대로 유지하면서 성균관 교관직을 겸임해 생도들을 가르치게 했다. 1371년에는 부모의 삼년상을 마친 정도전도 성균관 교수진에 합류했다.

《고려사》에 따르면, 성균관 중영 후 이색은 학식을 다시 제정했고 교관들이 매일 명륜당에 나가서 경전을 나누어 맡아 생도들을 가르쳤으며, 강의를 마친 후에는 경전 내용에 대해 서로 논쟁하느라 지루할 틈이 없었다고 한다. 이처럼 성리학 교육과 연구가 활발해지자 이전에는 수십 명에 불과했던 성균관 생도들이 크게 늘어

낳으며, 여러 학자들이 함께 모여 공부하게 되면서 서로의 학문적 성취를 보고 느끼는 바가 많았다고 한다. 이처럼 1367년 성균관의 중영은 고려 학계에서 성리학 교육과 연구가 크게 활성화되는 데 결정적인 계기가 되었다.

성균관 교관 시절 정몽주의 강의 실력은 탁월했던 것으로 알려져 있다. 당시 이색은 정몽주의 강의에 대해 다음과 같이 평가했다.

달가의 횡설수설은 이치에 맞지 않는 것이 없다.

《표준국어대사전》에 따르면 횡설수설은 "조리가 없이 말을 이러 쿵저러쿵 지껄임"이라는 뜻이다. 이처럼 요즘엔 부정적인 의미로 쓰이지만 예전에는 자신의 논리를 종횡으로 거침없이 유창하게 설파하는 것을 '횡설수설'이라고 했다. 따라서 이색의 평가는 정몽주의 강의가 성리학 이론을 설파하는 데 전혀 막힘이 없었으며 그 내용이 모두 이치에 부합했다는 의미가 된다. 정몽주의 강의 실력을 극찬한 것이라고 할 수 있다.

그렇다면 이색은 정몽주의 강의에서 어떤 점에 대해 그토록 극찬했던 것일까? 현재 정몽주의 강의를 전하는 기록은 없다. 하지만 그의 강의와 관련해 주목되는 이야기가 《고려사》의 〈정몽주 열전〉에 전해진다.

(공민왕) 16년에 예의정랑으로 성균박사를 겸하였다. 당시 우리나라에 들어온 경서는 오직 《주자집주》뿐이었는데, 정몽주의 강설이 탁월하여 두드러졌으며 다른 사람들의 생각을 뛰어넘었으므로 듣는 사람들이 자못 의심하였다. 뒤에 호병문의 《사서통》이 들어와서 보니 (정몽주 강설과) 합치하지 않음이 없으므로, 여러 학자들이 더욱 탄복하였다.

위 기사에 따르면 성균관이 중영될 당시 고려 학계에서 사서를 공부할 때 주로 사용했던 텍스트는 《사서집주》였다. 《사서집주》는 주희가 사서, 즉 《논어》·《맹자》·《대학》·《중용》에 주석을 단 《논어집주》·《맹자집주》·《대학장구》·《중용장구》를 가리키는 것으로, 고려에서는 충렬왕 대 권보의 건의로 처음 간행되었다. 이후 《사서집주》는 사서 학습과 연구의 표준적인 텍스트로 널리 사용되었고, 성균관에서도 대부분 《사서집주》에 근거해 강의를 했다. 그런데 정몽주가 이를 뛰어넘는 강의를 해서 사람들을 놀라게 했고, 나중에 확인해보니 원나라 학자 호병문의 저술 《사서통》의 내용과 일치했다는 것이다.

〈정몽주 열전〉의 위 내용을 액면 그대로 받아들이면, 정몽주가 사서를 깊이 연구해 《사서집주》를 뛰어넘는 독자적인 견해를 갖게 되었고 그것이 우연히 호병문의 학설과 일치했다는 말이 된다. 물론 그럴 가능성이 전혀 없지는 않겠지만, 현실적으로 일어나기 어

려운 일이다. 그보다는 정몽주가 다른 학자들보다 일찍 호병문의
《사서통》을 입수해 그 학설을 공부했고, 이를 강의에 적용했다고
보는 것이 더 자연스럽다. 그리고 이는 고려 말 성균관의 학문적
경향과 그 안에서 정몽주가 차지했던 위상을 잘 보여준다고 할 수
있다.

공민왕 대에 성균관이 중영되었을 때 고려 관학의 중심 학풍은
원나라 학자 허형의 노재학풍으로 대표되는 원대의 관학이었다.
허형의 학풍은 새로운 이론을 연구하기보다는 주희의 학설을 철저
히 따르면서 《소학》에 기반한 윤리의 실천을 강조하는 경향을 보였
다. 앞서 정도전이 이색의 학문에 대해 언급한 글을 살펴보았는데
정도전은 이색이 부친 이곡의 교훈을 이어받고 원나라에 유학을
가서 "올바른 사우와 연원을 얻어 성명도덕의 학설을 궁구"했고,
그의 학문이 당시 성균관 교관들에게 큰 영향을 끼쳤다고 했다. 여
기에서 정도전이 말한 '올바른 사우와 연원'은 바로 허형의 학문을
가리키는 것이라고 할 수 있다. 즉 정도전의 글은 성균관 교관들의
학문이 '허형 → 이색'으로 이어지는 계보, 즉 원대 관학에 뿌리를
두고 있음을 천명한 것이다. 또 이색, 이숭인, 정몽주의 글에는 윤
리 실천의 중요성을 강조한 언설이 많이 나타나는데, 이 또한 허형
학풍의 영향이라고 볼 수 있다.

그런데 공민왕 대 성균관의 학풍이 원대 관학에만 국한된 것은
아니었다. 당시 성균관에서는 원대 관학뿐만 아니라 송·원대에 활

동했던 여러 학파들의 다양한 학문 경향까지도 두루 수용하고 있었다. 14세기 초반 이후 원나라 중앙 학계의 동향을 보면, 허형의 노재학파를 중심으로 하는 관학만 유행했던 것이 아니라 금화학파나 강서학파와 같이 강남 지역의 성리학풍도 이미 전파되어 있었고, 이를 계승하는 많은 학자들이 활동하고 있었다. 그리고 이러한 학문 조류들이 원나라에서 활동한 고려 학자들을 통해 국내 학계로, 특히 성균관을 비롯한 관학으로 전파되었다. 이런 경향은 정도전, 권근 등 고려 말 학자들의 저술에 송·원대에 활약한 여러 성리학자들의 이론이 인용되어 있는 것을 통해 확인된다. 정몽주가 호병문의 《사서통》을 수용했던 것 또한 이런 경향의 대표적인 사례라고 할 수 있다.

호병문(1253~1333)은 원나라 휘주 무원(지금의 중국 강서성 무원현) 출신의 학자로서, 가학을 통해 주희의 학문을 전수받았고, 그 학설을 충실히 따르고 존숭하는 학풍을 가졌던 인물이다. 그는 일생을 향리에서 학문 연구와 교육에 몰두했으며, 특히 사서와 《서경》·《주역》에 관한 저술을 많이 남겨 중국 동남 지역의 대학자로 명성을 떨쳤다. 즉 호병문은 허형 학풍 중심의 원대 관학과는 다른 학문 경향을 가진 학자였다. 따라서 고려 말 성균관에서 호병문의 학설을 수용한 사실은 당시 고려 학자들이 송·원대 성리학의 다양한 학설들을 두루 접하고 있었음을 보여주는 중요한 근거가 된다. 그리고 정몽주가 남보다 앞서 호병문의 《사서통》을 수용하고 강의에 적용한 사실은 중국의 다양한 성리학 이론들을 수용하는 데 있어 그가 선구적인 역할을 담당했음을 보여준다.

이처럼 정몽주는 송·원대 성리학자들의 다양한 학설을 수용하는 데 적극적이었고 남보다 앞서나가는 모습을 보였다. 그리고 성리학 이론을 연구해 자기의 것으로 소화했을 뿐만 아니라 이를 강의에 적용해 성균관 유생을 비롯한 후학들을 가르쳤다. 또 동료 학자들도 탄복할 만큼 탁월했던 그의 강의 실력은 교육의 효과를 크게 높였던 것으로 보인다. 정몽주보다 아홉 살 연상의 선배 학자 이색이 그를 '동방이학의 조'라고 평가했던 것은 바로 그의 학문적 노력과 성과가 고려 말 학계에서 공인받았음을 보여준다.

5장

군사 행정가 정몽주

정몽주에 대한 대중의 이해는 크게 두 가지 정도일 것이다. 첫 번째는 그가 고려를 위해 끝까지 절의를 지키다 죽임을 당한 충신이라는 점이고, 두 번째는 고려 말을 대표하는 성리학자였다는 점이다. 정몽주가 뛰어난 외교가였다는 점도 전문 연구자들은 주목하는 내용이지만 대중에게는 생소한 부분일 수 있다. 그런데 외교 활동보다도 더 생소하지만, 정몽주의 일생에서 매우 중요한 의미를 갖는 활동이 있다. 바로 '종군 활동'이다.

종군 활동은 외적을 물리치거나 변방을 수비하기 위해 출정하는 부대를 따라가서 군사 관련 업무를 수행하는 것을 말한다. 과거 시험에서 장원급제한 문신이었고 성균관에서 유생들을 가르치면서 '우리나라 성리학의 시조'라는 평가를 받았던 학자 정몽주가 종군 활동을 했다는 것은 상당히 특이한 이력이라고 할 수 있다. 게다가 그의 종군 활동은 한 차례에 그치지 않았다. 정몽주는 1363년 과 1380년, 그리고 1383년에 세 차례나 출정 부대를 따라가서 군 사 업무를 수행했다. 이는 그가 군사적인 측면에서도 상당한 능력 을 발휘했음을 시사한다. 더 중요한 것은 정몽주가 종군 활동을 통 해서 그의 일생에 지대한 영향을 끼친 만남을 가지게 되었다는 점 이다.

1363년 제1차 종군: 이성계와의 첫 만남

정몽주가 처음으로 종군 활동을 한 것은 과거에 급제하고 3년이 지 난 후인 1363년(공민왕 12)이다. 이해 8월에 그는 동북면 도지휘사 한방신의 종사관으로 발탁되어 그를 수행하게 되었다. 정몽주의 종 군 사실이 《고려사》나 《고려사절요》 등의 연대기 자료에는 기록되 어 있지 않다. 하지만 《포은집》에 실린 정몽주의 〈연보〉에 "(1363년) 8월 종사관으로 동북면 도지휘사 한방신을 따라 화주에서 여진을 정벌하였다"라는 기록이 있다. 또 정몽주가 지은 시 중에도 〈계묘 년 8월 한 원수의 동쪽 정벌에 종군하여 함주(지금의 함경남도 함흥) 에 이르렀다. 병마사 나공이 정예병을 거느리고 서북면 정벌을 도 우러 갔다〉라는 긴 제목의 시에 다음과 같은 내용이 나온다.

말안장 나란히 하여 천 리 먼 길을 종군하다가
함주에 도착할 즈음에 다시 그대를 전송하오
정녕 남아의 창자 끊어지는 곳이라
가을바람 화각 소리를 차마 들을 수가 없네

이 시의 제목과 시구를 통해 1363년에 정몽주가 함경도 지역에서 종군했음을 알 수 있다.

당시 한방신의 출정은 원나라의 침입에 대비하기 위한 것이었다. 1363년 5월 고려 정부는 원나라에서 귀국한 통역관 이득춘으로부터 원나라가 덕흥군을 고려 왕으로 임명했으며, 요양에 있는 원나라 군대가 덕흥군을 호위해 고려로 출병했다는 보고를 받았다. 덕흥군은 고려의 제26대 왕인 충선왕의 서자인데, 어머니가 누구인지는 분명하지 않다. 본명은 왕혜이고, 몽골식 이름은 타스티무르(탑사첩목아)이며, 일찍이 승려가 되었다가 1351년에 원나라로 도망갔다. 1356년(공민왕 5) 공민왕이 반원 개혁을 추진하면서 원나라를 등에 업고 권력을 전횡하던 기철·노책·권겸 등의 부원 세력을 숙청하자, 기철의 누이 기황후는 공민왕에게 원한을 품게 되었다. 이에 당시 고려를 배반하고 원나라에 머물고 있던 최유 등이 기황후에게 공민왕 폐위를 추진하도록 설득했고, 그 결과 1362년에 원나라는 공민왕을 폐위하고 덕흥군을 고려 왕으로 세우기로 결정했다. 그리고 1363년 12월에 덕흥군은 요양의 군사 1만 명을 이끌고 고려의 국경을 넘었다. 하지만 이듬해 1월에 덕흥군의 군대는 수주(지금의 평안북도 정주)의 달천에서 최영과 이성계 등이 이끄는 고려군에게 패해 원나라로 돌아갔다.

다시 1363년 5월의 상황으로 돌아가자. 통역관 이득춘의 보고를 받은 고려 정부는 원나라의 침입에 대비해 여러 가지 군사적 조치를 취했다. 그중 동북면 지역(지금의 함경도 및 강원도 삼척 이북 지역)에서는 한방신을 도지휘사로, 김귀를 도병마사로 삼아 화주(지금의 함경남도 영흥)에 진영을 설치하고 방어하도록 했다.

앞서 보았듯이 한방신은 정몽주가 1360년 문과에서 장원으로 급제할 당시 동지공거를 맡았던 정몽주의 좌주다. 정몽주가 어떤 과정을 통해 종사관에 임명되었는지는 확인되지 않지만, 종사관의 역할이 지휘관의 업무 수행을 보좌하는 것임을 고려할 때 한방신의 의견이 반영된 결과가 아닐까 생각한다. 즉 한방신이 평소 자신의 문생인 정몽주를 눈여겨보던 중 그가 군사 업무를 수행할 만한 능력을 갖추었다고 판단했고, 동북면으로 출정하게 되자 보좌관으로 발탁했을 가능성이 있다.

능력을 인정받아 발탁된 것이라 해도 과거에 장원급제한 문신 관료가 변방을 방어하기 위해 출정하는 부대의 종사관으로 가는 게 썩 내키지는 않았을 것이다. 정몽주의 친구들도 그의 종군에 대해 상당히 아쉬워했던 것으로 보이는데, 김구용이 정몽주에게 지어준 시 〈한림 달가의 종군에 부치다〉에 그런 감정이 잘 나타나 있다.

천하가 아직도 분분히 어지러우니
누대에 올라 홀로 그대를 생각하오
갑자기 궁궐의 직임을 사양하고
멀리 북방의 군대로 달려갔구려
옛 요새엔 밝은 달이 둥실 떠 있고
긴 성엔 상서로운 구름 피어나리라
유유히 금 갑옷에 기대어 있으니
누구와 함께 자세히 글을 논할까

김구용의 시에는 함께 학문을 토론하고 시문을 나누던 친구 정몽주가 갑자기 종사관에 임명되어 북방으로 떠나자 그 빈자리를 아쉬워하는 심경이 잘 나타나 있다. 이에 정몽주는 함주에 도착한 후 김구용의 시에 차운한 〈함주에 이르러 척약재의 시에 차운하다〉를 지어 김구용에게 보냈다.

낙엽이 정히 어지러이 날리는데
그대를 생각하나 볼 수가 없구려
원수는 깊이 변방으로 들어가고
용맹한 장수는 멀리서 군사를 나누도다
산채에서는 행군 중에 비를 만나고
성루에서는 일어나 구름을 바라보노라

방패와 창만이 사방에 가득하니

문덕을 닦을 날이 그 언제일런가

　처음 두 구절의 "낙엽이 정히 어지러이 날리는데 그대를 생각하나 볼 수가 없구려"에는 전별의 시를 보내준 친구 김구용에 대한 그리움과 고마움이 잘 나타나 있다. 이어 정몽주는 3~6구에서 적과 마주하고 있는 변방의 군사적 상황과 행군 중에 느낀 감회 등을 적었다. 특히 "산채에서는 행군 중에 비를 만나고"라는 대목은 당시 고려군이 빗속에서 군사 활동을 펼쳐야 하는 어려움을 겪었음을 보여준다. 이와 관련해 같은 시기에 정몽주가 지은 시 〈화주의 밤비〉에도 "화주 객사에 밤새도록 비가 내리네"라는 구절이 있어서 당시 고려군이 궂은 날씨 때문에 고생했던 정황을 엿볼 수 있다. 한편 마지막 구절에서 정몽주는 "문덕을 닦을 날이 그 언제일런가"라며 하루빨리 전쟁이 끝나고 문치가 실현되는 평화의 시기가 오기를 바라는 마음을 드러냈다.

　당초 한방신의 출정 목적은 원나라의 침입에 대비하는 것이었지만, 동북면에서 한방신 부대가 실제로 전투를 벌인 대상은 여진족이었다. 1364년 1월 여진족의 삼선·삼개 등이 변경을 침범하여 홀면·삼살(지금의 함경남도 북청) 지역을 약탈하자, 고려 정부는 교주도 병마사 성사달에게 명령하여 여진족을 격퇴하게 했다. 교주도는 고려시대 5도의 하나로, 지금의 강원도 영서 지역과 경기도 동부 지역 일부를 관할했다. 그런데 성사달 부대가 여진족에게 패퇴하면서 함주가 함락되었고, 성사달을 지원하기 위해 출전한 한방신과 김귀의 부대마저 여진족에게 궤멸되어 철관(지금의 함경남도 덕원)으로 퇴각했다. 그 결과 화주 이북 지역이 모두 여진족에게 점령당하는 상황을 맞게 되었다.

이러한 절체절명의 위기에서 한방신 부대를 구원한 인물이 바로 이성계였다. 당시 서북면(지금의 평안도 지역)에 주둔하고 있던 이성계는 동북면의 패전 소식을 듣고는 즉시 구원병을 이끌고 출전해 2월 1일에 한방신 등이 퇴각해 있던 철관에 도착했다. 그리고 한방신·김귀와 연합하여 세 방향에서 삼선·삼개의 여진족 부대를 공격해 패퇴시켰고, 화주와 함주 이북 지역을 수복했다. 정몽주는 첫 번째 종군에서 한때 패전의 위기에 몰리기도 했지만, 결국 구원병의 도움을 받아 우여곡절 끝에 승전의 기쁨을 맛볼 수 있었다.

정몽주에게 종군은 전쟁에서의 승리보다 훨씬 더 중요한 의미가 있는 사건이었다. 그것은 바로 이 종군을 통해서 평생의 지우가 된 이성계와의 첫 만남이 이루어졌기 때문이다. 정몽주가 속한 한방신 부대를 비롯해 동북면에 있던 모든 고려군이 삼선·삼개에게 패전하고 철관에 고립되어 있던 위기 상황에서 구원병을 이끌고 나타난 이성계. 정몽주에게 이성계는 죽음의 위기에서 자신들을 구원해준, 생명의 은인과 같은 존재였다. 첫 만남이 이처럼 강렬했기에 정몽주는 이성계에게 남다른 고마움과 친밀함을 느꼈을 것이다. 이성계와 정몽주가 전쟁터에서 전우로 처음 만났다는 점은 예사롭지 않을 두 사람의 미래를 예고해주는 것 같다.

한편 정몽주의 〈연보〉에는 "(1364년) 2월 여진의 삼선과 삼개를 패배시키고 돌아와서 조봉랑 전보도감 판관에 제수되고 자금어대를 하사받았다"라고 적혀 있다. 이 기록만 보면 정몽주는 여진족 토벌에 성공한 후 바로 개경으로 귀환했던 것 같다. 그런데 《포은집》에는 이와 상반되는 내용이 수록되어 있어 주목된다. 바로 《포은집》 제2권에 있는 〈갑진년 추석에 감회가 있어〉라는 시인데, 여기서 갑진년은 1364년을 말한다.

지난해 바닷가에서 말에게 물을 먹일 때
함주 고을 객사 안에서 추석을 만났었지
아스라한 산과 내에는 풀과 나무 떨어지고
하늘 가득한 밝은 달엔 맑은 그림자 흐르네
모래벌판의 수많은 장막은 고요히 말이 없는데
변방 소리 사방에 일어나 사람을 근심하게 하네
장군은 모포 장막 높은 곳에 홀로 누웠고
장병들은 차가운 철갑옷 입고 슬피 노래하네
장막 앞 서생 또한 잠 이루지 못하여
적막한 깊은 밤에 그림자와 위로하네
쓸쓸히 일어나 멀리 서남쪽 바라보니

뜬구름 하늘에 비껴 철령에 이어졌네
봄바람에 돌아가려던 계획 또 어긋나
부소산 앞에는 누른 낙엽이 날고 있네
오늘 밤 추석 달은 지난해의 달이건만
지난해 나그네는 아직 돌아가지 못하네
뜰 안은 쓸쓸하여 귀뚜라미 울어대고
부엌은 썰렁하여 동복들이 굶주리네
어제 아침에 아우가 편지를 부쳐오니
백발의 어머님이 보고 싶다고 하시며
공명과 부귀는 너의 일이 아니건마는
객지에서 해마다 무슨 기약 있나 하시네
내년에는 어느 곳에서 밝은 달을 만날까
남창에 홀로 앉아 스스로 시를 읊조리네

이 시의 첫 부분에서 정몽주는 "지난해 바닷가에서 말에 물을 먹일 때 함주의 객사에서 추석을 만났었지"라며 1363년에 함주의 객사에서 추석을 보냈던 사실을 적고 있다. 1363년 가을이면 동북면에 도착한 지 얼마 지나지 않은 때였다. 또 정몽주는 "모래벌판의 수많은 장막은 고요히 말이 없는데 변방 소리 사방에 일어나 사람을 근심하게 하네"라며 아직 적병과 교전을 하지는 않았지만 언제 적이 공격해올지 몰라 긴장의 끈을 놓을 수 없었던 상황을 술회하고 있다. 이어 그는 차가운 갑옷을 입은 장병들이 슬픈 노래를 부르며 장막 앞에 선 서생, 즉 정몽주 본인은 잠을 이루지 못한 채 그림자와 서로를 위로하고 있다고 했다. 변방에서 느끼는 가을날의 적막함과 쓸쓸함, 지금껏 글만 읽었던 서생이 처음으로 적과의 교전을 앞둔 긴장감과 걱정스러움, 이런 감정들이 추석을 맞아 한층 더 깊어졌던 것 같다.

정몽주는 이처럼 1년 전 동북면으로 처음 출정했을 때 추석을 맞이했던 상황과 그때 느꼈던 감회를 생생하게 시로 담아냈다. 이어 그는 시의 중간 부분에서 "오늘 밤 추석 달은 지난해의 달이건만 지난해 나그네는 아직 돌아가지 못하네"라고 했다. 이는 이 시를 짓던 1364년 추석에도 집으로 돌아가지 못하고 여전히 함주에 머물러 있었음을 말해준다. 이어 그는 어제 아침 동생으로부터 편지를 받았는데, 어머니가 자신을 보고 싶어 하신다는 내용이 담겨 있었다고 하면서 가족에 대한 그리움을 표현했다. 마지막 구절에서도 "내년에는 어느 곳에서 밝은 달을 만날까? 남창에 홀로 앉아 스스로 시를 읊조리네"라며 홀로 떨어져 있으면서 가족을 그리워하는 마음을 시로 달래고 있다고 했다.

이상의 내용은 앞서 본 〈연보〉의 기록과 분명한 차이가 있다. 이 시 외에는 더 이상의 자료가 없어 확언하기 어렵지만, 이 시의 내용이 맞다면 정몽주는 첫 번째 종군에서 1년 넘게 함주에 주둔했던 것으로 보인다.

1380년 제2차 종군: 황산에서의 왜구 토벌

1364년(공민왕 13) 2월 동북면 전장에서 처음 만났을 때 정몽주만 이성계에게 강한 인상을 받았던 것은 아니었다. 이성계 역시 종사관에 불과한 젊은 관리 정몽주를 눈여겨보았다. 1380년(우왕 6) 8월에 정몽주가 이성계 부대의 조전원수로 발탁되어 두 번째 종군에 나서게 된 사실은 그런 추정을 뒷받침해준다.

정몽주의 두 번째 종군 활동 역시 연대기 자료에서는 보이지 않는다. 하지만 정몽주의 〈연보〉에는 "(1380년) 가을에 조전원수로 우리 태조(이성계)를 따라 전라도 운봉에 이르러 왜구를 쳐서 크게 이기고 돌아왔다"라고 기록되어 있다. 《포은집》 제2권에 실린 〈전주 망경대에 오르다〉라는 시의 주석 내용도 정몽주가 1380년에 종군했던 사실을 보여준다.

경신년(1380)에 왜적이 경상도와 전라도의 여러 고을을 함락하고 지리산에 주둔하였다. 이 원수를 따라 운봉에서 싸워 승리하고 개선가를 부르며 돌아올 때 길이 완산을 지나게 되어 이 대(망경대)에 올랐다.

위의 글에서 '이 원수'는 이성계를 가리킨다. 그런데 '이 원수'라는 표현으로 보아 이 주석은 정몽주가 직접 붙인 것으로 보인다.

《포은집》이 처음 간행된 때가 조선 건국 후인 1439년(세종 21)이므로, 만약 《포은집》을 편찬할 때 편집자가 주석을 달았다면 이성계를 '이 원수'가 아니라 '태조'라고 불렀을 것이다. 따라서 이 주석은 정몽주가 1380년에 이성계 부대에 종군했던 사실을 본인이 직접 밝힌 것으로, 가장 믿을 만한 근거라고 할 수 있다.

1380년 8월에 이성계가 출정한 것은 왜구 토벌을 위해서였다. 1350년경부터 극심해진 왜구의 침략은 1376년(우왕 2) 홍산(지금의 충청남도 부여군 홍산면)에서 최영에게 크게 패한 뒤(홍산대첩) 한동안 잠잠해졌다가, 1380년에 이르러 다시 극심해지는 양상을 보였다. 《고려사》와 《고려사절요》의 기록에 따르면, 1380년 가을에 삼남 지방에서는 왜구의 피해가 극에 달했다. 이해 7월에 왜구가 양광도의 서주·부여·정산·운제·고산·유성 등지를 노략질한 후 계룡산으로 들어갔는데, 이때 산으로 피난을 간 부녀자와 아이들이 많은 피해를 당했다고 한다. 또 양광도 원수 김사혁이 왜구를 공격하자, 왜구들은 청양·신풍·홍산 등지로 옮겨가 약탈을 했다. 이어 같은 달에 다시 양광도 옥주와 금주, 전라도 함열과 풍제 등지에도 왜구가 출몰했다. 양광도는 고려시대 5도의 하나로, 지금의 경기도 남부 지역과 강원도 일부, 충청남·북도의 대부분이 이에 해당한다. 양주와 광주의 첫 글자를 따서 양광도라고 명명했다.

8월에는 왜구들이 500여 척의 대선단을 조직해 진포(지금의 충청남도 서천에서부터 금강 어귀 일대)로 침입했다. 왜구는 진포에 배를 정박한 다음 해안에 상륙해 삼남의 여러 주군으로 흩어져 들어가 불을 지르고 약탈과 살육을 자행했다. 《고려사절요》에 따르면 당시 왜구의 침략으로 고려인들의 시신이 산과 들을 덮었고, 왜구들이 곡식을 약탈해 배로 운반할 때 땅에 떨어진 쌀이 한 자(약 30cm)나 쌓였다고 한다.

왜구로 인한 피해가 점점 커지자 고려 정부는 나세, 심덕부, 최무선 등에게 진포의 왜적을 토벌하게 했다. 진포에 도착한 고려군은 최무선이 제작한 화포를 실전에서 처음 사용해 왜구의 선단을 공격해서 불태웠다. 당시 배를 지키던 왜구들은 거의 다 타죽거나 바다에 빠져 죽었으며, 330여 명만 탈출했다. 그런데 탈출한 왜구들이 이미 해안에 상륙해 있던 왜구들과 합세하면서 이들의 약탈과 살육은 더욱 극심해졌고, 피해 지역도 양광도 남부(지금의 충청도 지역)와 경상도, 전라도의 각 지역으로 확대되었다. 《고려사절요》의 찬자는 왜구로 인한 피해 상황에 대해 "살육과 노략질을 멋대로 하였고 적의 기세가 더욱 거세었기 때문에 3도의 연해 지역은 쓸쓸하게 텅 비어버렸다. 왜구의 환란이 있은 이래로 이때에 비견될 만한 시기는 없었다"라고 기록했다.

삼남 전역에서 왜구의 약탈과 방화로 인한 피해가 극에 달하자 고려 정부는 이성계를 중심으로 전열을 정비해 왜구에 대응하게 했다. 즉 같은 해 8월에 이성계를 총사령관인 양광·전라·경상도 도순찰사에 임명하고, 변안열을 체찰사로 삼아 이성계를 보좌하게 했다. 또 왕복명, 우인열, 도길부, 박임종, 홍인계, 임성미, 이원계 등을 원수로 임명해 이성계의 지휘를 받도록 했다. 바로 이때 정몽주는 이성계가 직접 지휘하는 부대의 조전원수로 임명되어 왜구 토벌에 참여하게 되었다.

원래 '조전원수'는 주장의 전투 수행을 돕는 원수를 뜻한다. 문헌 기록에서 조전원수가 처음 등장하는 것은 1374년(공민왕 23)으로, 당시 탐라 정벌군을 조직할 때 최영이 도통사로서 총사령관이 되었고 양광도·전라도·경상도의 군대를 주력으로 삼아 각각 상원수와 부원수를 한 명씩 배속했다. 그리고 서해도와 교주도의 도순문사를 조전원수로 임명해 주력 부대를 지원하게 했다. 서해도는 지금의 황해도에 해당하는 지역이다. 한편 우왕 대에는 각 도마다 도원수·상원수·부원수를 한 명씩 두어 해당 도의 군사 지휘와 방어를 관장하게 했는데, 다른 도의 원수가 전투를 돕기 위해 파견되는 경우 이를 조전원수라고 했다. 1377년(우왕 3) 8월 이성계가 서해도에 조전원수로 파견된 것이 대표적인 사례다. 당시 왜구가 서해도의 신주·문화·안악·봉주 등지를 노략질하자, 서해도 원수 양백익·나세·박보로와 도순문사 심덕부 등이 왜구를 공격했다. 하지만 이들은 모두 왜구에게 패전했고, 결국 양백익 등은 장수를 보내서 도와줄 것을 정부에 요청했다. 이에 고려 정부는 이성계와 임견미·변안열·유만수·홍징 등을 조전원수로 임명해 서해도를 구원하도록 했다.

다시 1380년의 상황으로 돌아가보자. 정몽주가 이성계 부대의 조전원수로 임명되어 종군한 것은 위에서 설명한 일반적인 조전원수와는 성격이 좀 달랐던 것으로 보인다. 《고려사절요》를 보면 당시 이성계의 지휘를 받는 원수들의 명단이 실려 있는데, 여기에 정몽주의 이름은 포함되어 있지 않다. 이는 정몽주가 직접 군사를 지휘하는 위치에 있지 않았음을 보여준다고 생각한다. 또 당시 정몽주는 한 도의 원수를 맡고 있었던 것이 아니고 조선시대로 치면 호조판서에 해당하는 판도판서로 재직하던 중에 조전원수에 임명되었다. 이런 점을 고려할 때, 아마도 정몽주는 총사령관인 이성계의 휘하에서 군중의 행정 업무를 담당하고 작전 수립 등을 보좌하는 참모 역할을 맡았을 것으로 추정된다. 즉 맡은 일은 이전의 종사관과 비슷하지만, 당시 정몽주가 정3품의 판도판서였기 때문에 그에 걸맞게 지휘관급에 해당하는 조전원수로 임명한 것이 아닐까 한다.

그렇다면 정몽주가 이성계 부대의 조전원수로 발탁된 배경은 무엇일까? 당시 정몽주의 역할이 총사령관 이성계를 보좌하는 것이었을 가능성과 《고려사절요》에 기록된 원수 명단에 정몽주가 없는 점 등을 고려할 때, 정몽주의 발탁에는 이성계의 의사가 작용했을 것으로 보인다.

1364년 2월 동북면의 전장에서 처음 만난 이후 1380년 8월까지 16년 동안 두 사람 사이에 어떤 교유가 있었는지는 관련 자료가 없어서 확인하기 어렵다. 이 기간에 이성계는 주로 변방에서 외적을 토벌하는 장수로 활동했으며, 간혹 중앙 관직에 제수된 적도 있었지만 그 기간은 길지 않았다. 반면 정몽주는 1374년에 경상도 안렴사에 임명된 것을 제외하면 주로 중앙의 관료로 활동했고, 특히 성균관에 재직하면서 유생 교육과 학문 연구에 오래 종사했다. 그리고 1372~1373년에는 명나라로, 1377~1378년에는 일본으로 사행을 다녀왔으며, 1375년에는 북원과의 외교 재개에 반발하다가 1377년 초까지 경상도 언양으로 유배되었다.

이처럼 문헌 기록에는 1364년부터 1380년 사이에 이성계와 정몽주가 깊이 교유할 만한 접점이 잘 보이지 않는다. 그렇다고 해서 두 사람의 교유가 전혀 없었다는 얘기는 아니다. 비록 자주 만나지는 못했을지라도 전투를 함께했던 강렬한 첫 만남이 있었기에 간간이 인편을 통해 소식을 주고받았을 가능성은 충분하다. 하지만 이성계가 전쟁터에서 자신을 보좌할 조전원수로 정몽주를 발탁했다면, 그 이유는 역시 1364년의 첫 만남에서 찾아야 하지 않을까? 즉 이성계는 한방신의 부대와 연합해 군사 작전을 펼치는 과정에서 군무를 수행하는 정몽주의 능력을 높이 평가했을 가능성이 있다. 그래서 왜구 토벌을 위한 부대를 정비할 때 정몽주를 떠올리고 그를 조전원수에 임명했던 것이 아닐까 생각한다.

한편 정몽주가 1377년(우왕 3) 9월 일본에 사신으로 파견되어 1년 가까이 체류했던 점도 조전원수 발탁에 중요한 요인으로 작용했을 것으로 생각한다. 정몽주의 일본 사행 목적은 왜구의 근거지였던 규슈 지역을 지배하는 호족에게 왜구의 활동을 억제해줄 것을 요청하는 것이었다. 정몽주는 그곳에서 장기간 체류하면서 일본 및 왜구에 대한 여러 가지 정보를 습득했다. 따라서 정몽주는 고려의 관료 중에서 일본과 왜구에 대해 누구보다 잘 알고 있었을 것이다. 이성계는 바로 이 점에 주목하고, 정몽주의 경험과 정보가 왜구 토벌에 도움이 될 것이라고 판단해 그를 자신의 참모로 발탁했을 가능성이 있다.

한편 이성계 부대가 전열을 정비하는 동안 왜구들은 경상도를 유린한 다음 9월에 전라도 남원의 운봉현으로 이동해 불을 지르고 인월역(지금의 전라북도 남원 인월리)에 주둔하고 있었다. 이에 부대 정비를 마친 이성계는 운봉 지역으로 출정했고, 지리산 부근인 황산의 서북쪽 정산봉에서 아지발도가 이끄는 왜구와 치열한 전투를 벌인 끝에 이들을 궤멸시켰다. 이 전투가 바로 황산대첩으로, 1376년 최영이 승리로 이끌었던 홍산대첩과 함께 고려 말 왜구에게 대승을 거둔 전투 중의 하나다. 황산대첩 이후로 왜구의 세력은 크게 약화되었으며, 이성계는 국가를 위기에서 구한 영웅으로 그 명성이 더욱 높아졌다. 이성계가 개선하던 날 고려 최고의 문사들이 시를 지어 그의 승전을 축하했는데, 그중 이색이 지은 아래의 시는 당시 이성계의 위상이 얼마나 대단했는지를 잘 보여준다.

적 소탕하기를 진실로 썩은 가지 꺾듯 하였으니

삼한의 기쁜 기운이 온통 여러 공들에게 모이네

충성이 태양에 걸려 환히 빛나니 하늘에 안개가 걷히고

위엄은 청구를 진동해 바다엔 풍파도 없네

교외의 화려한 자리에선 무공을 노래하고

높다란 능연각에는 영웅들 초상이 걸리네

병든 몸이라 교외에 나가 맞이하지 못하고

앉아서 새 시를 읊어 위대한 공을 칭송하네

—《연려실기술》권1, 〈태조조 고사본말〉

《고려사절요》에 따르면, 황산대첩 당시 왜구들이 험한 산에 숨어서 고려군과 맞섰기 때문에 전투 자체가 매우 힘들고 위험했다고 한다. 이에 다른 장수들은 적이 험한 곳에서 나오기를 기다렸다가 싸우는 것이 좋겠다고 건의했다. 하지만 이성계는 "군사를 일으켰다면 적을 만나지 못할 것을 걱정해야 한다. 지금 적을 만났는데도 공격하지 않는다면 옳겠는가?"라면서, 선봉에 서서 왜구를 공격했다. 또 이성계는 자신의 말이 여러 차례 화살에 맞아 쓰러지자 그때마다 말을 바꿔 타고 계속 싸웠으며, 자신도 다리에 화살을 맞아 부상을 당했지만 이에 아랑곳하지 않고 군사들을 독려했다. 이런 치열한 전투에 함께 참여했던 사람들 사이에는 더욱 끈끈하고 친밀한 전우애가 생기지 않았을까?

이성계와 정몽주는 총사령관과 조전원수로서 황산대첩을 승리로 이끌었고, 그랬기에 두 사람의 관계는 더욱 공고해졌을 것이다. 특히 위험을 무릅쓰고 가장 선두에 서서 왜적을 물리치는 이성계의 모습을 보면서 정몽주는 깊은 감동과 존경심을 느꼈으리라 생각한다. 비록 마지막에는 혁명에 대한 이견 때문에 정치적으로 결별하고 말았지만, 두 사람이 한때 고려의 개혁을 위해 의기투합하고 오랫동안 정치적 행보를 같이할 수 있었던 데는 전장에서 생사고락을 함께했던 경험이 크게 작용했을 것이다.

1383년 제3차 종군: 이성계와 정도전을 이어주다

1383년(우왕 9) 8월, 정몽주는 동북면 조전원수에 임명되어 세 번째 종군에 나서게 된다. 그런데 《포은집》에는 〈홍무 임술년에 이 원수의 동쪽 정벌 길을 따라가다〉라는 제목의 시가 수록되어 있다. '홍무 임술년'은 1382년(우왕 8)이고 '이 원수'는 바로 이성계를 가리킨다. 이 시의 제목대로라면 정몽주는 1383년에 앞서 1382년에 한 차례 더 종군했거나, 아니면 1383년이 아니라 1382년에 종군했던 것이 된다. 하지만 정몽주의 〈연보〉나 〈행장〉에는 1383년의 종군만 기록되어 있을 뿐 1382년의 종군에 대해서는 아무런 언급이 없다.

1382년 당시 정몽주의 활동을 검토해보면, 이해에 종군을 했다고 보기는 어렵다. 정몽주는 1382년 4월에 명나라 사신으로 파견되어 요동까지 갔다가 입국 허가를 받지 못하고 6월에 개경으로 돌아왔다. 그리고 같은 해 11월에 다시 한번 명나라에 사신으로 파견되었지만 역시 요동에서 길이 막혀 이듬해(1383) 1월에 개경으로 돌아왔다. 따라서 이해의 첫 번째 사행에서 돌아온 6월부터 두 번째 사행을 떠난 11월 사이에 종군이 가능할 수도 있지만, 현실적으로는 쉽지 않은 일정이다.

한편 〈홍무 임술년에 이 원수의 동쪽 정벌 길을 따라가다〉의 바로 다음에 실려 있는 〈단주성〉이라는 시에는 "봄바람 불 때는 요동 길에 있더니 가을비 내릴 땐 해동의 끝을 지나네"라는 구절이 있다. 이는 1383년 1월에 명나라 사행을 위해 요동까지 갔다가 되돌아온 일과 같은 해 가을에 동북면에서 종군하고 있는 상황을 읊은 것으로, 이 시가 1383년에 지어진 것임을 보여준다. 또 〈단주성〉이후에 실린 6~7편의 시들도 1383년 종군 시에 지은 것으로 보이는데, 그중 〈중추〉라는 시를 살펴보면 아래와 같다.

예전에도 추석날 함주의 나그네 되었는데
손가락 꼽아보니 이제 20년이 지났네
흰머리로 거듭 와서 밝은 달 대하노라니
여생에 몇 번이나 둥근 달을 볼 수 있을지

20년 전 추석 때 함주의 나그네가 되었다는 것은 1363~1364년에 한방신의 종사관으로 동북면에 종군했던 일을 가리킨다. 즉 20년 전 한방신의 부대에 종군하여 함주에서 추석을 보냈던 때를 회상하고 20년 후 동일하게 반복된 상황을 맞이한 감회를 노래한 것이다. 이를 통해 이 시가 첫 번째 종군으로부터 20년 후인 1383년에 지어진 것임을 알 수 있다. 즉 이 시는 정몽주의 세 번째 종군이 1383년에 있었음을 보여주는 중요한 근거가 된다. 조선 선조 대에 정몽주의 〈연보〉를 교정했던 류성룡도 〈단주성〉 등의 시를 근거로 정몽주의 종군 시기를 1382년이 아닌 1383년으로 보았다. 종합해보면 〈홍무 임술년에 이 원수의 동쪽 정벌 길을 따라가다〉라는 시 제목의 연도는 정몽주 본인이 실수로 잘못 기록했거나, 아니면 후대에 문집을 편집하는 과정에서 뭔가 착오가 발생했던 것으로 보인다.

1383년 8월에 정몽주가 종군한 부대의 총사령관은 3년 전 종군 때와 마찬가지로 이성계였다. 이때의 조전원수 발탁에도 이성계의 의사가 중요하게 작용했을 것으로 보인다. 이미 두 차례나 함께 전투에 참여했던 경험을 통해 이성계는 정몽주의 능력을 잘 파악하고 있었고, 특히 3년 전인 1380년에 황산에서 대승을 거두는 데 정몽주가 조전원수로서 일조했던 사실도 결코 잊지 않았을 것으로 생각되기 때문이다. 동북면으로 출정한 이성계 부대는 8월에 단주(지금의 함경남도 단천)에서 이 일대를 노략질하던 여진족 추장 호발

도를 격파한 다음, 다시 함주로 이동해 그곳에 주둔했다. 이후 정몽주는 1384년 7월의 명나라 사행을 위해 개경으로 돌아오기 전까지 함주에서 이성계와 함께 있었다.

《포은집》에는 정몽주가 이 무렵에 지은 것으로 보이는 시들이 여러 편 수록되어 있어서 종군 당시의 상황과 정몽주의 감회 등을 엿볼 수 있다. 〈비를 무릅쓰고 동쪽 함주로 가다〉에는 "동쪽으로 행군하는데 내리는 비를 무릅쓰니 반달이나 걸려서 함주에 도착하였네"라는 내용이 있어서 이성계 부대가 함주로 이동할 때 날씨 때문에 상당한 어려움을 겪었음을 알 수 있다.

〈독올관〉은 함경도 단천에 있던 관문인 독올관을 돌아본 후 지은 시다. 정몽주는 변경 지역 요새지를 둘러보며 느낀 감정을 다음과 같이 표현했다.

관문 끝의 방어 시설 몇천 길인가
선왕의 깊은 의도를 볼 수 있도다
가슴으로 산천 기운을 삼켜서 점점 기뻐지니
발밑으로 험로 밟는 일쯤이야 감히 사양하랴
군사가 강한 것은 본래 형세로 인한 것이지만
풍속이 비루하니 누가 고금을 기억할 줄 알까
산 앞으로 한번 내려가 평평한 들판 바라보니
벼 이랑과 논 두둑이 사람의 마음을 위로하네

이 시에서 정몽주는 과거 단천 지역에 요새를 설치했던 깊은 뜻을 높이 평가하고, 또 변경의 험준하고 광활한 산천을 둘러보면서 느낀 감회를 표현하고 있다. 그리고 여진족이 군사적으로는 강하지만 풍속은 비루하다고 하면서 고려의 문화적 우월성을 강조하고 있으며, 동시에 여진족을 격퇴하고 평정한 지역의 너른 들판이 자신의 마음을 위로해주고 있음을 노래하고 있다.

〈삼산〉에서는 고려에 항복한 여진족을 바라보는 정몽주의 마음을 엿볼 수 있다.

항복한 오랑캐가 지금 천 장이니
변방의 성안에 호구가 늘어났네
아이조차도 말을 내달릴 줄 알고
부녀자들도 매를 부를 줄 알도다
궁시는 가을 되어 바야흐로 튼튼하고
전답엔 농사일이 또 풍년을 이루었네
이들은 우리와 같은 부류 아니니
복속시키는 일 장차 누가 할 것인가?

위 시에서 정몽주는 동북면을 평정하고 여진족으로부터 항복을 받아냄으로써 변방에 가호와 인구가 늘어난 것에 대해서는 긍정적으로 평가하고 있다. 이어 아이도 말을 타고 부녀자도 매를 기르며

활을 잘 쏘는 여진족의 풍속을 나열한 다음, "이들은 우리와 같은 부류 아니니, 복속시키는 일 장차 누가 할 것인가?"라는 우려의 목소리를 내고 있다. 즉 비록 군사적으로는 항복을 받았지만, 풍속과 습성이 고려와 판이한 여진족을 마음으로 복속시키는 것은 매우 어려운 과제임을 강조한 것이다.

이 밖에 〈함주〉에서는 "지난날 9성에 일찍이 공적을 기록하였고, 선조에서는 만마로써 변방을 다시 개척했네"라며 고려 중기 예종 대에 윤관이 9성을 개척한 일과 공민왕 대에 반원 개혁의 일환으로 동북면을 회복했던 일 등 이 지역과 관련된 역사적 사실들을 시로 노래하고 있다. 이처럼 정몽주가 1383년 종군 시기에 지은 시에는 동북면의 주요 지역들을 돌아보면서 그곳의 역사 및 풍속에 대한 소회가 잘 나타나 있다.

한편 정몽주의 제3차 종군에서는 제1차 종군에서 이성계를 처음 만났던 것 이상으로 의미가 있는 만남이 이루어졌다. 바로 이성계와 정몽주, 그리고 정도전이 함주의 이성계 부대에서 함께 마주했던 것이다. 1375년(우왕 1) 정몽주 등과 함께 북원과의 외교 재개에 반발하다 나주로 유배되었던 정도전은 유배에서 풀려난 이후에도 좀처럼 관직에 복귀하지 못한 채 고향 영주와 개경 등지를 오가며 생활하고 있었다. 그러던 중 1383년 가을 함경도 지역을 여행하다가 함주에 주둔하고 있던 이성계의 부대를 찾아왔다. 그리고 이곳에서 오랫동안 보지 못했던 친구 정몽주와 재회하게 된다.

정몽주와 정도전이 1383년에 함주에서 만난 사실은 두 사람이 지은 시를 통해서 확인된다. 먼저 《포은집》 권2에는 정몽주가 정도전에게 지어준 〈삼봉에게 보내다〉라는 시가 실려 있다.

정생이 떠난 동쪽 길이 더욱더 아득하니
철령 높은 관문에 화각 부는 가을이로다
군막에 든 빈객 중에 그 누가 첫째가던가
달 밝을 때 그 사람 유공루에 기대 있겠지

위 시는 정도전의 문집 《삼봉집》에도 실려 있는데, 그 주석에서 작성 시기를 '계해년 가을', 즉 1383년 가을이라고 밝히고 있다. 정몽주가 함주에서 이성계 부대에 종군하고 있던 1383년 가을에 지은 시임을 알 수 있다. 그리고 "정생이 떠난 동쪽 길이 더욱더 아득하니"라는 구절에서 '정생'은 정도전을 가리킨다. 정몽주가 정도전을 전송하면서 이 시를 지었음을 알 수 있다. 또 "군막에 든 빈객 중에 그 누가 첫째가던가 달 밝을 때 그 사람 유공루에 기대 있겠지"에서 '그 사람', 즉 군막에 들었던 첫째가는 빈객 역시 정도전을 가리킨다. 정도전이 정몽주의 군막을 방문했다는 의미다. 이상을 종합해보면, 위 시는 1383년 가을 함주의 군영을 찾아온 정도전이 다시 동쪽으로 길을 떠날 때 그를 전송하면서 헤어짐을 아쉬워하는 마음을 담아 지어준 것이다.

한편 《포은집》에는 〈이 시중의 안변루 시에 차운하다〉라는 시가 실려 있다. 이 시중은 고려 말에 수문하시중을 역임했던 이자송을 가리킨다. 또 안변루는 함경남도 안변에 있던 가학루로 이곳에 이 자송이 지은 시가 걸려 있었다고 한다. 그런데 《삼봉집》에도 정도 전이 안변 가학루에 걸려 있는 이자송의 시에 차운하여 지은 〈안변 루 시에 차운하다〉라는 시가 실려 있으며, 저작 시기는 1384년 여름으로 적혀 있다. 1384년 여름은 정도전이 두 번째로 함주 군영을 찾아갔을 때인데, 정몽주 역시 그때까지 함주 군영에 있었을 가능성이 크다. 차운시는 몇 사람이 서로 시를 주고받는 과정에서 상대방의 시에 차운하거나, 특정 장소를 방문했다가 그곳에 있는 시를 감상한 후에 그 시에 차운하여 짓는 경우가 많다. 안변루에 관한 정몽주와 정도전의 시도 1384년 여름에 두 사람이 함께 안변의 가학루를 방문해 이자송의 시를 보고 차운하여 지은 것으로 보인다.

정도전에 대한 기존 연구에서는 1383년 함주에서 이루어진 정도전과 이성계의 만남이 역성혁명 논의의 출발점이 되었다고 보았다. 즉 혁명을 위해 군사적 힘이 필요했던 정도전이 왜구와 홍건적 토벌로 명망이 높던 이성계의 군사력에 주목하고 그를 찾아갔으며, 첫 만남에서 두 사람은 뜻을 같이하게 됐다는 것이다. 그리고 이듬해 여름에 정도전은 다시 한번 함주로 가서 이성계를 만났고, 이 자리에서 혁명의 구체적 전략을 협의했을 것이라고 보았다.

그런데 두 사람이 만날 당시 그곳에 정몽주도 있었다고 한다면 이야기가 달라질 수 있다. 기존 연구에서 밝혀진 정도전의 행적을 보면, 정도전이 이성계를 처음 만난 것은 1383년이었다. 반면 정몽주는 1383년 당시 이성계, 정도전과 각각 20년 이상 교유했던 오랜 친구 사이였다. 정도전과는 1360년(공민왕 9) 과거에 급제한 이후 처음 만나 교유하기 시작했으며, 공민왕 대 성균관에서 교관으로 함께 재직했다. 또 공민왕 대만큼 자주 교유하지는 못했지만, 우왕 대 초반 유배기와 1377년 복직 이후에도 학문적인 면에서나 인간적인 면에서 돈독한 관계를 유지하고 있었다. 한편 이성계와는 1363년의 제1차 종군 때 처음 만났고 1380년과 1383년에 두 차례나 총사령관과 조전원수로 함께하면서 전우로서의 친밀한 관계를 맺고 있었다.

이런 세 사람의 관계를 고려할 때, 정도전이 1383년 함주에 갔던 것은 이성계를 찾아갔다기보다는 오랫동안 보지 못했던 친구 정몽주를 만나러 갔을 개연성이 더 크다. 이때 정몽주가 함주까지 찾아온 정도전을 이성계에게 소개해주는 것은 자연스러운 일이었을 것이다. 즉 당시 정도전과 이성계의 만남은 정몽주가 주선했을 가능성이 매우 높다. 고려 후기 정치사를 연구한 김당택 교수와 이익주 교수는 이미 선행 연구를 통해 정몽주가 정도전과 이성계를 연결해주었을 가능성을 제기한 바 있다(김당택, 1998; 이익주, 2004).

정몽주가 두 사람의 만남을 주선했다면, 1383년에 정도전이 이성계를 찾아가 혁명에 관해 의기투합했다고 하는 기존 해석도 약간의 수정이 필요할 듯하다. 뒤에서 자세히 살펴보겠지만 위화도 회군 이후 정몽주는 고려의 정치와 사회 개혁의 필요성에 공감했고, 그에 따라 공양왕 옹립이나 사전私田 개혁 등에서 이성계·정도전 등과 정치적 입장을 함께했다. 하지만 고려 왕조를 무너뜨리고 새 나라를 세우는 역성혁명에 대해서는 반대 입장을 분명히 했고, 결국에는 두 사람과 결별했다. 이런 점을 고려하면 1383년 함주에서 세 사람이 만났을 때 곧바로 역성혁명을 거론하지는 않았을 것으로 보인다.

물론 정도전과 이성계가 정몽주의 눈을 피해 따로 만나서 혁명을 논의했을 수도 있겠지만, 당시 정몽주와 이성계, 정도전의 관계를 고려한다면 그럴 가능성은 크지 않다. 오히려 당시의 만남은 정몽주, 이성계, 정도전 세 사람이 이인임 등 권문세족의 전횡으로 문란해진 고려의 정치와 사회를 개혁하는 데 함께하기로 뜻을 모으는 계기가 되었을 것이다. 즉 이 만남을 통해 세 사람은 이제 오랜 친구이자 학문적 동지에서 고려의 개혁을 위해 뜻을 같이하는 정치적 동지로 거듭나게 되었다고 볼 수 있지 않을까? 이러한 가정은 위화도 회군 이후 정몽주, 이성계, 정도전이 정치적 행보를 함께했음을 볼 때 타당성이 충분하다고 생각한다.

6장

외교 전문가 정몽주

조선 후기의 학자 윤기(1741~1826)는 우리나라의 주요 역사적 사실들을 시로 정리한 〈영동사〉를 지었다. 그중 592번째 시에서 고려 말 정몽주의 외교 활동에 대해 다음과 같이 기록했다.

포옹이 전대하는 사신의 책무를 다했으니
남들은 위험 피했으나 홀로 떨쳐 일어났다오
북으로는 명나라, 남으로는 일본에 갔으니
가는 곳마다 그 뜻을 펴지 못한 일 없었다오

위 시에서 윤기는 정몽주가 자신의 안위를 돌보지 않고 북으로는 명나라, 남으로는 일본에 사행을 다녀왔으며, 그때마다 맡은 임무를 완수하지 못한 것이 없었다고 칭송했다. 이처럼 고려 말 공민왕 및 우왕 대 정몽주의 관료 활동에서 가장 큰 비중을 차지했던 것은 단연 사신 외교 활동이었다.

정몽주는 1372년(공민왕 21) 명나라에 사신으로 파견된 이래로 1387년까지 15년 동안 명나라에 여섯 번, 일본에 한 번 사신으로 파견되었다. 정몽주의 사행 활동을 정리해보면 〔표 6-1〕과 같다. 일곱 차례에 걸친 사행 활동 중에는 임무를 성공적으로 완수한 경우도 있지만, 1382년(2회)과 1387년의 사행에서는 명나라가 고려 사신단의 입국을 불허하면서 중도에 돌아오기도 했다.

정몽주가 명나라에 사신으로 파견됐을 당시 고려와 명의 관계는 1372년 사행을 제외하면 전반적으로 경색되어 있었다. 세 차례나 요동까지 갔다가 길이 막혀 돌아온 사실은 양국의 불편했던 관계를 단적으로 보여준다. 이처럼 외교적으로 어려운 상황에서 정몽주는 모두 여섯 차례나 명나라에 파견될 사신으로 발탁되었다. 반면 일본 사행의 경우 양국의 관계가 경색됐던 것은 아니지만, 그전에 파견됐던 고려 사신들이 상당히 큰 어려움을 겪었기 때문에 관료들이 가기를 꺼렸다.

당시 기록을 보면, 정몽주를 미워하던 고려의 권신들이 정몽주를 위험에 빠뜨리려고 일부러 어려운 사행에 추천했다는 내용이 있다. 전혀 근거 없는 이야기는 아니겠지만, 그렇다 해도 정몽주가 외교적 난제를 풀어내는 능력이 없었다면 한 번은 몰라도 여러 차례나 사신으로 발탁되기는 어려웠을 것이다. 즉 외교적으로 어려

[표 6-1] 고려 말 정몽주의 사행 활동

시기	국가	목적	경과 및 특이 사항
1372년	명	명의 촉 지방 평정 축하	4월 남경에 도착해 사신 임무 수행. 8월 귀국 중 배가 난파되어 명으로 다시 돌아감. 1373년 귀국.
1377년	일본 (규슈)	왜구 활동 금지 요청	구주(규슈) 절도사에게 왜구 금압 요청. 일본에 포로로 잡혀 있던 고려인 송환. 1378년 귀국.
1382년 4월	명	공물 진상	요동까지 갔다가 명의 입국 불허 조치로 되돌아옴.
1382년 11월	명	신년 축하, 공민왕 시호와 우왕 승인 요청	요동까지 갔다가 명의 입국 불허 조치로 되돌아옴.
1384년 7월	명	명 황제 생일 축하, 공민왕 시호와 우왕 승인 요청	9월 남경에 도착해 사신 임무 수행. 1385년 4월 귀국.
1386년 2월	명	임금의 편복과 배신의 편복·조복 요청, 세공 감면 요청	4월 남경에 도착해 사신 임무 수행. 세공 감면 성과. 같은 해 7월 귀국.
1387년 12월	명	양국 외교 관계 정상화 요청	요동까지 갔다가 명의 입국 불허 조치로 되돌아옴.

운 상황을 만날 때마다 정몽주가 사신으로 파견됐다는 것은 그가 갈등을 원만하게 해결하고 실리를 얻어내는 외교 능력이 상당히 출중했다는 의미로 읽힌다.

연대기 자료나 《포은집》을 비롯한 여러 문집에 실려 있는 정몽주의 사행 기록들이 생각만큼 자세하지는 않다. 사행을 위해 출발한 시기와 귀국한 시기, 사행의 목적이나 성과에 대한 간략한 기사, 그리고 사행 당시 정몽주가 지은 시 등이 대부분이다. 이중 사행시는 사행의 여정과 사행 중에 느꼈던 감회 등을 보여준다는 점에서 매우 중요한 자료다. 다만 1377년 일본 사행과 1386년 명 사행 때 지은 시는 비교적 분명하게 구분되는 반면, 나머지 시들은 어느 사행 때 지은 것인지 불분명해서 자료 활용에 어려움이 있다.

아래에서는 이상의 자료들을 바탕으로 정몽주의 사행 활동을 시간 순서대로 하나씩 살펴보도록 하겠다. 또 사행은 아니지만 정몽주의 외교 노선과 관련이 있는 주요 활동과 정책에 관한 내용도 함께 다루도록 하겠다.

1372년 명나라 사행

정몽주가 처음으로 외국에 사행을 간 것은 1372년(공민왕 21)으로, 이해 3월에 지밀직사사 홍사범이 정사를 맡은 사신단의 서장관으로 임명되어 명나라로 사행을 떠났다. 중국으로 파견하는 사신단의 지휘부는 정사, 부사, 서장관으로 구성되었다. 서장관은 사행 기간 동안 보고 들은 각종 외교 정보들을 기록해 국왕에게 보고하고, 사행단 내의 비리나 부정을 감찰하는 임무를 맡았다.

1372년의 명 사행은 정몽주의 여섯 차례 명나라 사행 중 유일하게 양국의 관계가 원만한 상황에서 진행되었다. 그 당시 고려와 명의 통교 과정을 간략히 정리해보면, 1369년(공민왕 18) 4월에 명에서 먼저 고려에 사신을 보내 명의 건국 사실을 전달했다. 이에 고려에서는 같은 해 5월에 원나라 연호의 사용을 중단하고 명 황제의 즉위를 축하하는 사신단을 파견했다. 그러자 명에서는 같은 해 6월에 고려의 하례에 대한 보답으로 명나라에 있던 고려 백성들을 송환했으며, 이후 고려가 명에 하정사·성절사 등을 파견하면서 양국 간의 통교가 본격적으로 시작되었다. 그리고 1370년 5월에 명나라는 공민왕을 고려의 왕으로 책봉하는 사신을 파견했으며, 이때 '고려국왕지인'의 인장과 관복·악기 등도 함께 보냈다. 정몽주의 1372년 사행은 바로 이와 같은 우호적인 분위기 속에서 이루어졌다.

1372년에 파견된 고려 사신단의 사행 목적은 크게 두 가지였다. 첫째는 명나라가 한 해 전인 1371년에 촉 지방(지금의 사천성 지역)을 평정해 명나라 영토로 흡수한 일을 축하하기 위함이었다. 다른 하나는 고려 학자들이 명나라 태학에 입학해 공부할 수 있도록 허가해달라고 요청하기 위함이었다.

고려 사신단은 바닷길을 이용해 명나라에 갔는데, 사신단의 남경 도착 시기에 대해서는 《고려사》와 《명태조실록》의 기사 사이에 약간의 차이가 있다. 《고려사》에는 4월에 도착한 것으로 기록되어 있는 반면, 《명태조실록》에는 3월 기사 중에 고려 사신단의 도착 사실이 실려 있다. 어느 기록이 더 정확한지 판단하기는 어렵다. 고려 사신을 맞이했던 당사자의 기록이라는 점과 《명태조실록》의 편찬 시기(1418)가 《고려사》의 편찬 시기(1451)보다 빠르다는 점 등을 고려하면 《명태조실록》의 기사가 더 정확하다고 볼 수도 있을 것 같다.

하지만 정몽주의 《포은집》에 실린 명나라 사행시 중에 〈과주〉가 있는데, 그 주석에 저작 시기가 '임자 4월'로 기록되어 있다. 임자년은 1372년이고, 과주는 중국 강소성 한강현 남부의 대운하가 양자강으로 들어가는 곳에 있던 진의 이름이다. 그리고 시의 첫 부분이 "배를 대고 언덕에 올라 밀물을 기다리니 양자진 남쪽으로의 첫 번째 노정이라네"라고 시작하고 있다. 따라서 이 시는 정몽주가 1372년 4월에 양자강 지역을 지나가고 있었음을 보여준다. 이를 고려하면 정몽주 일행이 남경에 도착한 것은 4월이 좀 더 타당해 보인다.

고려 사신단이 4월에 남경에 도착했다고 본다면, 이들이 바닷길을 이용해 남경까지 가는 데 대략 한 달 정도 걸린 셈이다. 우왕 대에 정몽주가 육로로 남경까지 갈 경우 90일 정도 소요된다고 말했던 것과 비교해볼 때 바닷길을 이용하는 것이 훨씬 빨랐음을 알 수 있다.

남경에 도착한 홍사범·정몽주 등의 사신단은 촉 지역 평정을 축하하는 표문과 고려 학자들의 태학 입학 허가를 요청하는 표문을 명나라 정부에 전달했다. 당시 사행의 표면적인 제1 목적은 촉 지역 평정을 축하하는 것이었지만, 이보다 더 중요한 목적은 바로 고려 학자들의 태학 입학을 승인받는 것이었다. 해당 표문에서 고려 정부는 먼저 '아동我東', 즉 우리나라는 한나라 때부터 중국에 유학생을 보냈으며 당·송대에도 유학생을 계속 파견했다는 사실을 환기했다. 이어 당시 고려의 유학이 진흥되지 못하고 있는 상황을 언급하면서 고려 학자들의 학문과 견문의 폭과 깊이를 더하는 것이 필요하다는 점을 역설했다. 그리고 이를 위해 고려 학자들이 명나라의 태학에 입학해 공부할 수 있도록 해줄 것을 요청했다.

한편 고려 사신단은 태학 입학 요청 표문과는 별개로 명의 중서성에도 고려 정부의 공문을 전달했는데, 고려의 사직 제례 등에서 사용할 악기의 구매를 요청하는 내용이 담겨 있었다. 그 글에 따르면 근래 병란으로 인해 아악 연주에 사용할 악기들이 많이 산실되었으며, 명나라에서 전에 보내준 악기는 종묘에서 사용하고 있다고 했다. 이어 사직과 경적·문묘 등에서 사용할 종·경 등의 악기는 여전히 부족한 상황이므로 이번 사행 중에 구입하고자 하니 허가해줄 것을 청했다.

고려 정부의 요청을 접한 명나라 정부는 중서성을 통해 두 통의 자문을 고려 사신단에게 전달했다. 하나는 촉 지역 평정을 축하하고 고려 학자의 태학 입학을 요청한 것에 대한 회신이었고, 다른 하나는 아악 연주에 필요한 종·경의 구입을 요청한 것에 대한 회신이었다. 명나라의 자문을 받은 고려 사신단은 같은 해 8월에 남경을 떠나 귀국길에 올랐다.

그런데 고려 사신단이 귀국하는 과정에서 큰 사고가 발생했다. 바다를 건너던 중에 풍랑을 만나 배가 침몰한 것이었다. 《고려사》의 〈공민왕 세가〉에는 당시 상황에 대해 "(고려 사신단이) 8월에 돌아오던 중 바다 가운데의 허산에 이르렀을 때 풍랑을 만나 배가 난파되고 홍사범은 익사했으며, 자문도 잃어버렸다"라고만 간략하게 적혀 있다. 이 사고에 대한 좀 더 구체적인 내용은 《고려사》〈정몽주 열전〉에 실려 있다.

(공민왕) 21년(1372)에 (정몽주가) 서장관으로서 홍사범을 따라 경사에 가서 촉을 평정한 것을 하례하였다. 돌아오다가 바다에 있는 허산에 이르러 폭풍우를 만나 배가 침몰하고 표류하다가 바위섬에 도착하였다. 홍사범은 익사하였고 살아남은 자가 겨우 10분의 2 정도였으며, 정몽주도 거의 죽다가 살아서 말다래를 베어 먹으며 13일을 버텼다. 이 일이 (황제에게) 알려지자, 황제가 배를 보내어 돌아오게 하여 후하게 은휼을 더하여주고 돌려보내었다.

위의 글에 따르면 당시 난파 사고로 사신단의 정사 홍사범을 비롯해 대부분의 인원이 사망했고 살아남은 사람은 정몽주를 포함해 겨우 10분의 2, 즉 20퍼센트 정도에 불과했다고 한다. 정몽주도 바위섬에 표류해 거의 죽을 뻔했는데 말다래를 베어 먹으며 버틴 끝에 겨우 구조되었다. 이는 당시 사고가 매우 심각한 수준이었음을 잘 보여준다. 그런데 위 기록에는 약간의 과장이 포함되어 있는 것 같다. 외국 사신단이 귀국하던 중에 풍랑을 만나 난파되고 상당수 사신들이 사망한 것은 명나라의 입장에서도 상당히 큰 사건이기 때문에《명태조실록》에도 이 사고에 관한 내용이 수록되었다. 그런데 사고의 경위는 대동소이하지만 피해 규모에서는 〈정몽주 열전〉의 기록과 차이가 있다.

태창위에서 상주하기를, "고려의 사자 홍사범, 정몽주 등이 바다를 건너다가 폭풍을 만나 배가 부서졌습니다. 홍사범 등 39인은 익사하였고, 정몽주 등 113인은 표류하여 가흥의 경계에 이르렀으므로, 백호 정명이 배를 타고 가서 그들을 구원하여 목숨을 살렸습니다"라고 하였다. 황상이 정몽주 등을 경사(남경)로 돌아오게 하였다.

— 《명태조실록》 권75, 홍무 5년 8월 29일

위 기록은 태창위에서 정몽주 일행을 구조한 후에 명 정부에 보고한 내용이다. 이에 따르면 고려 사신단은 모두 152명이었는데,

이 중 정사 홍사범을 포함한 39명이 익사했다. 그리고 정몽주 등 113명이 표류하고 있었는데 태창위에서 배를 보내서 구조했다는 것이다. 〈정몽주 열전〉에서는 겨우 10분의 2만 살아남았다고 했지만, 고려 사신단을 구조했던 명나라 지방관이 황제에게 보고한 상주문에는 구조된 사람이 113명으로 나온다. 아마도 명나라 황제에게 보고한 내용이 더 정확하지 않을까? 보고를 받은 명 태조는 구조된 고려 사신단을 다시 남경으로 돌아오게 했다. 그리고 정몽주를 포함한 사신단이 남경에 도착하자 의복을 내려주고 고려로 돌아갈 때까지 남경에서 지내게 했다.

난파에서 구조된 사신단 일행이 고려로 돌아온 것은 이듬해인 1373년 7월이었다. 고려 정부는 정몽주 일행을 파견한 후 같은 해(1372) 7월에 동지밀직사사 김서를 명나라에 사신으로 보내 토산물을 진상했고, 또 동지밀직사사 성원규와 판도판서 임완을 파견해 각각 성절(명나라 황제 생일)과 천추절(황태자 생일)을 축하하게 했다. 한 달 후인 8월에는 찬성사 강인유를 파견해 명나라에서 채단 등을 고려에 내려준 것에 사례했다. 정몽주 일행은 바로 이들 사신단과 함께 귀국했다.

난파 사고 이후 명나라는 고려 사신단이 명나라에 왕래할 때 육로를 이용하도록 했다. 육로 이동 시 90일 정도 소요되는 점을 고려한다면 정몽주 일행이 남경을 떠난 시기는 대략 1373년 4월 중·하순이었을 것이다. 그렇다면 정몽주 등은 귀국 전까지 대략 8개월 정도 명나라에 체류했음을 알 수 있다.

정몽주가 명나라에 머무르는 동안 어떤 활동을 했는지는 알려져 있지 않다. 단지 명나라 중서성에 가서 명의 자문을 다시 받은 사실만 확인될 뿐이다. 난파 과정에서 정몽주 일행이 잃어버린 자문은 두 통이었다. 이 중에서 고려 자제의 입학을 요청한 것에 대한 자문은 중서성에 부본이 남아 있었기 때문에 그것을 베껴서 가져올 수 있었다. 하지만 종·경 등의 악기 구입을 요청한 것에 대한 자문은 중서성에 부본이 남아 있지 않았고, 결국 이 자문은 다시 받아오지 못했다.

당시 고려 자제의 입학 요청에 대한 명나라의 자문에는 고려에서 이 문제를 다시 한번 숙고해 결정하라는 내용이 담겨 있었다. 즉 고려에서 명의 수도 남경에 오려면 바다를 건너야 하고, 육로로 온다면 거리가 만 리나 되어서 여정에 어려움이 많으며, 유학생들이 부모와도 멀리 떨어지게 되어 서로를 그리워하게 되는 문제가 있을 것이라고 지적했다. 이어 고려 조정에서 잘 의논해, 만약 부모가 자제를 명나라 태학에 입학시키기를 원하고 그 아들도 부모의 바람에 따라 유학하고자 한다면, 생도들을 잘 인솔해 남경으로 보내라고 했다. 이는 아주 흔쾌히 승인한 것은 아니지만, 고려에서 꼭 유학생 파견을 원하고 학자들과 그 부모들도 동의한다면 수용하겠다는 뜻을 전달한 것이라고 할 수 있다.

한편 《포은집》에는 정몽주가 명나라 체류 기간에 지은 것으로 보이는 시들이 몇 편 수록되어 있다. 우선 〈태창에서 9월에 공부 주사 호련에게 주다〉와 〈태창의 9월〉 두 편이 눈에 띈다. 태창은 지금의 강소성 태창시로 당시에는 위衛가 설치되었던 곳이며, 정몽주 일행이 난파되었을 때 바로 태창위에서 이들을 구조했다. 정몽주가 구조된 것이 8월이었으므로, 위의 두 시는 정몽주가 난파에서 구조된 후에 지은 것이 분명하다. 시의 제목을 볼 때 정몽주 일행은 구조된 후 남경에 가서 명 황제를 만난 다음 9월경에 다시 태창위로 돌아왔음을 알 수 있다.

또 《포은집》에는 〈임자년 10월 12일에 남경을 출발하여 진강부 단도역에 묵다〉와 〈금산사〉라는 제목의 시가 실려 있다. 여기서 임자년은 1372년이고, 단도역은 강소성 진강시 단도구에 있던 역참이며, 금산사는 강소성 진강시 금산호 안의 금산에 있던 절이다. 정몽주가 고려로 돌아온 것이 1373년 7월이므로, 시의 제목에서 1372년 10월 12일에 남경을 출발했다고 한 것이 귀국길에 올랐음을 의미한다고 보기는 어렵다. 그보다는 남경에 있던 정몽주가 인근 지역으로 이동한 사실을 적은 것으로 보는 것이 타당하다. 이 점을 고려하면, 위의 두 시는 난파에서 구조된 이후 정몽주 일행이 어떻게 지냈는지를 보여준다고 할 수 있다. 즉 정몽주 일행은 구조된 이후 남경에 체류하면서 금산사를 비롯해 남경 주변의 강소성 지역을 유람했던 것으로 보인다.

〈상주에서 제아에 여러 서장관에게 주다〉라는 시도 주목된다. 여기에서 '상주'는 지금의 강소성 상주시 지역이며, '제야'는 1372년 12월 그믐이다. 그리고 '여러 서장관'은 남경에 와 있던 고려 사신단의 서장관들을 가리키는 것으로 보인다. 위에서 언급한 바와 같이 당시 남경에는 정몽주의 사신단 외에도 고려에서 파견된 여러 사신단이 활동하고 있었다. 바로 그 사신단의 서장관들이 연말을 맞이해 회포를 나누는 시간을 가졌으며, 정몽주 역시 서장관으로서 그 모임에 참석했음을 알 수 있다. 이 시에서 정몽주는 다음과 같이 노래했다.

사신으로 함께 와 있는 대여섯 사람은
나이 젊고 재주 높아 모두가 호걸일세
배를 옮겨 서로 모여 봉창 밑에 앉아
깊은 밤에 단란하게 화촉을 밝혔구려
종횡하는 웅변은 무지개를 토하는 듯하고
창화하는 시구는 주옥이 떨어지는 듯하오

명나라에 파견된 그들 서장관의 학문과 능력에 대한 자부심을 강조하는 한편, 만리타국에서 연말을 함께 보내는 각별하고 소중한 인연을 시에 담은 것이다.

지금까지 《포은집》에 수록된 시를 통해 1372~1373년 정몽주가 명나라에 체류할 당시의 생활상을 단편적으로나마 유추해보았다.

더 이상의 구체적인 행적을 확인하기는 어렵지만, 1년 가까운 중국 체류 경험은 정몽주의 일생에 상당히 큰 영향을 끼쳤다고 할 수 있다. 우선 중국어를 익히는 중요한 기회가 되었다. 물론 사신단에도 통역관이 있었겠지만, 언제 고국으로 돌아갈지 알 수 없는 상황에서 원활히 생활하기 위해서는 중국어를 익혀야 했을 것이다. 이때 익힌 중국어는 이후 그가 고려와 명나라 사이의 외교적 난제를 해결하는 데 큰 도움이 되었다. 자세한 내용은 뒤에서 살펴보도록 하겠다.

정몽주는 고려 최고의 학자 중 한 사람이었고, 성균관 교관으로 활동하던 시절 이미 호병문 등의 저술을 접할 만큼 중국 학계의 동향에 관심이 깊었다. 따라서 정몽주는 남경 체류 기간 동안 명나라의 여러 학자들과 만나 교유하고 성리학 서적들을 직접 접했을 가능성이 높다. 이러한 경험은 정몽주의 학문이 한 단계 더 성장하는 계기가 되었을 것이다.

더 나아가 정몽주는 명나라에 있는 동안 중국의 문물과 제도를 직접 접하고 경험했을 것이다. 이 또한 정몽주의 정치적·사상적 노선에 상당히 큰 영향을 끼쳤을 것으로 생각한다. 실제로 정몽주는 1386년(우왕 12)에 지은 〈한 총랑의 압록강 시에 차운하다〉라는 시에서 다음과 같이 읊었다.

중국 문화 예부터 흠모했으니 의관이 아름답고

장대한 녹이마를 공물로 지금 가져가네

태평성대의 통일된 세상을 진정 만났으니

강남과 바다 북쪽이 먼 길이 아니라네

시에서 볼 수 있듯이 정몽주는 중국의 문화를 높이 평가하면서 흠모의 뜻을 피력했으며, 명나라의 중원 통일에 대해서도 '태평성대를 이룬 것'이라며 긍정적으로 평가했다. 뒤에서 다시 언급하겠지만, 1387년에는 명나라에서 가져온 관복을 바탕으로 고려의 관복제도를 중국식으로 바꾸는 일을 주도적으로 추진했다. 정몽주는 명나라의 문물과 제도를 높이 평가하는 데 그치지 않고, 그것을 전범으로 삼아 고려의 제도를 개정하려는 생각을 갖고 있었다. 여기에는 1372~1373년 남경에서의 문화적 체험이 중요한 영향을 끼쳤다고 생각한다.

친명 외교 노선의 선구자

1372년의 사행은 정몽주의 친명 외교 노선에도 상당한 영향을 끼쳤던 것으로 보인다. 친명 노선은 고려 말 성리학을 수용한 신진 학자들의 일반적인 경향이었다. 《고려사》〈정몽주 열전〉에도 정몽주가 1372년 사행 이전부터 친명 정책을 주장했다는 기록이 실려 있다. 따라서 정몽주가 친명 노선을 갖게 된 것이 1372년 사행 이후라고 할 수는 없다. 하지만 1372년의 사행이 그의 친명 노선을 더욱 강화했을 가능성이 있다. 바다에서 난파되어 익사할 위기에서 명나라 관리에 의해 구조된 점, 남경으로 돌아갔을 때 명 황제로부터 우대를 받은 점, 그리고 남경에서 체류하며 중국의 문물과 학문을 깊이 경험했던 점 등은 정몽주가 친명 경향을 더욱 강화하는 계기가 되었을 것이다. 실제로 정몽주는 명나라 사행에서 돌아온 이후 친명 외교 노선을 더욱 분명히 했다. 우왕이 즉위한 후 이인임 등이 북원과의 외교를 재개하려고 하자 정몽주가 정도전, 이숭인 등과 함께 강력히 반발했던 사건은 정몽주의 친명 노선이 표출된 대표적인 사례다.

1374년(우왕 즉위년) 11월 고려에 왔던 명나라 사신 채빈이 귀국길에 고려 장수 김의에게 살해되는 사건이 발생했다. 이보다 앞서 1374년 4월에 명나라는 채빈과 임밀을 사신으로 보내서 북원을 공격하는 데 필요한 제주 말 2천 필을 고려 정부에 요구했다. 당시 제주에서 말 기르는 일에 종사하던 사람들은 원나라 이주민의 후예인 목호들이었다. 목호들은 원나라의 적국인 명나라에 말을 보낼 수 없다고 하면서 말 공출을 거부하고 단지 300필만 개경으로 보냈다. 이에 고려 정부는 최영을 사령관으로 삼아 제주 토벌에 나섰고, 채빈 등은 9월에 말 300필만 가지고 명으로 돌아갈 수밖에 없었다.

그런데 채빈은 성격이 포악했으며, 개경 체류 시에도 명나라 사신의 위세를 내세워 고려 관원들을 구타하고 재상들을 모욕하는 등 여러 가지 행패를 부렸다. 그의 행패는 명나라로 돌아가는 길에도 계속되었다. 임밀과 채빈은 지나가는 곳마다 오래 머물면서 민폐를 끼쳤고, 특히 채빈은 술에 취하면 자신들을 호위하던 김의를 죽이겠다며 주정을 부렸다. 결국 참다못한 김의가 개주참에서 채빈과 그 아들을 죽이고 임밀을 사로잡은 다음 군사와 말을 이끌고 북원으로 달아났다. 그리고 그해 9월에 시해당한 공민왕의 부고를 명나라에 전하기 위해서 채빈 일행과 함께 떠났던 고려의 사신 장자온과 민백훤 등은 도망쳐서 개경으로 돌아왔다.

명나라 사신의 살해 사건이 일어나자 고려 정부는 명에서 이 사건의 책임을 추궁하면서 고려를 압박할 것을 크게 우려했다. 당시 집권자였던 이인임은 자신에게 모든 책임이 돌아올 것을 염려해 명나라에 사신 보내기를 꺼렸고, 오히려 같은 해 12월에 북원에 먼저 사신을 보내 공민왕의 부고를 전했다. 이렇듯 고려 정부가 명나라 사신 살해 사건의 처리 방안을 두고 우왕좌왕하는 모습을 보이자, 정몽주는 신속히 명나라에 사신을 파견할 것을 강하게 주장했다. 그는 근래 일어난 변고, 곧 명나라 사신이 피살된 사건의 전말을 신속하고 자세하게 설명해 명나라의 화를 누그러뜨리고 의혹이 없도록 해야 한다고 강조하면서, 만일 대응이 늦어진다면 도리어 더 큰 화를 부를 것이라고 경고했다. 즉 고려에서 사신을 보내지 않으면 명의 의심만 가중될 터이므로, 하루빨리 사신을 보내 적극적으로 해명할 것을 주장한 것이다. 이에 따라 고려 정부는 이듬해(1375) 1월에 사신을 보내어 공민왕의 부고를 알리고, 김의가 사신을 살해한 사건에 대해서도 해명했다.

한편 공민왕의 부고를 받은 북원이 1375년 5월에 고려에 사신을 파견하자 이인임 등은 북원의 사신을 맞이하고자 했다. 이에 정몽주는 〈원나라 사신을 맞아들이지 말기를 청하는 상소〉를 올려 반대 입장을 강력히 피력했다. 이 상소에서 정몽주는 고려 정부가 명나라 사신 살해 사건에 관련된 자들을 처벌하지 않고 불문에 부친 것과 원나라 사신을 맞아들이고자 하는 것의 문제점을 조목조목 비판했다. 이어 그는 오계남, 장자온 등 고려와 명의 관계를 경색시킨 관련자들을 체포해 명으로 압송하고 원나라와의 관계를 완전히 끊어버릴 것을 주장했다. 오계남은 명나라가 요양에 설치한 지방 조직인 정료위 소속의 관원들을 함부로 살해해 명과의 외교 마찰을 일으킨 인물이다. 또 장자온은 앞서 보았듯이 공민왕의 부고를 전하기 위한 사신으로 임명되어 채빈 일행과 함께 명으로 가던 중 채빈이 살해되자 명으로 가지 않고 개경으로 도망쳐온 전력이 있었다.

삼가 바라건대 전하께서 결단을 내려서 원나라 사신을 체포하고 원나라 조서를 거두시며, 오계남, 장자온 및 김의가 데리고 갔던 사람을 묶어 남경으로 보내신다면 애매했던 죄상은 해명하지 않아도 절로 밝혀질 것입니다. 이후 정료위와 약속하여 군사를 길러 사변에 대비하다가 성명을 내고 북쪽으로 향하면, 원나라의 남은 무리들이 자취를 거두어 멀리 달아나서 국가의 복이 끝이 없을 것입니다.

—《포은집》권3, 〈원나라 사신을 맞아들이지 말기를 청하는 상소〉

한편 이 상소에서 정몽주는 전에 여러 소인들이 변을 일으키자 당시의 재집, 즉 집권 재상이 명 조정으로부터 힐책당할 것을 두려워해 김의와 통모해서 명나라와의 관계를 끊으려 했으며, 안사기가 스스로 목숨을 끊은 것도 이 때문이라고 주장했다. 여기서 '여러 소인들이 일으킨 변'은 공민왕 시해 사건을 말한다. 즉 정몽주의 주장은 공민왕이 시해되자 당시 집권 재상이 명나라로부터 질책당할 것을 두려워해서 아예 명과의 외교 관계를 끊으려 했고, 김의가 사신을 살해한 것도 재상의 사주를 받았기 때문이라는 것이다.

그렇다면 명나라 사신의 살해를 사주한 재상이란 누구를 말하는 것일까? 이와 관련해《고려사》〈이인임 열전〉에 주목할 만한 기사가 실려 있다. 그에 따르면, 공민왕이 시해된 후 혹자가 이인임을 찾아와서 "예부터 임금이 시해당하면 재상이 먼저 그 죄를 받습니다. (명나라) 황제가 만약 선왕(공민왕)의 변고를 듣고 군사를 일으켜 죄를 묻는다면 공(이인임)이 반드시 모면하지 못할 터이니, 원과 화친해두는 것이 좋겠습니다"라고 말했다고 한다. 그러자 이를 그럴듯하게 여긴 이인임이 채빈 등이 귀국할 때 찬성사 안사기를 보내서 전송한다고 거짓으로 말하고 비밀리에 김의를 꾀어 중도에서 채빈 등을 죽여 입을 막게 했다는 것이다. 즉 이인임이 공민왕 시해에 대한 명의 책임 추궁을 피하기 위해서 안사기를 보내 김의를 사주해 채빈을 살해했다는 내용이다. 이 내용이 어디까지 진실인지는 알 수 없다. 하지만 앞서 본 정몽주의 상소와 연결해볼 때, 정몽주는 김의가 안사기의 사주를 받아 채빈을 살해했고, 안사기의 배후에는 당시의 집권 재상, 즉 이인임이 있다고 믿었음을 알 수 있다.

이처럼 정몽주는 친명 노선을 견지하며 이인임 등이 추진한 외교 정책에 강하게 반발했고, 그로 인해 언양으로 유배되었다. 이때 정도전, 김구용, 박상충, 이숭인 등 성균관 교관 시절부터 절친했던 동료 10여 명도 정몽주와 뜻을 같이해 대원 외교 재개에 반대하다가 유배되었다. 특히 박상충과 전녹생은 심문 과정에서 모진 고문을 당해 결국 유배지로 가는 도중에 사망했다.

정몽주가 유배지에서 풀려나 개경으로 돌아온 것은 1377년 3월이었다. 하지만 바로 관직에 복귀한 것은 아니었으며 정몽주를 유배시켰던 이인임, 임견미 등이 전과 같이 정권을 잡고 있었다. 유배라는 큰 어려움에서 벗어났지만, 여전히 정몽주의 앞에는 험난한 길이 놓여 있었던 것이다. 정몽주는 이 어려움을 오롯이 자신의 능력으로 극복해나갔는데, 그 결정적인 계기가 되었던 것 역시 외국 사행이었다.

1377~1378년 일본 사행

정몽주가 일본으로 사행을 떠난 것은 언양 유배에서 풀려나 개경으로 돌아온 지 6개월 정도 지난 1377년(우왕 3) 9월이었다. 아직까지 관직에 복귀하지 않은 상태였던 정몽주는 유배 전의 관직인 '전대사성'의 자격으로 사행을 떠났다. 《포은집》에 수록된 정몽주의 〈연보〉에는 당시 상황을 다음과 같이 기록하고 있다.

> 그전에 조정에서 왜구의 침략을 걱정하여 나흥유를 패가대(지금의 규슈 하카타)에 사신으로 보내 화친하도록 타이르고자 했으나, 그 주장이 나흥유를 가두어 거의 굶어 죽게 되었다가 돌아온 일이 있었다. 권신이 이전의 일에 원한을 품고 선생(정몽주)을 천거하여 보빙(답례로 가는 사행)하게 하니, 이 사행을 사람들이 다 위태롭게 여겼으나 선생은 어려워하는 빛이 조금도 없으셨다.

〈연보〉에는 당시 정몽주의 일본 사행은 그에게 원한을 품은 권신의 모략이었다고 기록되어 있다. 위의 글에서 '이전의 일'이란 2년 전인 1375년에 정몽주가 정도전, 이숭인 등과 함께 북원과의 외교 재개를 강력히 비판하고 반대했던 일을 말한다. 따라서 정몽주를 일본으로 보낸 권신은 당시 북원과의 외교 재개를 추진했던 이인임, 임견미 등이라고 할 수 있다.

한편 위의 글에서는 정몽주에 앞서 일본에 사신으로 파견됐던 나흥유가 일본 장수에게 체포되어 굶어 죽을 뻔했다가 겨우 돌아온 일을 거론한 다음, 많은 사람들이 정몽주의 일본 사행을 위험하게 여겼다고 기록하고 있다. 이 내용만 보면 당시 고려와 일본의 관계가 매우 좋지 못했고, 그 때문에 사람들이 정몽주의 사행을 위험하게 여겼던 것처럼 보인다. 하지만 실상이 꼭 그랬던 것은 아니다.

1377년에 정몽주가 일본 사행을 가게 된 것은 왜구 문제 때문이었다. 왜구는 13세기에서 16세기까지 중국과 조선의 연해에서 활동하던 일본의 해적 집단을 가리키는 말이다. 왜구의 고려 침입이 기록에 처음 등장하는 것은 1223년(고종 10)이다. 초기 왜구는 규모가 크지 않아서 수십 명에서 많아야 100여 명의 인원이 3~4척의 배에 나누어 타고 와서 연해 지역을 약탈하는 정도였고, 대부분 고려군에 의해 진압되거나 체포되었다. 왜구의 약탈과 방화 때문에 연해 주민들이 피해를 입는다거나 삼남 지역에서 조세로 걷은 곡식을 개경까지 배로 운반할 때 안전이 약간 위협받는 정도였지 국가의 존립을 위태롭게 할 정도는 아니었다.

그러나 14세기 중반부터 상황이 달라지기 시작했다. 1350년(충정왕 2)부터 왜구의 침입이 본격화되어 1392년에 고려가 멸망할 때까지 거의 해마다 왜구가 침입했는데, 그 횟수가 390여 차례에 달했다. 여기에 왜구의 규모도 점점 커져서 적을 때에도 20여 척 이상, 많을 때는 500여 척이 넘는 대선단을 구성했으며, 인원수가

1만 명이 넘는 경우도 있었다. 또 왜구의 전력도 단순히 약탈을 일삼는 도적의 단계를 뛰어넘어 고려의 정규군과 맞설 수 있는, 사실상 군대 수준의 무력 집단으로 변모했다.

왜구들이 침탈하는 지역도 점점 확대되었다. 초기에는 서해와 남해의 연안 지역을 약탈하는 정도에 그쳤다면, 1350년 이후에는 경상도와 전라도는 말할 것도 없고, 서해안을 따라 올라가 충청, 경기, 황해, 평안도까지 침입했다. 삼남의 경우에는 해안 지역뿐만 아니라 내륙까지 깊숙이 쳐들어와 약탈과 살인, 방화를 자행했다. 약탈이 끝난 후에도 바로 돌아가지 않고 연해의 도서 지역에 체류하는 경우도 있었다.

14세기 중반 이후 왜구의 극성으로 인한 고려의 피해는 대단히 컸다. 왜구가 연해뿐만 아니라 내륙까지 들어와 약탈, 방화, 살인을 저지르면서 고려는 엄청난 인명과 재산 피해를 입었다. 또 왜구로 인해 조세를 개경으로 운송하는 것이 사실상 불가능해지면서 국가 재정 운영이 거의 마비되는 지경에 이르렀다. 심지어 1377년에는 왜구가 양광도(지금의 경기 남부와 충청도 지역)를 집중 공격하면서 수도 개경으로의 침입을 시도하자 고려 정부는 수도를 철원으로 옮기는 문제를 심각하게 논의할 정도였다.

이처럼 왜구의 침입이 극에 달하자 고려 정부는 군사 체제를 재정비하고 최영, 이성계 등의 무장들에게 왜구를 토벌하도록 했다. 그리고 동시에 일본에 사신을 파견해 왜구가 발호하지 못하도록 금압해줄 것을 요청하는 외교적 대응도 병행했다.

고려 정부가 왜구 문제 때문에 처음으로 일본에 사절을 파견한 것은 1366년(공민왕 15)으로, 만호 김용 등을 무로마치 막부로 보내 왜구 금압을 요청했다. 당시 일본은 남조와 북조로 갈라져서 내전을 치르고 있었고, 따라서 막부의 정치적 영향력이 미치지 못하는 지역이 많았다. 고려의 요청을 접한 무로마치 막부는 왜구의 본거지인 규슈 지역은 막부에서 단속하기 어렵다는 점을 솔직히 인정하면서, 그렇지만 왜구를 금압할 방책을 마련하는 데 최선을 다하겠다는 회신을 고려 정부에 보냈다.

이후 공민왕 대에는 한두 차례 더 일본에 사신을 보내 왜구 금압을 요청했지만 뚜렷한 성과는 없었던 것 같다. 무로마치 막부의 왜구 금압이 효과를 보려면 막부의 공권력이 규슈 지역에까지 미쳐야 하는데, 이것이 쉽지 않았기 때문이다. 무로마치 막부는 1371년에 이마가와 료순(우리나라 자료에는 '원료준源了俊'으로 기록)을 구주절도사로 임명하고 규슈로 파견해서 그 지역의 남조 세력을 공격하게 했다. 이에 따라 규슈에서 전투가 벌어지면서 왜구에 대한 통제는 더욱 어렵게 되었고, 그 결과 1372년에는 고려에 대한 왜구의 침략이 극에 달했다.

이렇게 되자 우왕 대에 들어 고려 정부는 더 적극적으로 일본에 사신을 파견해 왜구 금압을 요청했다. 그 첫 사신이 바로 정몽주의 〈연보〉에서 언급됐던 나흥유였다. 고려 정부는 1375년 2월에 나흥유를 규슈의 패가대(하카타)로 파견했는데, 이는 1368년(공민왕 17) 이하생이 대마도에 파견된 이후 7년 만에 고려에서 보낸 사신이었다. 그런데 문제는 일본 측에서 나흥유를 고려 사신이 아니라 일본의 사정을 정탐하러 온 첩자로 의심했다는 점이다. 급기야 일본 측은 나흥유를 체포해 옥에 가두었고, 나흥유는 옥에서 굶어 죽을 위기에 처하고 말았다. 다행히 일본에 거주하고 있던 고려 승려 양유가 나흥유를 알아보고 그가 고려에서 왔음을 증언해줌으로써 겨우 살아남을 수 있었다.

나흥유는 1376년 10월에 고려로 돌아왔다. 이때 구주절도사 이마가와 료순은 승려 주좌를 함께 보내서 일본의 내전 상황을 고려 정부에 설명하고 왜구 금압에 더욱 노력하겠다는 입장을 전달했다. 이후에도 고려 정부는 계속해서 일본에 사신을 보내 왜구 금압을 요구하며 일본을 압박했는데, 1377년 정몽주의 사행 역시 그러한 외교적 노력의 일환이었다.

정몽주가 일본에 사행을 가게 된 직접적인 계기는 1377년 8월 구주절도사 이마가와 료순이 승려 신홍을 고려에 사신으로 보낸 일이었다. 당시 상황과 관련해 《고려사》와 《고려사절요》에는 일본 사신 신홍이 와서 왜구 진압의 어려움을 호소했다는 내용만 실려 있다. 그런데 이숭인이 정몽주의 일본 사행을 전송하며 써준 〈사명을 받들고 일본으로 가는 정달가를 전송하는 시의 서문〉에는 양국의 사신 왕래 정황이 좀 더 자세하게 기록되어 있다.

이숭인의 글에 따르면, 당시 일본의 사신은 우왕에게 국서와 예물을 바친 다음, "저희 주장(이마가와 료순)이 섬 오랑캐가 몰래 고려를 도발하여 남의 가옥을 분탕질하고 남의 자식과 부인을 고아와 과부로 만들며, 심지어 근기 지역까지 침범했다는 말을 듣고는 크게 분노하였고 또 부끄러워하였습니다. 그리고 마침내 왜구들을 섬멸하기로 작정하고, 저를 사신으로 보내 고려에 군사를 일으킬 시기를 알리도록 하였습니다"라고 말했다. 그러자 우왕은 그의 뜻을 가상히 여기고 담당 관서에 명해 일본 사신에게 제공하는 숙소와 음식의 등급을 올려주도록 했다.

일본 사신은 고려에 약 한 달 정도 머물다가 돌아갔는데, 이때 우왕이 재상에게 명해 보빙사(회답 사신)를 보내도록 했다. 상대국의 사행에 회답하는 것이 예법에 부합할 뿐만 아니라, 특히 교린을 도모하며 왜구의 재앙을 막아야 하는 상황에서는 회답 사신을 보내는 것이 필요하다고 판단했기 때문이다. 이어 우왕은 보빙사를 신중하게 선발할 것을 당부했는데, 그 결과 사신으로 발탁된 인물이 바로 정몽주였다.

이상의 내용을 보면, 정몽주의 일본 사행은 구주절도사가 사신을 보내 왜구 토벌 계획을 전달한 것에 대한 답방이었음을 알 수 있다. 또 이숭인은 같은 글에서 일본 패가대의 주장, 즉 이마가와 료순에 대해 "영걸하고 씩씩한 사람으로, 한 지방을 맡아 다스리면서 폭란을 없애고 양국의 우호를 이루고자 하니, 그 마음씀씀이가 가상하다"라고 칭찬했다. 당시 고려와 일본의 관계가 나쁘지 않았음을 잘 보여준다.

그렇다면 처음으로 다시 돌아가서, 정몽주의 〈연보〉에서는 왜 사람들이 정몽주의 사행을 위험하게 여겼다고 했을까? 지금까지 살펴본 고려와 일본의 관계를 고려할 때 '위험'한 이유가 정치적·외교적인 것이 아님은 분명하다. 그렇다면 그 이유가 무엇일까? 이숭인의 글에서 그 단서를 찾아보자.

비록 그렇지만 자기 집 문을 나와서 이웃 마을에 가는 것조차도 난색을 표하는 사람이 있는데, 달가는 명을 들은 날부터 뛸 듯이 기뻐하며 곧바로 자신의 소임으로 여기고 큰 바다를 평탄한 길 보듯이 했을 뿐만이 아니니, 보빙사로 적임자를 얻었다고 할 만하다.

위의 글에서 이숭인은 정몽주가 일본 사행을 자신의 임무로 여기면서 기뻐했다고 했다. 여기에서 주목할 점은 정몽주가 큰 바다를 평탄한 길처럼 여겼다는 내용이다. 이는 일본 사행이 어려운 이유가 바로 배를 타고 바다를 건너야 하기 때문임을 보여준다. 당시에 바다를 건너는 것은 큰 위험을 감수해야 하는 일이었다. 게다가 정몽주는 5년 전 명나라에서 돌아오던 길에 풍랑을 만나 많은 동료들이 익사했고 자신도 거의 죽을 뻔했던 경험이 있었다. 따라서 정몽주에게는 바다를 건너는 것에 트라우마가 있었을지도 모르겠다.

지인들이 그의 일본 사행을 위험하게 여겼던 것은 아마도 이 때문이 아니었을까? 하지만 정몽주는 그런 위험을 아랑곳하지 않고 일본 사행을 기꺼이 받아들였다. 이에 이숭인 외에도 여러 동료 학자들이 사행의 성공을 축원하는 시문을 지어 그를 전송했다.

이색의 《목은시고》에는 〈동방사〉라는 글이 실려 있는데, "사명을 받들고 일본국에 가는 대사성 정달가를 전송하다"라는 부제가 붙어 있다. 이 글의 앞부분에서 이색은 무를 숭상하는 일본의 풍습과 전쟁이 지속되던 전국시대의 혼란상을 서술했다. 이어 마지막 부분에서 아래와 같이 정몽주가 사행 임무를 성공적으로 수행하기를 기원했고, 사행 기간 동안 건강을 잃지 않도록 항상 삼가고 조심할 것을 당부했다.

이미 교빙을 하면서 진정으로 하지 않으면

위에 계신 신명이 정직으로 다스리리

지금 그 권한이 그대에게 있으니

그대는 음식의 절도를 신중히 하고

염려를 적게 하고 편안히 기거하여

그 몸을 보전해서 그 직무를 완수하시게

— 이색, 《목은시고》 권1, 〈동방사〉

권근도 〈사명을 받들고 일본에 가는 정 대사성을 전송하다〉라는 시를 지어 정몽주가 사행에서 큰 공을 세우고 돌아오기를 기원했다.

> 송악산은 북쪽에서 높아 하늘에 닿았는데
> 부상은 해 뜨는 머나먼 동편
> 중간에 창파가 그치지 않으나
> 사절이 교통하여 왕래가 잦네
> 강개함이 남아의 본뜻이라면
> 주선함은 유자의 풍격이라네
> 서씨의 유적을 멀리 찾으며
> 육생의 큰 공을 응당 세우리

"중간에 창파가 그치지 않으나 사절이 교통하여 왕래가 잦네"라는 구절은 일본에 가기 위해 바다를 건너야 하는 어려움과 왜구 문제로 고려와 일본 간의 사신 왕래가 잦았던 상황을 잘 보여준다. 또 '서씨의 유적'에서 서씨는 진시황의 명을 받고 불사의 약을 구하러 떠났다는 서불을 가리키는데, 그가 일본으로 가서 살았다는 전설이 전해지고 있다. 그리고 '육생'은 한나라의 육가로, 언변이 매우 뛰어났으며 남월 등에 사신으로 파견되어 많은 외교 성과를 거둔 인물이었다. 따라서 이 구절은 정몽주가 일본 사행을 통해 한나라의 육가와 같은 큰 공적을 세우기를 기대하는 권근의 바람을 잘 보여준다. 또 권근은 같은 시의 마지막 구절에서 "금석에 장차

그대 이름 새겨서 혁혁히 무궁토록 빛나리로다"라며 정몽주가 후
대에까지 길이 남을 업적을 세우고 돌아오기를 축원했다.

정몽주가 사행을 갔던 지역은 앞서 나흥유가 갔던 패가대, 즉 지
금의 규슈 하카타였다. 이곳에서 구주절도사 이마가와 료순을 만
난 정몽주는 일본이 왜구 금압에 더욱 적극적으로 나서줄 것을 요
청했다. 《고려사》의 〈정몽주 열전〉은 당시 정몽주의 외교 활동을
다음과 같이 기록하고 있다.

(정몽주가 패가대에) 이르러서 고금의 교린 관계의 이해에 대해 자세
히 이야기하자 주장이 놀라고 탄복하였으며, 객사에서 대접하기를
매우 후하게 하였다. 왜승들 가운데 시를 구하는 자가 있으면 붓을
들어 바로 지어주니 승려들이 많이 모여들었고, 날마다 가마를 메고
와서 기이한 승경을 보러 가기를 청하였다.

정몽주는 자신의 학문과 경륜을 바탕으로 일본이 왜구 금압에
나서야 하는 이유를 이마가와 료순에게 설명했고, 이에 감복한 이
마가와는 정몽주를 매우 극진히 대접했다. 그리고 신홍에게 군사
를 주어 왜구를 체포하도록 하는 한편, 정몽주가 귀국할 때 일본에
포로로 잡혀 있던 윤명, 안우세 등 수백 명의 고려인을 풀어주는
등 정몽주의 외교 노력에 상당한 성의를 보이며 화답했다.

정몽주는 귀국 후에도 일본에 포로로 잡혀 있는 고려인들을 송

환하기 위해 지속적인 노력을 기울였다. 〈정몽주 열전〉에 따르면, 정몽주는 속전을 주고서라도 고려인 포로들을 데려오기 위해 재상들을 설득해 사재를 내놓게 해서 재원을 마련했다. 그렇게 마련한 돈과 직접 쓴 편지를 윤명에게 주어 일본에 보냈는데, 그 편지를 읽고 감동한 일본의 수장이 고려인 포로 100여 명을 돌려보냈다.

한편 정몽주는 1378년 7월에 귀국할 때까지 거의 1년 가까이 일본에 체류했다. 그동안 일본의 승려들과 시를 통해 교유하면서 문명을 떨쳤다. 정몽주가 머물던 객관에는 그의 시를 구하려는 승려들이 모여들었으며, 좋은 경치를 함께 구경하며 교유하기를 청하는 승려도 많았다. 〈정몽주 열전〉에 따르면 정몽주가 사행을 다녀간 후 일본인들이 오랫동안 그를 칭송하고 사모하기를 그치지 않았다고 한다. 또 정몽주가 죽었다는 소식이 전해지자 많은 사람들이 한탄을 금하지 못했고, 심지어 정몽주의 명복을 비는 재승도 있었다고 한다. 이는 당시 정몽주가 사행 활동과 시문 교유를 통해 일본인들에게 매우 깊은 인상을 주었음을 단적으로 보여준다. 이처럼 정몽주는 왜구 금압 요청이라는 본래의 목적도 달성했고, 고려인 포로 송환이라는 부수적인 성과도 얻었다. 또 정몽주의 명성을 일본에 떨치는 기회가 되기도 했다.

《포은집》에는 정몽주가 일본 체류 당시 지은 시 11수가 〈홍무 정사년 일본 사행 때 지은 시〉라는 제목 아래 하나로 묶여서 실려 있다. 아마도 정몽주가 일본으로 사행을 떠난 것이 1377년이라 '홍무 정사년'이라고 제목을 붙인 것 같다. 그런데 《포은집》을 교정했던 류성룡은 정몽주의 일본 사행시는 모두 봄철에 지어진 것이어서 제목에 '정사년'이라고 쓴 것은 온당하지 못하다고 지적했다. 정몽주가 일본으로 떠난 것이 1377년 9월이므로 그 이후의 봄은 1378년이 되기 때문이다. 하지만 류성룡도 주석을 달아 자신의 의견을 밝혔을 뿐 시의 제목을 수정하지는 않았다.

류성룡의 지적과 같이 〈홍무 정사년 일본 사행 때 지은 시〉는 정몽주가 일본에 체류 중이던 1378년 봄에 지은 것이다. 이 시들은 일본 승려들에게 지어준 것이 아니라 사행 중에 느낀 감회를 담아낸 것으로, 사신으로서의 책임감과 고뇌, 일본 풍속에 대한 견문과 감상, 고국과 가족에 대한 그리움 등이 생생하게 표현되어 있다.

바다 섬에 천 년 동안 군읍이 열렸으니
뗏목 타고 여기 와서 오래도록 머무네
산승은 번번이 시를 구하러 찾아오고
고을 원은 때때로 술을 보내오기도 하네
그래도 기쁜 것은 인정이 믿을 만함이니
풍물이 다르다고 서로 꺼리지 말았으면
타국에 좋은 흥취 없다고 누가 말했던가
날마다 가마를 빌려 이른 매화 찾아가네

위 시는 정몽주의 일본 사행시 중에서 첫 번째 것이다. 첫 부분에서 정몽주는 일본이 천 년의 역사를 가진 나라라고 언급하고 있으며, 또 "뗏목 타고 여기 와서 오래도록 머무네"라며 사행 기간이 생각보다 길어지고 있는 상황을 표현했다. 이후 구절에서는 일본에서의 생활 모습을 묘사했는데, 특히 시를 청하러 찾아오는 승려들과 교유하고 일본 관리들이 술을 보내주며 날마다 가마를 타고 매화를 찾아가는 흥취를 누리고 있음을 노래한 대목에서는 정몽주가 일본에서 상당한 후대를 받았음을 짐작할 수 있다. 한편 "그래도 기쁜 것은 인정이 믿을 만함이니 풍물이 다르다고 서로 꺼리지 말았으면"이라는 구절은 일본에 대한 정몽주의 인식을 엿보게 해준다. 정몽주는 자신을 후대해주는 일본인들의 태도에서 따뜻한 인정을 느꼈고, 그것을 신뢰할 만하다고 판단했던 것 같다. 그래서 그와 같은 인정이 양국의 관계에까지 확대되어 두 나라가 서로를 꺼리지 않고 우호적인 관계를 유지하기를 바라는 마음을 시로 표현한 것이 아닌가 생각한다.

그렇지만 일본에서 아무리 후대를 받고 좋은 경험을 하더라도 타향살이가 길어지면 힘들 수밖에 없을 것이다. 정몽주는 두 번째 시에서 "적막한 타국살이로 세월만 보내고 있으니 뉘엿뉘엿 창살에는 해 그림자가 지나가네"라고 했고, 세 번째 시에서도 "섬나라에 봄빛이 이미 감돌건만 하늘가 나그네 돌아가지 못하네"라며, 사행이 길어지면서 고국으로 돌아가지 못하고 있는 신세를 한탄하는 듯한 모습을 보였다. 네 번째 시와 다섯 번째 시에서는 고향을 그리워하는 감정을 더욱 직접적으로 표출했다.

매화 핀 창엔 봄빛이 빠르고
판잣집에는 빗소리 요란하네
홀로 앉아 긴 날을 보내노니
집 생각 괴로움 어찌 견딜까
　　　　　─《포은집》권1, 〈홍무 정사년 일본 사행 때 지은 시〉, 제4수

고향의 오두막집을 꿈속에도 맴돌건만
해마다 무슨 일로 돌아가지 못하는가
반평생을 괴롭게도 헛된 명성에 얽매여
만리타국에서 도리어 이속과 함께 지내네
　　　　　─《포은집》권1, 〈홍무 정사년 일본 사행 때 지은 시〉, 제5수

정몽주는 여덟 번째 시에서도 "참으로 아름답지만 내 땅 아닌 줄 아니 어느 날에나 돌아가는 조각배 띄울런가"라며, 하루빨리 사행의 임무를 마치고 고국으로 돌아가기를 소망하는 마음을 피력했다.

한편 네 번째 시의 "매화 핀 창엔 봄빛이 빠르고 판잣집에는 빗소리 요란하네"라는 구절은 조선의 학자들로부터 비 오는 봄날의

풍경을 사실적으로 묘사한 명구로 높은 평가를 받았다. 특히 조선 후기에 통신사로 일본에 파견됐던 오윤겸(1559~1636)과 조경(1586~1669)은 정몽주가 시에서 노래했던 상황, 즉 판잣집에서 빗소리를 듣는 일을 실제로 경험하고 나서 정몽주의 시가 매우 탁월한 것임을 찬탄하는 시를 남기기도 했다. 오윤겸은 〈마도 사관에서 비를 들음〉이라는 시에서 빗소리를 직접 경험한 감회를 다음과 같이 읊었다.

> 판잣집 빗소리를 노래한 포은의 시를
> 평생 두고 읊어도 좋은 줄 몰랐더니
> 어제 만관에 이르러 진경을 만나보니
> 당시가 곧 지금인 것을 비로소 깨달았네

특히 마지막 "당시가 곧 지금인 것을 비로소 깨달았네"라는 시구는 정몽주의 시와 자신의 느낌이 완전히 일치한다는 의미로, 정몽주의 시가 당시 상황을 매우 생생하게 묘사했음을 강조하고 있다. 조경도 〈산성 관사에서 오천 선생을 떠올리다〉라는 시에서 "판잣집 빗소리를 이제야 경험하니 오천의 시율은 입신의 경지로세"라며, 정몽주의 문학적 표현이 신의 경지에 이르렀다고 찬탄했다.

정몽주는 여러 편의 시에서 일본에서의 체류 기간이 생각보다 길어지고 있다는 점을 언급했다. 그 이유가 무엇인지는 밝히지 않았지만 아마도 사행 목적이 잘 풀리지 않았기 때문이 아니었을까. 그의 여섯 번째 시에서 그런 정황을 찾아볼 수 있다.

담비 가죽옷 다 해지도록 뜻 펼치지 못했으니
한 치 혀를 소진에게 견주는 게 부끄럽네

위 시에서 언급된 소진은 중국 전국시대의 유세가로 탁월한 언변을 이용해 여섯 나라가 연합해 진나라에 대항하는 합종책을 성공시켰던 인물이다. 따라서 정몽주가 자신을 소진에게 견주는 것이 부끄럽다고 한 것은, 어느 정도 겸손의 뜻도 들어 있겠지만, 일본 주장이 왜구를 금압하는 일에 적극적으로 나서도록 설득하는 것이 〈연보〉나 〈열전〉의 기록처럼 그렇게 쉽지만은 않았음을 짐작하게 한다.

한편 정몽주의 일본 사행시에는 일본의 풍습에 관한 내용도 담겨 있다. 먼저 정몽주의 여덟 번째 시를 살펴보자.

나그네가 근래에 이미 멀리 유람했는데
또 바다 동쪽 머리에서 풍속을 탐방하네
행인은 신발 벗고서 존장을 맞이하고
지사는 칼을 갈아 누대의 원수를 갚네

이 시에서 정몽주는 길을 가다가 윗사람을 만났을 때 신발을 벗는 것과 무예를 숭상하고 원수를 반드시 갚는 것을 일본의 특징적인 풍속으로 소개했다. 일본의 풍습에 대한 설명은 열한 번째 시에서도 찾아볼 수 있다.

사명을 받들고 일본 땅 유람하며
사람을 통해 이곳 풍습 물어보니
치아를 물들여야 바야흐로 귀한 것이고
신발을 벗어야 비로소 공경함이라 하네

치아를 검게 물들이는 것을 귀하게 여기고 윗사람을 대할 때 신발을 벗음으로써 공경을 표하는 풍습을 언급하고 있다. 정몽주는 일곱 번째 시에서도 비슷한 내용을 전한다.

얼룩 옷은 진나라 동자로부터 변했을 것이고
물들인 치아는 월나라 풍속과 교류한 것이리라

거듭 치아를 물들이는 풍습에 대해 소개했다. 이처럼 치아를 물들이는 것과 신발을 벗고 예를 행하는 것을 두 번이나 언급한 이유는 아마도 이 두 가지가 가장 특이한 풍습으로 보였기 때문일 것이다.

정몽주는 시에서 일본의 풍습에 대해 보고 들은 내용을 담담하게 표현하고 있을 뿐 이를 비하하거나 천시하는 모습은 보이지 않았다. 오히려 일본의 문화와 풍속에 대해서 비교적 객관적이고 우호적인 태도를 가졌던 것으로 보인다. 아마도 일본과의 원만한 외교 관계 수립을 바라는 그의 입장이 반영되지 않았나 생각한다. 그러면서도 고려가 일본보다 문화적으로 우월하다는 점을 분명히 강조했다. 정몽주는 일곱 번째 시에서 일본의 풍습이 중국의 진나라·월나라의 영향을 받았을 것이라고 언급한 다음 이를 고려와 비교했다.

고개 돌려 보면 삼한은 먼 곳에 있지 않으니
기자가 남긴 좋은 풍속이 천년토록 전해오네

고려의 문화는 기자의 유풍을 이어받은 것으로 일본의 풍속은 물론 그 뿌리가 되는 진나라·월나라의 문화보다도 우수하다는 점을 은근히 과시한 것이다. 이처럼 정몽주는 일본의 문화와 풍속에 대해 우호적인 태도를 보였지만, 그 이면에는 고려가 문화적으로 월등히 우수하다는 자신감이 깔려 있었다고 하겠다.

앞서 보았듯이 권근은 정몽주의 일본 사행 성과가 후대에까지 길이 전해지기를 희망했는데, 그의 바람은 현실이 되었다. 조선의 관인들은 정몽주를 일본과의 외교 업무를 성공적으로 수행한 사신의 표상으로 여겨 추앙했다. 정두경(1597~1673)은 일본으로 파견되는 유창을 전송하는 시에서 "이 길 가신 선정이 있었으니, 포로(정몽주)가 바로 우리 스승이라네"라고 했는데, 이는 정몽주의 일본 사행에 대한 조선 지식인들의 인식을 대변해준다. 이에 따라 조선의 많은 학자와 관료들은 일본으로 사행을 떠나는 동료들을 전송할 때 반드시 정몽주를 언급하면서 그처럼 큰 공적을 세우고 돌아오기를 기원했다.

유몽인(1559~1623)은 일본 사행을 떠나는 박재를 전송하는 글을 지어주었는데, 박재는 정몽주의 외가 쪽 후손이었다. 이 글에서 유몽인은 정몽주가 사행 당시 일본인들의 존경을 받았고 이후 수백 년 동안 일본에서 명성이 높았다는 점을 언급하면서, 박재가 정몽주의 후손이라는 것을 알면 일본인들이 그를 더욱 공경할 것이라고 기대했다. 또 사행 임무를 잘 수행해 선조 정몽주처럼 일본에서 명성을 크게 떨칠 것이고 후세에도 길이 전해질 것이라며 박재를 격려했다.

김상헌(1570~1652)은 일본에 사신으로 가는 정립을 전송하는 시의 첫 부분에서 "포은 선생 일본 땅에 사신으로 갔으니 지금도 섬 오랑캐 높은 풍모 우러르네"라며, 정몽주가 일본 사행을 다녀온 지 200년이 지났는데도 여전히 일본인들의 존경을 받고 있음을 강조했다. 그리고 마지막 부분에서 "그대 이번 사행에서 전대 능히 잘할 것이니 응당 당시의 옛 성과 같음을 기뻐하리"라며, 정립이 정몽주와 성이 같다는 인연을 강조하며 그의 사행 성공을 기원했다. 한편 이민구(1589~1670)도 정립의 사행을 전송하는 시에서 "삼한에 정씨 있음을 다시 알게 하소서"라며 정립과 정몽주가 동성이라는 것을 매개로 정립이 일본 사행에서 정몽주처럼 공을 세우고 돌아오기를 축원했다.

이처럼 정몽주의 일본 사행은 조선시대 관인들에게 성공적인 대일 외교의 상징으로 인정받았고, 정몽주 본인은 일본에 파견되는 조선 사신들이 반드시 따라야 할 '사신의 모범'으로 추앙받았다.

1384년 명나라 사행

1380년대는 정몽주가 사신 외교 활동을 가장 활발하게 펼쳤던 시기다. 정몽주는 1382년부터 1387년까지 6년 사이에 모두 다섯 차례 명나라로 사행을 떠났다. 이 중에서 남경까지 가서 사신 임무를 완수하고 돌아온 것은 1384년과 1386년의 두 차례이고, 나머지 세 번의 사행에서는 요동까지 갔다가 명의 입국 불허 조치로 길이 막혀 되돌아와야 했다.

정몽주는 1382년(우왕 8)에만 4월과 11월에 두 차례 명나라 사행을 떠났다. 먼저 4월에는 문하찬성사 김유, 문하평리 홍상재 등과 함께 세공을 바치기 위해 명나라로 떠났다. 당시 정몽주 일행이 가지고 간 세공은 금 100근, 은 1만 냥, 포 1만 필, 말 1천 필이었다. 하지만 고려 사신단은 요동까지 갔다가 같은 해 6월에 그냥 돌아와야 했다. 명나라 정부가 "여러 해 동안 밀린 세공을 한꺼번에 보내는 것은 그 뜻이 정성스럽지 않다"라고 하면서 사신단의 입국을 허가하지 않았기 때문이다.

정몽주는 같은 해 11월에도 다시 명나라로 사행을 떠났다. 이번 사행의 목적은 새해를 축하하는 인사를 올리고 더불어 공민왕의 시호를 청하고 우왕의 왕위 계승을 승인받는 것이었다. 당시는 우왕이 즉위한 지 8년이 지났음에도 여전히 공민왕의 시호도 받지 못했고, 우왕의 왕위 계승도 승인받지 못하고 있었다. 친명 정책을 추진하던 공민왕이 갑자기 시해되자 명나라는 고려가 외교적으로 다른 의도를 갖고 있는 것이 아닌지 의심했다. 게다가 1374년(우왕 즉위년) 11월에 명나라 사신 채빈이 귀국길에 고려 장수에게 피살되는 사건이 일어난 후에는 사신 왕래가 중단될 정도로 양국 관계가 경색되었다. 1379년에 양국의 사신 왕래가 재개되었지만, 이번에는 명이 요구한 세공 문제가 발목을 잡으면서 공민왕의 시호와 우왕 승인 문제는 여전히 해결되지 못하고 있었다.

정몽주 일행이 요동에 도착했을 때 요동 도사는 명 황제가 내린 칙서를 이유로 이들을 맞아들이지 않았다. 《고려사》와 《고려사절요》에 수록된 명 황제의 칙서에는 고려가 몇 년 동안 밀린 세공을 합쳐 겨우 수량을 채워 보내고는 책임을 다했다고 하면서 명나라를 은밀히 우롱하고 있으니, 고려 사신들의 입국을 금지하라는 내용이 담겨 있다. 그런데《명태조실록》에 실린 칙서 내용에는 다른 이유가 하나 더 언급되어 있다. 바로 신년 하례의 기한을 지키지 못했다는 것이다. 고려 사신이 요동에 도착했다는 보고를 받은 명태조는 신년 축하 사신단이 12월 중순에야 요동에 도착했으니 정월 초하루까지 남경에 오는 것은 불가능하다고 지적하면서, 이는 단지 생색만 내려는 면피용 사행일 뿐 사대의 정성은 전혀 없는 것이라고 힐난했다. 그리고 요동 도사에게 고려 사신의 입국을 허락하지 말라고 지시하면서 기한을 어긴 것이 불허의 이유임을 분명히 밝혔다. 결국 정몽주 일행은 준비해간 예물만 요동 도사에게 전달한 후 다음 해 1월 개경으로 돌아와야 했다.

이로부터 약 1년 6개월이 지난 1384년 7월, 정몽주는 다시 한번 명나라로 사행을 떠났다. 이때의 사행은 명목상 명나라 황제의 생일, 즉 성절을 축하하는 '하성절사'였다. 하지만 실제로는 공민왕의 시호와 우왕의 왕위 계승 승인을 받는 것이 가장 중요한 목적이었다. 그런데 고려의 관료 중에 아무도 이 사행을 맡으려 하지 않았다. 왜냐하면 이보다 앞서 명나라로 갔던 고려 사신들이 그곳에서 체포되어 유배를 당하는 수난을 겪었기 때문이다.

1383년 11월, 사신단을 수행했던 통역관 장백이 개경으로 돌아와서 고려 사신 김유와 이자용이 구금된 사실을 전했다. 고려 사신단이 정해진 기한을 넘겨서 남경에 도착했다는 것이 구금의 이유였다. 《고려사》에 실린 김유의 열전에 따르면, 당시 요동에서 고려 사신단의 입국을 거부하는 일이 많아지자 김유 등은 바닷길을 이용해 사행을 떠났다고 한다. 그런데 중도에 기상이 악화되면서 도착 기한을 넘기게 되었고, 이 때문에 대리국(지금의 중국 윈난성 지역)으로 유배되었다. 한편 고려 정부는 같은 달에 문하평리 홍상재와 전공판서 주겸을 하정사(신년을 축하하는 사신)로 임명해 명나라로 보냈는데, 이들 역시 체포되어 대리국으로 유배되었다. 고려가 약속한 세공을 제대로 바치지 않았다는 것이 유배의 이유였다.

정몽주의 절친한 친구인 김구용(1338~1384)도 명나라 사행 도중에 화를 입었다. 김구용은 1384년 1월에 요동으로 파견되었는데, 이 사행에는 요동의 도지휘 매의가 개입되어 있었다. 《고려사절요》에 따르면, 김구용이 파견되기에 앞서 고려의 의주천호 조계룡이 명나라로 사행을 떠나는 하정사 일행을 호위해 요동까지 간 적이 있었다. 이때 매의가 조계룡에게 "우리(요동의 명나라 관리들)가 너희 고려를 위해서 매번 공무가 있을 때마다 마음을 다해 시행하였는데, 너희는 어째서 한 번도 우리에게 문안하지 않는가?"라며 추궁했다고 한다.

조계룡은 돌아와서 매의의 말을 보고했고, 보고를 받은 고려의 재상이 이를 그대로 믿고는 김구용을 행례사로 삼아 감사 편지와 함께 백금 100냥, 저포와 마포 각 50필을 가지고 요동에 가서 전하게 했다. 그런데 김구용이 요동에 도착해서 편지와 선물을 전하자 요동 총병 반경과 엽왕, 그리고 이 일을 초래한 당사자 매의 등이 태도를 바꾸어 "남의 신하 된 자는 의리상 사적인 교제를 할 수 없는 법이다. 어찌 이렇게 할 수 있는가?"라고 하면서, 김구용을 체포해 남경으로 압송했다. 남경으로 잡혀간 김구용은 대리국으로 유배를 가던 도중에 병이 나서 사망했다.

이처럼 1383~1384년에 명나라로 파견된 고려의 사신 중 상당수가 그곳에서 체포되어 유배되거나 사망하는 화를 입었다. 이런 상황이니 고려의 관리들이 명나라 사행에 차출되는 것을 꺼릴 수밖에 없었다. 정몽주가 사신으로 발탁됐던 1384년의 성절사도 예외는 아니었다. 당시 정부의 관리 대부분이 성절사 차출을 기피하면서 사신 임명이 지연되던 끝에 밀직부사 진평중이 사신으로 거론되었다. 그러자 진평중은 당시 권세가였던 임견미에게 노비 수십 명을 뇌물로 주었고, 그 덕에 병을 핑계로 사신 차출을 면할 수 있었다. 이렇게 되자 새로 사신을 임명해야 했는데, 이때 임견미가 정몽주를 추천했던 것이다. 이는 아마도 과거 정몽주가 임견미 등의 대원 외교 재개 추진을 강력하게 비난하고 반대했던 일에 대한 악감정이 작용했던 것으로 추정된다.

정몽주가 천거되자 우왕은 정몽주를 불러 사신을 맡아줄 것을 부탁했다.《고려사》〈정몽주 열전〉에 기록된 당시 상황을 대화 형식으로 정리해보면 다음과 같다.

우왕 : 근래 우리나라가 명나라로부터 책망을 당하는 것은 모두 대
　　　신들의 잘못이다. 경(정몽주)은 고금의 일에 널리 통달하고
　　　있으며, 내 뜻도 잘 알고 있다. 지금 진평중이 아파서 사신
　　　을 갈 수 없다고 하므로 경으로 대신하고자 하는데, 경의 뜻
　　　은 어떠한가?

정몽주 : 임금의 명령이라면 물이나 불도 피하지 않아야 마땅합니
　　　다. 어찌 천자께 조회하는 일을 피하겠습니까? 다만, 우리
　　　나라에서 남경까지 거리가 대략 8천 리이니 발해에서 순풍
　　　을 기다리는 날을 빼고도 90일이 걸리는 일정입니다. 지금
　　　성절까지 60일 남았는데 바람을 기다리는 열흘을 빼면 실
　　　제로 남은 날은 겨우 50일이니, 신은 이것이 걱정스러울 따
　　　름입니다.

우왕 : 그러면 언제 길을 떠나겠는가?

정몽주 : 어찌 감히 하루라도 더 머물 수 있겠습니까?

위의 대화는 당시 상황이 얼마나 급박했는지를 잘 보여준다. 개
경에서 남경까지 가는 데 약 90일 이상이 소요되는데 명 황제의 생
일까지는 60일밖에 남지 않았고, 순풍을 기다리는 날을 제외하면
실제로 남은 날은 50일이었다. 모든 관리들이 명 사행을 회피하는
바람에 이런 지경에 이르게 된 것이었다. 정상적인 일정이라면 명
황제의 생일 전에 남경에 도착하는 것은 불가능했다. 따라서 고려

의 사신단이 남경에 도착하더라도 곧바로 유배될 것은 불을 보듯 뻔한 상황이었다.

정몽주 역시 바로 이 점을 걱정하고 있었다. 앞서 보았듯이 정몽주는 1382년 11월에 신년 축하를 위한 사신으로 명나라에 파견되었다가 요동에서 길이 막혀 돌아온 적이 있었다. 당시 요동에서 사신단의 입국을 금한 이유 중 하나가 사신단이 늦게 와서 신년 하례의 기한에 맞춰 도착할 수 없다는 것이었다. 그런 경험이 있었기에 정몽주는 촉박한 일정에 더욱 민감했을 것이다. 그럼에도 정몽주는 "임금의 명령은 물이나 불이라도 피하지 않아야 마땅하다"라면서 사신 임명을 받아들였다.

〈정몽주 열전〉에 따르면 정몽주는 사신에 임명된 즉시 길을 떠났다고 한다. 그리고 밤낮으로 길을 재촉해 명 태조의 생일에 맞춰서 남경에 도착했고, 9월 19일에 명 태조에게 생일 축하의 표문을 올렸다. 보통 90여 일이 걸리는 거리를 60일만에 주파한, 기적에 가까운 여정이었다. 당시 사행 일정에 관한 기록이 남아 있지 않아서 정몽주가 어떤 경로와 어떤 방법을 이용했는지는 알 수 없다. 하지만 〈정몽주 열전〉의 기록처럼, 정말 밤낮을 쉬지 않고 강행군을 하는 방법밖에는 없지 않았을까 생각한다.

고려의 축하 표문을 받은 명 태조는 표문의 날짜를 보고는 정몽주에게 "너희 나라 배신陪臣들이 분명 이유를 대면서 오지 않으려고 하다가 날이 임박하자 그대를 보냈구나"라고 했다. 황제의 생일에 임박해서야 급하게 사신을 보냈으며, 그 이유가 다른 관리들이 사행을 꺼리고 피했기 때문임을 정확히 간파했던 것이다. 만약 정몽주가 아닌 다른 사람이 사신으로 갔더라면 유배를 당할 수도 있었던, 상당히 위험한 상황이었다. 그런데 바로 그 순간, 명 태조는 정몽주가 10여 년 전에 촉 지방 평정을 축하하러 왔던 고려 사신단의 한 사람임을 알아보았다.

"그대는 지난번에 촉 평정을 축하하러 왔던 자가 아닌가?"

명 태조는 12년 전의 정몽주를 기억하고 있었던 것이다. 사신단이 귀국하던 중 풍랑을 만나 배가 난파되고 거의 죽을 뻔했다가 구조되는 것이 흔한 일은 아니었기에 당시 사건이 깊이 각인되어 있었던 모양이다.

명 태조의 물음에 정몽주는 12년 전의 난파 상황에 대해 자세히 대답했다. 그러자 명 태조는 "그렇다면 응당 화어(중국어)를 이해하겠구나"라면서 정몽주를 특별히 위로해주었다고 한다. 〈정몽주 열전〉에는 기록되어 있지 않지만, "중국어를 이해하겠구나"라는 명 태조의 말에 아마도 정몽주는 중국어로 대답하지 않았을까? 12년 전 명나라 체류 때 생존을 위해 배웠던 중국어가 결정적인 순간 빛을 발했다고 할 수 있다. 명 태조는 예부에 명해 정몽주 등 고려 사신단을 후한 예로 대우하고 전송하도록 했다. 그리고 앞서 사행을

왔다가 먼 지방으로 유배된 홍상재 등을 석방해 정몽주 일행이 귀국할 때 함께 돌려보내도록 지시했다.

이처럼 정몽주에게 12년 전의 사고는 위기 상황을 타개하고 명과의 외교를 부드럽게 풀어가는 계기가 되었다. 그 결과 정몽주는 큰 탈 없이 무난하게 사신의 임무를 수행하고 이듬해(1385) 4월에 귀국할 수 있었다. 그리고 명나라에서 유배 생활을 하고 있던 고려 사신들도 함께 귀국하는 예상 밖의 성과도 거두었다.

한편《명태조실록》에는 당시 고려에서 황제의 생일 축하 표문 외에 공민왕의 시호와 우왕의 왕위 계승 승인을 요청하는 표문도 올렸지만, 명 태조가 승인하지 않았다고 기록되어 있다. 정몽주의 12년 전 난파 사건의 인연도 고려 정부의 숙원이었던 공민왕의 시호와 우왕의 승습(왕위 계승) 승인 문제를 해결하지는 못했던 것이다. 하지만 고려 정부는 이후에도 이 문제를 해결하기 위해 계속 노력했고, 마침내 1385년(우왕 11) 9월에 명나라로부터 공민왕에게 시호를 내리고 우왕의 왕위 계승을 승인한다는 조서를 받았다.

1386년 명나라 사행

1384년의 사행을 성공적으로 마치고 돌아온 정몽주는 1386년 2월에 다시 한번 명나라로 사행을 떠났다. 이번 사행의 목적은 크게 두 가지였다. 첫 번째는 고려 왕의 편복과 관리들의 편복 및 조복을 청하는 것이었다. 편복은 평상시에 입는 의복이고, 조복은 신년을 축하하거나 국가의 크고 중요한 의식을 거행할 때 입는 관복을 말한다. 두 번째는 고려가 명나라에 바쳐야 할 세공의 감면을 요청하는 것이었다.

정몽주의 1386년 사행에 대해서는 비교적 기록이 풍부한 편인데, 특히 그가 사행 과정에서 지은 시들이 많이 남아 있다. 《포은집》권1에는 정몽주가 여러 차례의 사행 중에 지은 시들이 수록되어 있는데, 그중 1386년 사행 때 지은 시가 가장 많다. 《포은집》에 실린 사행시 중 1377~1378년 일본 사행 때 지은 시들은 따로 구분되어 있지만, 명나라 사행에서 지은 시들은 어느 시기의 것인지를 구별하기 어렵게 편집되어 있다. 하지만 1386년 사행시의 경우 대부분 시를 지을 때 머물렀던 지역이 명시되어 있고 저작 날짜가 밝혀진 경우도 더러 있어서 시기를 특정하기가 상대적으로 쉬운 편이고, 전체적인 사행 여정을 파악하는 데에도 많은 도움이 된다.

1386년 사행 때 지은 첫 번째 시는 〈3월 19일 바다를 건너 등주 공관에서 묵었다. 곽 통사와 김 압마의 배가 바람에 막혀 도착하지 못했으므로 공관에 머물러 기다렸다〉이다. 상당히 긴 제목에서 두 가지 사실을 알 수 있다. 하나는 정몽주의 사신단이 1386년 3월 19일에 지금의 산동성 봉래시인 등주의 공관에 도착했다는 것이고, 다른 하나는 사신단이 배를 타고 바다를 건너 등주에 이르렀다는 점이다. 그렇다면 정몽주 일행은 어디에서 배를 타고 출발했을까? 이는 귀국 여정을 통해 확인할 수 있다.

정몽주 일행은 사행 임무를 마친 후 왔던 길을 되짚어 등주까지 간 다음 이곳에서 배를 타고 바다를 건너 5월 18일에 지금의 요령성 대련시 지역인 여순구에 도착했다. 따라서 정몽주 일행이 고려에서 명으로 갈 때도 여순에서 배를 타고 등주로 이동했다고 보는 것이 타당하다. 또 정몽주의 시 중에는 〈왕방역에서 요동의 정 진무(재)에게 주다〉와 〈회음역에서 길이 나뉘므로 방 진무와 작별하다〉가 있다. 첫 번째 시에는 정몽주의 시를 받은 정재가 요동의 진무라는 것이 명시되어 있다. 두 번째 시에 등장하는 방 진무는 소속이 밝혀져 있지 않지만, 앞의 정재와 마찬가지로 요동 진무였을 것으로 생각된다. 즉 요동의 관리들이 정몽주의 사신단을 호위하면서 회음수역(지금의 강소성 회안시 지역)까지 따라왔던 것인데, 이는 정몽주 일행이 남경으로 갈 때 요동 지역을 거쳐 갔음을 보여준다.

이상을 종합해보면, 정몽주 일행은 개경에서 출발해 요동까지는 육로로 이동했고, 요동의 여순구에서 배를 타고 바다를 건너 등주로 들어갔음을 알 수 있다. 아마도 이 코스는 고려 사신단이 이용했던 일반적인 사행로가 아니었을까 생각한다.

다시 정몽주 사신단의 여정으로 돌아가보자. 3월 19일 등주에 도착한 후 잠시 이곳 공관에 머물고 있던 정몽주는 사신단 일행이 모두 합류하자 육로로 회음수역까지 이동했다. 그리고 여기서부터는 배를 타고 운하를 따라 내려가 4월 19일에 용담역에 도착했고, 곧이어 명나라의 수도 남경에 입성했다. 정몽주의 시를 통해 확인되는, 등주에서 남경까지의 경로를 간략히 정리해보면 〔표 6-2〕와 같다.

정몽주 일행은 등주에서 출발한 후 육로와 운하를 이용해 남경에 도착하기까지 정확히 한 달이 소요되었다. 정몽주의 시에는 이 여정 중의 견문과 교유, 감회 등이 잘 나타나 있다. 먼저 정몽주는 명나라의 몇몇 학자들과 직접 교유할 기회가 있었다. 산동성 교수현에서는 현학의 교유로 있던 서선을 만났다. 정몽주는 서선과 이별할 때 지은 시 〈교수현에서 서 교유(선)와 작별하다〉에서 다음과 같이 그의 풍모와 학술을 높이 평가했다.

아름다운 선비를 우연히 만나니
기쁘기가 옛 친구를 만난 듯하네
풍모와 위의는 후배를 따르게 하고
경술은 곧 나의 스승이로다

"경술은 곧 나의 스승"이라는 표현에서 비록 짧은 만남이었지만 두 사람은 비교적 깊이 있는 학문적 교유를 가졌음을 짐작할 수 있다.

또 정몽주는 상장역을 지날 때 고손지라는 학자를 만났다. 당시

[표 6-2] 1386년 정몽주의 사행 경로[등주~남경]

일시	경유 지역	현재 지명	비고
3. 19	등주	산동성 봉래시	
미상	용산역		
	황산역		
	제교역	산동성 내주시	
	내주 해신묘		
	교수현	산동성 평도시	
	구서역		
4. 1	고밀현	산동성 고밀시	
미상	일조현	산동성 일조시	
	고유현	강소성 연운항시 공유구	
	왕방역	강소성 연운항시 공유구	
	상장역	강소성 연운항시 공유구	
	제성역	산동성 제성시	
	금성역	강소성 회안시	회안부(강소성 회안시) 청하현 소재 역참
	동양역		강소성 술양현 소재 역참
	한신묘	강소성 회안시	회안부 서쪽 40리 지점 소재
4. 14	회음수역	강소성 회안시 회음구	
미상	범광호		강소성 보응현 소재 호수
	고우호		강소성 고우시 소재 호수
	고우성	강소성 고우시	
	양주	강소성 양주시	
	진주	강소성 의정시	
	양주 죽서정		
4. 19	용담역	강소성 남경시 용담진	
미상	남경		

정몽주는 고손지에게 지어준 〈상장역에서 고 시랑에게 주다〉에서 아래와 같이 고손지와의 예상치 못한 만남에서 느낀 기쁨과 그의 학식·인품에 대한 존경의 마음을 나타냈다.

과객이 어찌 일찍이 알았으랴
선생이 상장에 계시는 줄을
밝은 시대에 곧은 뜻 품었으니
늘어선 별들이 그 빛을 잃었네

위 시에서 "선생이 상장에 계신 줄 몰랐다"라고 표현한 것으로 보아 아마도 정몽주는 전에 고손지를 만난 적이 있거나, 적어도 그의 명성을 익히 알고 있었던 것 같다.

한편 정몽주가 운하를 통해 남경으로 가던 중 범광호 인근의 수역을 지날 때 지은 시에는 '제교 설 선생'이란 학자가 언급되고 있다. 정몽주는 고려에 있을 때부터 '제교 설 선생'의 이름을 익히 들어 알고 있었다. 정몽주는 당시 사행에서 설 선생의 거주지와 가까운 역을 지나게 되었는데, 남경까지 가는 일정이 바빠서 설 선생에게 예를 갖추어 인사할 겨를이 없었다. 이에 그는 칠언율시 한 편을 짓는 것으로 대신하면서 돌아오는 길에는 꼭 설 선생을 만날 수 있기를 기대했다. 정몽주는 이러한 내용을 시의 제목으로 삼았으며, 설 선생에 대한 흠모의 뜻을 다음과 같이 피력했다.

명현의 출처는 먼 지방 사람도 알고 있으니

큰 덕과 높은 재주 내가 본받는 바이네

우정에서 선생을 한번 만나보려 했더니

어찌하여 세상일은 어긋나기를 좋아하나

그런데 정몽주가 귀국할 때 지은 시 중에 설 선생을 만났다는 내용이 없는 것으로 보아 그의 바람은 이루어지지 않았던 것 같다. 하지만 이 시는 앞서 본 고손지의 경우와 함께 정몽주가 동시대 중국 학계 및 주요 학자들의 동향과 학문을 파악하고 있었음을 보여준다는 점에서 학술적으로 중요한 의미가 있다.

정몽주는 4월 14일에 회음수역에서 배를 타고 운하를 통해 남하했는데, 그 직전에 회안부(지금의 강소성 회안시) 성에서 서쪽으로 40리쯤 떨어진 곳에 있는, 한나라의 명장 한신의 묘소를 지났다. 여기에서 정몽주는 한신을 애도하는 시 〈한신묘〉를 지었는데, 그 내용은 다음과 같다.

태자는 유약하고 장수들은 강성하니

고황이 다시 옛 공훈을 생각지 않았네

초왕(한신)이 저승에서 통한을 삼킬 것이니

천고에 마음 아는 이는 회옹(주희)뿐이리라

위 시에서 정몽주는 한신이 억울한 죽음을 당했으며, 후대의 역사가 중에서 한신이 한 고조를 배신하지 않았다는 사실을 알아준 이는 오직 주희뿐이었다고 강조하고 있다. 정몽주가 한신에 대해 어떤 인식을 가지고 있었는지를 엿볼 수 있는 대목이다. 또 주희의 문집 《주자대전》에 실려 있는, 한신에 대한 주희의 평가를 시에 인용한 점은 정몽주가 주희의 저술에 대해 상당히 폭넓은 이해를 가지고 있었음을 잘 보여준다.

한편 정몽주는 사행 도중 고향과 가족, 친구들을 그리워하는 마음을 시에서 여러 차례 피력했다. 산동 지역을 지날 때 두 아들을 생각하며 〈종성과 종본 두 아이를 생각하다〉라는 시를 지었다.

온갖 생각 모두 재처럼 사라지니
마음이 쓰이는 건 두 아이뿐이라
어머니의 양육을 벗어나기 전에
이미 옛사람의 시구를 외웠었지
적선한 일이야 내 어찌 있겠느냐
입신양명은 너희 스스로 기약하거라
단지 생각건대 이 몸 노쇠한 날에야
너희들의 장성한 모습 볼 수 있으리

이 시에서 정몽주는 자식들이 스스로 학문에 힘써 입신양명할 것을 당부하면서도 한편으로는 오랫동안 보지 못한 아들들에 대한 걱정과 그리움을 토로하고 있다.

상장역을 지난 후에는 이숭인, 정도전, 이집 등 세 친구에 대한 그리움을 담은 시 〈이도은, 정삼봉, 이둔촌 세 군자를 그리워하다〉를 지었으며, 금성역에 이르러서는 〈금성역에서 송경의 벗들을 그리워하다〉라는 시를 지었다. 양주의 죽서정에 도착했을 때도 〈양주 죽서정에서 송경의 벗들을 그리워하다〉라는 시를 지었다.

　　달밤에 벗들은 솔 아래 길 거닐 터인데
　　봄바람에 외로운 나는 죽서정에 있도다
　　먼 유람에 마음 괴로운 줄 스스로 알지만
　　늘그막에 기쁘게도 지치의 향기를 만났네

이 시에서 정몽주는 벗들과 떨어져 있는 외로움을 토로하면서도 한편으로는 지치至治의 향기, 즉 명나라의 선진 문물을 직접 접하게 되었다는 기대와 기쁨도 함께 피력했다.

3월 19일 등주 도착 후 한 달간의 여정 끝에 정몽주 일행은 4월 19일 용담역에 도착했고, 곧이어 남경에 입성해 회동관에 여장을 풀었다. 남경 입성 날짜가 명시되어 있지는 않지만, 용담역이 지금의 남경시 서하구에 있던 역참이므로 당일이나 늦어도 다음 날 (20일)에는 입성했을 것이다. 4월 23일에 정몽주 일행은 궁성의 봉

천문에서 명 태조를 만났다. 남경 도착 후 명 태조를 만나기 전까지의 행적은 알려진 바가 없지만, 아마도 고려에서 가져간 표문들을 명나라 조정에 전달하고, 명의 관리들을 만나 고려의 요청 사항에 대해 설명하지 않았을까 생각한다.

앞서 언급한 것처럼 당시 사행에서 고려는 왕과 관리들의 편복·조복 하사와 세공 감면 등 두 가지 사항을 명나라에 요청했고, 각각의 내용을 담은 두 통의 표문을 준비해 명 정부에 전달했다. 먼저 고려 왕과 관리들의 편복과 조복을 요청한 표문의 내용을 보자.

저희 고려는 본래의 풍속을 그대로 따르라고 명하셨습니다. 하지만 이미 제복을 배신에게까지 하사하셨으니, 그 나머지에 대해 어찌 옛 것을 그대로 따르겠습니까?
(중략) 바라건대 폐하께서는 소국으로서 대국을 섬기는 신의 정성을 어여삐 보시고 중화의 문물로 이적의 풍속을 변화시키는 것을 허락 하셔서 저희가 중국의 복제를 따를 수 있도록 윤언(명령하는 말)을 내려주소서.

— 《고려사》 권136, 열전, 우왕 12년 2월

위 인용문을 통해 두 가지 사실을 확인할 수 있다. 첫째는 명나라에서 전에 이미 제복, 즉 국가 제례 거행 시 입는 관복을 고려에 보내주었다는 사실이고, 둘째는 고려 정부가 명나라의 관복제도를 적극적으로 수용했다는 사실이다. 고려는 1368년에 명이 건국되자 이듬해 이를 축하하는 사신을 파견했는데, 바로 이때 명나라에 관복을 요청했고 명 태조는 이 요구를 받아들여 1370년에 제복을 고려에 보내주었다.

고려 말의 복식 연구에 따르면, 고려가 명에 관복을 요청한 사실에는 두 가지 의미가 있다. 첫째는 고려가 명나라를 새로운 외교 대상으로 설정했다는 것이고, 둘째는 13세기 후반에서 14세기 전반에 이르는 원 간섭기 동안 문란해진 고려의 풍속과 제도를 재정비하기 위한 문화의 표본을 새로운 중화인 명나라로부터 제공받고자 했다는 것이다(김윤정, 2019).

1370년에 명으로부터 제복을 받은 고려는 이후 한 차례 더 관복을 요청하고자 했다. 하지만 공민왕의 갑작스러운 서거로 이 요청은 명에 전달되지 못했고, 이후 고려와 명의 관계가 경색되면서 더 이상 진척이 이루어지지 못했다. 그러다가 1385년 9월에 명이 우왕을 고려 왕으로 정식 책봉하고 공민왕의 시호를 내려주자, 고려는 곧바로 정몽주를 사신으로 파견해 관복을 요청했던 것이다.

1386년 정몽주 사행 당시 명나라 정부는 고려의 관복 요청을 거절했다. 고려는 다음 해(1387)에도 설장수를 사신으로 파견해 다시 한번 관복을 요청했고, 결국 명나라도 요구를 받아들여 왕의 편복과 관리의 조복 및 편복을 추가로 내려주었다. 이에 고려는 명에서 보내준 관복을 토대로 백관의 관복제도를 개정해 1품부터 9품까지 모두 사모와 단령을 입고 품계에 따라 띠에 차등을 두게 했다. 이 관복 개정은 몽골 복식의 잔재를 모두 일소하고 고려 국왕과 관료의 제복·조복·공복 등 모든 관복을 중국식으로 전면 개편했음을 의미한다. 《고려사절요》에는 당시 관복제도 개정을 주도한 인물로 정몽주, 하륜, 염정수, 강회백, 이숭인 등을 들고 있다. 이는 정몽주가 명의 제도를 수용해 관복제도를 바꾸는 데 적극적으로 나섰던 인물 중 하나였음을 보여준다.

1386년 명나라 사행의 또 다른 목적은 해마다 명에 바치는 세공의 감면을 요청하는 것이었다. 당시 세공은 관복보다 훨씬 더 절실한 문제였다. 1374년 명나라 사신 피살 사건으로 중단됐던 사신의 왕래가 재개된 것은 1379년이었는데, 이때 두 나라는 고려가 매년 명에 보내야 하는 세공의 종류와 수량을 확정했다. 이에 따르면 고려는 1379년에 세공으로 말 1천 필을 보내고, 이듬해(1380)부터 해마다 금 100근, 은 1만 냥, 양마 100필, 세포 1만 필을 바치는 것을 상례로 정했다.

문제는 이후 고려의 재정이 악화되면서 세공을 납부하지 못했다는 점이다. 이에 명은 1383년 12월에 고려 사신에게 그동안 미납한 5년치의 세공으로 금 500근, 은 5만 냥, 말 5천 필, 포 5만 필을 한꺼번에 가져올 것을 요구했다. 이에 고려는 금과 은은 고려 땅에서 생산되지 않는다는 점을 들어 말로 대신하게 해달라고 요청했다. 이에 대해 명은 금은 50냥마다 말 1필, 은은 300냥마다 말 1필로 환산해서 대체하도록 했다. 그러자 고려는 1384년 윤10월에 이 원굉을 사신으로 파견해 그동안 미납했던 5년치 세공을 모두 납부 했다. 당시 고려 도평의사사에서 명의 예부로 보낸 외교문서에 기 록된 세공 납부 내역을 정리하면 다음과 같다.

〔표 6-3〕 1384년 고려에서 명에 보낸 세공 납부 내역

금 500근	96근 14냥은 금으로 납부(1근은 16냥). 나머지 403근 2냥은 말 129필로 대체해 납부.
은 5만 냥	1만 9천 냥은 은으로 납부. 나머지 3만 1천 냥은 말 104필로 대체해 납부.
포 5만 필	백저포 4300필, 흑마포 2만 4400필, 백마관포 2만 1300필 납부.
말 5천 필	4천 필은 먼저 발송해 요동 도사가 이미 수령. 나머지 1천 필을 이번 사행을 통해 납부.

이어 고려는 1385년 12월에도 말 1천 필과 포 1만 필, 그리고 금 100근과 은 1만 냥에 준하는 말 66필을 명나라에 보냈다. 그런데 매년 이만한 물량의 세공을 마련하는 것은 재정적으로 상당히 큰 부담이었다. 이에 고려는 정몽주를 보내 고려의 열악한 재정 상황 을 알리고 매년 납부할 세공의 감면을 요청했다. 명나라에 보낸 표 문에서 고려 정부는 고려의 국토가 협소할 뿐만 아니라 매년 왜구 가 침입해 백성들의 생활이 곤궁하고 물산도 모두 소모되었으며, 특히 금과 은은 생산되지 않는다는 점을 강조했다. 또 말과 포도

장차 수량을 채우기 어렵게 될 가능성이 매우 크다고 하면서, 고려가 감당할 수 있는 선에서 세공을 경감해줄 것을 청했다.

고려의 요청을 접한 명 태조는 예부의 자문을 통해 세공 감면 결정을 고려 정부에 통지했다. 그에 따르면 매년 납부하던 세공을 3년에 한 번씩 보내도록 바꾸었고, 세공 액수도 양마 50필로 감축했으며, 1386년 말부터 이 규정을 적용하도록 했다. 그동안 매년 금 100근, 은 1만 냥, 양마 100필, 포 1만 필을 보내던 것에서 3년에 한 번 양마 50필을 납부하는 것으로 바뀌었으니, 고려의 재정 부담은 큰 폭으로 줄어들었다. 아마 고려 정부도 예상하지 못한 큰 성과가 아니었을까?

《포은집》에 실린 정몽주의 〈연보〉에는 정몽주의 주대奏對가 상세하고 명백했기 때문에 세공의 상수常數를 면제받았다고 기록되어 있다. 또 1386년 7월 정몽주가 개경에 도착해 세공 감면의 내용이 담긴 명나라 예부의 자문을 고려 정부에 전달하자, 우왕은 정몽주의 공로를 치하하며 의대衣帶와 안마鞍馬를 내려주었다. 이상의 내용은 명나라로부터 세공 감면을 얻어내는 과정에서 정몽주가 탁월한 외교적 수완을 발휘했다는 사실을 인정받았음을 보여준다.

세공 감면이라는 목적을 성공적으로 달성한 정몽주 일행은 남경에 오래 머물지 않고 바로 귀국길에 올랐다. 이들이 언제 남경에서 출발했는지는 정확히 알 수 없지만, 5월 18일에 요령성 여순구에 도착했고 남경으로 갈 때 등주에서 남경까지 한 달이 걸린 점을 고려하면, 4월 23일 명 태조를 만나 세공 감면의 선유를 받은 직후 곧바로 남경을 떠난 것으로 보인다.

남경을 출발한 정몽주 일행은 왔던 길을 되짚어서 등주로 이동했다. 등주까지의 여정 중에도 정몽주는 여러 편의 시를 지었는데, 그중에서 특히 주목되는 것은 고인이 된 친구 김구용을 애도한 시다. 이 시에서 정몽주는 1373년 김구용과 함께 북고산 다경루에 올랐던 일을 추억했다. 앞서 정몽주가 1372년 명 사행을 마치고 귀국하다가 풍랑을 만난 후 구조되었고, 이듬해 다른 고려 사신단과 함께 귀국했던 일을 살펴보았다. 그때 함께 귀국한 사신단의 일행 중에 김구용이 있었고, 두 사람은 북고산의 다경루에 함께 올랐었다. 《포은집》에는 〈다경루에서 계담에게 주다〉라는 시가 실려 있는데, 내용을 살펴보면 1373년 정몽주가 귀국할 당시에 지은 것으로 보인다. 이후 김구용은 1384년 요동에 파견되었다가 체포되었고 이후 유배를 가던 중에 병으로 사망했다.

양자도에 도착한 정몽주는 다경루가 있는 북고산을 바라보면서 10여 년 전 김구용과 함께 다경루에 올랐던 일을 회상했다. 그리고는 〈양자도에서 북고산을 바라보며 김약재를 애도하다〉라는 시를 지어 이제는 더 이상 함께할 수 없는 친구를 향한 그리움과 절절한 마음을 토로했다.

선생의 호방한 기상 남주를 뒤덮었는데

다경루에 함께 올랐던 예전 일 생각나네

오늘 거듭 노니나 그대 보이지 않나니

촉강 어느 곳에 외로운 혼백 노니실까

5월 중순 등주에 당도한 정몽주 일행은 사문도에서 배를 타고 바다를 건너 요령성 여순구에 도착했다(5월 18일). 이후의 사행 일정이나 경로를 정확히 알 수는 없지만, 〈여순역에서 비에 막히다〉, 〈금주에서 위 지휘사 댁의 매 그림을 보고 짓다〉, 〈복주 관사의 우물〉 등의 시를 통해 여순역, 금주(지금의 요령성 대련시 금주구), 복주(지금의 요령성 대련 와방점시) 등지를 지났던 것이 확인된다. 이처럼 정몽주와 그 일행은 요동의 여러 지역을 거친 후 국경을 넘어 고려로 들어왔고, 같은 해 7월에 드디어 개경에 입성했다. 이로써 정몽주의 다섯 번째 명 사행이자 남경까지 갔던 세 번째 사행은 성공적으로 마무리되었다.

1387년 12월에 정몽주는 다시 한번 명나라로 사행을 떠나게 된다. 1386년 사행에서 귀국한 후 1년 5개월이 지난 때였다. 1372년 명나라 사행 이래로 중국과 일본을 합쳐서 일곱 번째 사행이었다. 사행 목적은 고려와 명의 외교 관계 정상화를 요청하는 것이었다. 이보다 한 달 정도 앞선 1387년 11월에 사신 장방평, 이구, 이종덕 등이 요동까지 갔다가 입국을 허락받지 못해 되돌아온 일이 있었다. 당시 요동의 명나라 관리들은 장방평 등에게 고려 사신단의 입국 금지를 명한 명 태조의 칙서를 보여주었다. 칙서에는 "그 나라의 정권을 잡은 신하는 경박하고 간사한 무리들이니 믿기 어렵다. (중략) 일찍이 성의로써 서로 믿음을 준 적이 없으니 아예 교류를 끊고 더불어 왕래하지 않아야 하겠다"라고 적혀 있었다.

어떤 사건을 계기로 명나라가 고려 사신의 입국을 막았는지는 알 수 없지만, 이인임 등 고려의 집권 세력에 대한 명나라 조정의 불신이 상당히 컸던 것은 분명하다. 1387년 12월 정몽주의 사행은 경색된 양국 관계를 정상화하고 사신 왕래를 재개하기 위한 것이었다. 하지만 정몽주 역시 요동에서 입국을 거부당했고, 결국 소기의 목적을 이루지 못한 채 돌아올 수밖에 없었다. 그리고 이 사행은 1372년 이후 약 15년 동안 이어진 정몽주의 사신 외교 활동의 마지막 사행이 되었다.

7장

개혁과 혁명의 갈림길에서

고려 말 개혁이 필요했던 이유

고려 말 새로운 정치 세력으로 등장한 신흥 유신 사이에는 정치와 사회를 개혁해야 한다는 공감대가 형성되어 있었다. 물론 역성혁명을 추진했던 정도전, 조준 등이 생각했던 개혁이나 혁명에 반대했던 이색 계열이 생각한 개혁은 그 정도에 있어서 분명한 차이가 있었다. 하지만 고려의 정치·사회 운영에 문제가 있고 이를 어떤 식으로든 고쳐야 한다는 점에는 의견이 일치했다. 그렇다면 이들은 왜 개혁이 필요하다고 생각했을까?

개혁이 필요하다는 것은 정치·사회제도가 정상적으로 작동하지 못하고 있음을 의미한다. 실제로 1170년 무신정변 이후 무신집권기와 원 간섭기를 거치면서 고려의 국정 운영은 파행적으로 이루어졌다. 문무 관리의 인사 행정이 이부와 병부의 공식 절차를 통해 이루어지지 않고 무신 집정이나 권문세족이 장악한 정방에서 결정되었던 것이 파행적 국정 운영의 대표적인 사례다. 그 결과 고려 전기에 정비된 각종 제도들은 실효성을 잃었고 국가의 행정 능력은 크게 저하되었다. 그중에서도 민생과 직결된 가장 중요한 문제는 토지제도와 조세제도의 문란이었다.

고려에서는 개인이 소유한 토지를 민전이라고 불렀다. 민전 소유자는 자기 토지를 경작해 생산한 소출의 10분의 1을 국가에 세금으로 납부했다. 한편 관료나 군인·향리 등 국가에 복무하는 사람에게는 그 대가로 토지를 지급했는데, 이것이 바로 전시과다. 그런데 전시과는 토지의 소유권을 주는 것이 아니라, 그 토지에서 조세를 거둘 수 있는 권리, 즉 수조권을 주는 것이었다. 예를 들어 관리 A가 관료 복무의 대가로 농민 B가 소유한 민전을 전시과로 받았다면, 농민 B는 자신이 내야 할 10분의 1의 세금을 국가에 내지 않고 전시과를 받은 관료 A에게 납부하는 방식이었다. 그리고 만약 관리 A의 전시과가 본인 소유의 토지에 설정됐다면, 관리 A는 전시과의 액수만큼 국가에 납부할 세금을 면제받았다.

전시과는 관리, 군인, 향리 등으로 복무한 대가로 받는 토지이므로 복무가 끝나면 국가에 반납하는 것이 원칙이었다. 하지만 자손들이 그 직을 이어받아 계속 복무하게 되면 전시과도 자손들에게 세습되었다. 문제는 이렇게 몇 대를 이어 내려오게 되면서 해당 전시과에 대해 수조권만 갖고 있고 국가에 반납해야 할 토지라는 개념이 점점 희박해졌고, 자기 집안에서 대대로 세습해온 사유지처럼 여기는 현상이 나타났다는 점이다. 특히 여러 대에 걸쳐 고위직을 배출하면서 정치권력을 세습해온 문벌일수록 그런 경향이 강했다. 그 결과 수조권을 가진 고위 관리나 문벌들이 토지 소유자인 농민들을 사적으로 지배하면서 정해진 액수 이상의 세금을 수탈하는 폐단이 나타났다. 당연히 농민들의 삶은 피폐해졌다. 또 권력을 이용해 전시과를 반납하지 않는 사례가 늘어나면서 새로 관리나 군인이 된 사람들에게 지급할 토지가 부족해지는 등 전시과 운영이 사실상 마비되는 지경에 이르렀다.

무신집권기에 토지제도 문란은 더욱 심각해졌다. 무신 집정들과 권세가들이 권력을 남용해 타인의 토지를 불법적으로 빼앗는 일이 성행했으며, 이미 다른 사람에게 전시과로 지급된 민전에 대해 중복해서 자신의 수조권을 주장하는 경우도 늘어났다. 이런 일들은 모두 불법이었지만 무신집권 이후 약화된 행정력은 이를 제어하지 못했다. 그 결과 권세가들은 대규모 토지를 소유하게 된 반면, 민전을 가진 농민들은 여러 명의 수조권자에게 각각 10분의 1씩 세금을 내야 했기 때문에 정상적인 가정 경제를 영위하기 어려운 처지에 몰렸다. 여기에 오랜 대몽 항쟁으로 전 국토가 황폐화되면서 민생의 어려움은 더욱 심화되었다.

원 간섭기에 들어서 권력을 이용한 점탈과 대토지 소유 현상은 더욱 강화되었다. 특히 토지 문제를 악화시킨 것은 사패전의 지급이었다. 사패전은 공을 세운 사람들에게 포상의 의미로 지급하는 토지인데, 원 간섭기에는 사패전이 주로 왕의 측근 세력의 경제 기반을 마련해주는 데 사용되었다. 원 간섭기의 고려 왕들은 대부분 즉위하기 전까지 원나라에서 생활했기 때문에 국내에 정치적 기반이 취약했다. 그 결과 원나라에 있을 때 자신을 시종했던 소수 측근들만 신뢰했고 그들을 중심으로 국정을 운영했다. 그리고 그들의 충성을 담보하기 위해 사패전을 남용했다.

사패전에는 두 가지 형태가 있었다. 하나는 개간을 전제로 황무지를 사패전으로 지급하는 것으로, 사패전을 받은 사람이 토지를 개간하면 소유권과 수조권을 모두 가질 수 있었다. 즉 이 토지는 사패전을 받은 사람의 개인 소유가 되며, 국가에 내야 할 세금도 면제받았다. 또 하나는 다른 사람이 소유한 민전에 사패전이 설정되는 것으로, 이 경우 해당 토지에서 소출의 10분의 1을 세금으로 걷을 수 있는 수조권이 주어졌다. 그런데 사패전을 받은 왕의 측근들은 권력의 최상층에 있었으므로, 수조권을 이용해 실제 토지 소유자인 농민들을 지배할 수 있었다.

사패전의 가장 큰 문제는 왕의 재량에 따라 지급되는 토지였기 때문에 그 규모에 제한이 없었다는 점이다. 이는 결국 왕의 측근 세력들이 합법적으로 대토지를 소유할 수 있는 길을 열어주었다. 여기에 이미 전시과 제도의 문란으로 하나의 민전에 여러 명의 수조권자가 권리를 주장하면서 농민들의 조세 부담이 가중된 상황에서, 사패전까지 민전에 설정됨에 따라 수조권 중복 문제는 더욱 심각해졌다. 창왕 대에 조준이 사전 혁파를 주장하면서 "하나의 토지에 조세를 받는 주인이 5~6명을 넘기도 하고 1년치 조세가 수확량의 10분의 8~9에 이른다"라고 한 것은 바로 수조권 중복으로 인한 조세 과중 문제를 지적한 것이었다.

조세 부담을 감당하기 어렵게 된 농민들은 생계를 위해 고리대를 빌려 쓰는 경우가 많았다. 하지만 수조권 중복 등의 문제가 해결되지 않는 한 고리대를 갚을 길은 사실상 전무했고, 빚을 갚지 못한 농민은 결국 토지를 빼앗길 수밖에 없었다. 원 간섭기에는 이런 일이 비일비재했고, 그에 따라 권세가들의 토지 소유는 더욱 확대되어 대농장이 형성되었다. 반면 토지를 잃은 농민들은 유랑자가 되어 각지를 떠돌아다니거나 아니면 권세가의 농장에 속한 노비로 전락했다.

농민의 몰락은 국가 재정에도 악영향을 끼쳤다. 자기 토지를 경작하는 자영농민은 국가에 세금을 내는 조세 부담층에서 큰 비중을 차지했다. 그런 농민들이 토지를 잃고 살던 곳을 떠나 유랑하거나 권세가의 노비가 되면서 조세 부담층은 큰 폭으로 줄어들 수밖에 없었다. 또 대농장을 소유한 권세가들은 자신의 권력을 이용해 조세 납부를 거부하는 경우가 많았다. 이처럼 조세 수입이 정상적으로 이루어지지 못하면서 국가 재정은 거의 고갈되기에 이르렀고, 이는 국정 운영을 불가능하게 만들었다.

　이상과 같은 토지 및 조세제도의 문란과 그에 따른 권세가의 대토지 소유 및 자영농민의 몰락은 고려 말의 가장 심각하고 고착화된 폐단이었다. 물론 이런 문제를 시정하려는 노력이 전혀 없었던 것은 아니다. 충선왕의 1차 즉위 때와 충목왕 대에는 국왕을 중심으로 측근 정치를 청산하고 사회·경제적 폐단을 없애려는 개혁 정책이 추진되기도 했다. 하지만 불법적으로 빼앗긴 토지를 원주인에게 돌려주거나 강압으로 노비가 된 양인의 신분을 회복시키는 정도에 그쳤을 뿐 근본적인 제도 개혁으로 이어지지 못했고, 그마저도 권문세족의 반발과 원나라의 압력 탓에 실패했다. 가장 강력했던 개혁은 공민왕 대 신돈 집권기에 추진된 전민변정도감의 개혁이었다. 하지만 이 역시 내용 면에서는 충선왕·충목왕 때의 개혁과 크게 다르지 않았고, 신돈의 실각으로 실패했다.

　우왕 대에 이인임, 임견미 등 권문세족이 정권을 다시 장악하면서 권력 남용과 부정부패, 토지의 불법 탈점 등 정치·경제적 폐단은 더욱 심각해졌다. 특히 우왕 대 후반에 이인임이 정계 일선에서 물러나고 임견미가 정치적 실권을 차지하게 되면서 권력층의 부정부패는 극에 달했다. 이에 상황을 더는 방치할 수 없다고 판단한 우왕은 당시 병권을 장악하고 있던 최영과 신흥 무장 이성계의 도움을 받아 1388년(우왕 14) 1월에 전격적으로 이인임·임견미 일파를 모두 숙청했다.

이인임, 임견미의 실각으로 개혁의 큰 걸림돌 하나는 제거되었다. 하지만 이후 권력의 정점에 선 최영은 기본적으로 이인임과 협력관계에 있던 보수적 무장이었고, 개혁을 주장하는 신흥 유신에 대해 아주 부정적이었다. 실제로 우왕 즉위 초 이인임 등의 대원 외교 재개 추진에 대해 정몽주, 정도전 등 신흥 유신들이 강하게 반발하다가 축출되었을 때 그 일원이었던 박상충, 전녹생 등을 혹독하게 국문해 결국 죽음에 이르게 했던 장본인이 바로 최영이었다. 최영은 집권 후에도 임견미 등이 기용했던 유신들의 축출을 강하게 고집하는 등 신흥 유신을 배척하려는 의도를 보였다. 따라서 최영의 집권은 개혁 추진에 결코 유리한 환경이 아니었고, 개혁을 원하는 신흥 유신의 입장에서는 이 상황을 어떻게든 타개해야 했다. 그 상황에서 예기치 못한 일련의 사건들이 일어났다. 바로 명나라의 철령위 설치 통보와 고려의 요동 정벌, 그리고 위화도 회군이었다.

위화도 회군

1388년(우왕 14) 5월 22일, 압록강 위화도에 주둔하고 있던 고려의 요동 정벌군이 말 머리를 개경으로 돌렸다. 회군을 주도한 이는 요동 정벌군의 야전 사령관 중 한 사람인 우군도통사 이성계였다. 이보다 앞선 1387년 12월, 명 태조는 과거 원나라 쌍성총관부에 속해 있던 가호와 인구를 명나라가 직접 관리하려는 목적으로 철령위 설치를 지시했다. 이 소식이 고려에 전해진 것은 1388년 2월이었고, 고려는 이를 명나라가 고려의 영토를 장악하려는 의도로 받아들였다. 이에 고려는 즉각 명에 사신을 보내 철령 북쪽부터 공험진에 이르는 지역은 오랫동안 고려의 영역이었음을 주장하며 철령위 설치 철회를 요구했다. 하지만 명나라가 이를 받아들이지 않자 최영을 중심으로 요동 정벌을 추진했다.

이성계는 사불가론*을 내세워 요동 정벌에 반대했지만, 우왕과 최영은 요동 정벌을 강행했다. 최영은 팔도도통사(총사령관)가 되어 우왕과 함께 평양에서 전체적인 작전을 지휘했고, 조민수와 이성계는 각각 좌군도통사와 우군도통사를 맡아 약 3만 8천 명의 병력을 이끌고 4월 18일 평양을 출발했다.

5월 7일, 고려의 요동 정벌군은 압록강 위화도에 도착했다. 하지

• 이성계의 사불가론

지금 출병하는 것에는 네 가지 불가한 점이 있습니다.

작은 나라가 큰 나라를 거스르는 것이 첫 번째 불가한 점입니다.

여름철에 군사를 일으키는 것이 두 번째 불가한 점입니다.

거국적으로 원정을 나가면 왜구가 그 틈을 타서 침략할 것이니, 이것이 세 번째 불가한 점입니다.

지금은 날씨가 덥고 장마철이어서 활과 쇠뇌의 아교가 느슨해지고 군영 안에 질병이 돌 염려가 있으니, 이것이 네 번째 불가한 점입니다.

—《고려사》권137, 열전 제50, 우왕 14년 4월

만 장마로 압록강의 물이 불어나면서 고려군은 강을 건너지 못한 채 위화도에 고립되었다. 이런 상태로는 전투 수행이 불가능하다고 판단한 이성계는 평양의 최영에게 여러 차례 전령을 보내 회군을 요청했다. 하지만 최영은 요지부동이었다. 이성계는 결국 회군을 단행했고, 6월 1일 개경에 입성해 우왕과 최영을 몰아내고 권력을 장악했다. 이것이 바로 고려의 마지막 운명을 사실상 결정지었던 위화도 회군이다. 그렇다면 정몽주는 이성계의 위화도 회군에 대해 어떤 입장을 보였을까?

위화도 회군에 대한 정몽주의 입장을 확인하기 전에 회군이 일어났던 1388년 당시 정몽주의 행적을 살펴보자. 정몽주는 한 해 전인 1387년 11월에 명나라로 사행을 떠났다. 하지만 요동에서 고려 사신단의 입국을 허락하지 않음에 따라 이듬해 1월에 발길을 돌려야 했다. 개경으로 돌아온 정몽주는 1월에 삼사좌사에 임명되었다. 그런데 〈연보〉에는 이때 정몽주가 사전 혁파를 추진했다는 내용이 기록되어 있다. 당시 권세가들이 백성의 토지를 멋대로 빼앗는 일이 많았는데 정몽주가 이런 폐단을 고치기 위해 사전 혁파를 요청했으며, 이에 힘입어 백성들이 살아날 수 있었다는 것이다. 함부림이 지은 정몽주의 〈행장〉에도 같은 내용이 실려 있는데, 권세가들이 백성들의 토지를 강탈하는 것에 대해 정몽주가 "뼈에 사무치듯 아파하여 사전 혁파를 요청하였다"라고 기록되어 있다. 유경아 교수는 이 기사가 최영 집권기에 추진되었던 전민변정 사업에서 정몽주가 주도적인 역할을 했음을 의미하는 것이라고 해석했다(유경아, 1996). 〈연보〉와 〈행장〉에 기록된 정몽주의 사전 혁파 요청 기사는 그가 문란해진 토지제도의 심각성과 개혁의 필요성을 절실하게 인식하고 있었음을 보여준다.

1388년 6월 이성계가 위화도 회군으로 정권을 장악한 후 그해 7월에 정몽주는 문하찬성사에 임명되었다. 그리고 지경연사를 겸직하면서 이색, 권근 등과 함께 서연書筵을 주관했다. 즉 위화도 회군 이후 정몽주는 더 고위직으로 승진했다. 이는 정몽주가 이성계의 위화도 회군을 지지했거나 적어도 그 필요성에 동의하는 입장이었음을 보여준다. 정몽주의 회군 지지는 일차적으로 그가 이성계 부대에서 여러 차례 종군 활동을 하면서 이성계와 깊은 인연을 맺었던 것에 기인한다고 생각된다. 하지만 회군 지지가 단순히 개인적인 친분 때문만은 아니었다.

정몽주는 1389년 6월에 예문관 대제학에, 같은 해 11월에는 다시 문하찬성사에 임명되는 등 고위직을 계속 유지하면서 중앙 관료로 활동했다. 이는 정몽주가 이성계 세력이 추진했던 내정 개혁에 기본적으로 동의하고 있었음을 시사한다. 정몽주가 1389년(창왕 1)에 조준이 주도한 사전 개혁에 사실상 찬성했던 점, 그리고 그해 11월 창왕을 폐위하고 공양왕을 옹립한 주역 중 한 사람이었다는 점은 그가 이성계 세력의 개혁 추진에 동참하고 있었음을 분명히 드러낸다.

사전 개혁

위화도 회군 이후 이성계 세력이 추진한 가장 중요한 내정 개혁은 바로 조준이 주도한 사전 개혁이었다. 조준은 창왕 즉위 직후인 1388년 7월에 처음으로 전제 개혁을 주장하는 상소를 올렸다. 이 상소에서 조준은 당시 권세가들의 토지 침탈과 겸병의 심각성을 다음과 같이 지적했다.

국가에서 토지를 지급하고 회수하는 법이 이미 무너지고 겸병하는 문이 한번 열리자 토지 300결을 받아야 할 재상이 송곳을 꽂을 만한 땅도 받을 곳이 없고, 360석의 녹을 받아야 할 재상이 20석도 채우지 못하게 되었습니다. (중략) 근년에 이르러 겸병이 더욱 심해져서 간교하고 흉악한 무리들이 주를 넘어가고 군을 포괄하며 산천을 경계로 삼아 모두 조업전(집안 대대로 내려오는 토지)이라고 칭하면서 서로 훔치고 빼앗고 있습니다. 그 결과 1무의 토지에 조세를 받는 주인이 5~6명을 넘기도 하고, 1년의 조세가 수확량의 10분의 8~9에 이르기도 합니다. (중략) 슬프게도 호소할 데 없는 우리 백성들은 유리하며 사방으로 뿔뿔이 흩어지거나 구렁텅이로 떨어져버렸습니다.

―《고려사절요》권33, 창왕 즉위년(1388) 7월

조준은 문란해진 토지제도의 문제점을 신랄하게 지적하면서, 제도 개혁의 필요성을 역설했다. 하지만 상소 이후에도 사전 개혁을 위한 구체적인 조치는 이루어지지 않았다. 이에 1389년 4월 이성계와 조준은 다시 한번 사전 개혁의 필요성을 제기했고, 국정 최고 의결기구인 도평의사사에서 이 문제를 논의하게 되었다.

당시 논의에서 이성계와 조준은 앞장서서 사전 혁파를 주장했고 정도전, 윤소종 등이 조준의 주장에 찬동했다. 반면 이색은 "옛 법을 가벼이 고칠 수 없다"라고 하면서 사전 혁파에 반대하는 입장을 피력했다. 이림, 우현보, 변안열 등도 사전 혁파를 원하지 않았으며, 권근과 유백유 등도 이색의 의견에 찬동함으로써 결국 사전 혁파 여부를 결정하지 못했다. 《고려사절요》에 따르면 당시 도평의사사 회의에 참석한 이는 53명이었는데 사전 혁파에 찬성한 사람이 80~90퍼센트에 달했으며, 반대하는 사람은 모두 귀족 집안 출신이었다고 한다.

이 대목에서 정몽주가 어떤 입장을 취했는지가 궁금해진다. 《고려사절요》에는 정몽주가 "양측 사이에서 머뭇거렸다"라고 기록되어 있다. 즉 자신의 입장을 분명히 밝히지 않고 미온적인 태도를 보였다는 것이다. 하지만 앞서 살펴본 바와 같이 정몽주는 1년 전인 1388년 초에 사전 혁파를 주장했고 최영 정권이 추진한 전민변정 사업에 적극적으로 참여했던 경력이 있다. 함부림은 정몽주의 〈행장〉에서 백성들이 권세가들에게 토지를 강탈당하는 상황에 대해 정몽주가 "뼈에 사무치듯 아파하였다"라고 기록했다. 이런 점을 고려할 때 정몽주는 고려 말 토지제도의 폐단을 분명하게 인식하고 있었으며, 사전 개혁 추진에 찬동했을 가능성이 매우 높다. 따라서 비록 《고려사절요》에서는 정몽주가 "양측 사이에서 머뭇거렸다"라고 했지만, 실제로는 조준 등이 주장한 사전 혁파에 찬성했다고 보는 것이 타당하다. 다만 이색이나 권근 등 그가 일찍부터 가깝게 교유했던 인물들의 상당수가 사전 혁파에 반대했기 때문에, 찬성 입장을 적극적으로 표명하기가 난처해서 모호한 태도를 보였던 것이 아닐까 추측한다.

창왕이 폐위되기 전인 1389년 9월, 정몽주는 창왕에게 한 가지 건의를 올렸다. 이색과 이림, 이성계 세 사람에게 검을 차고 신을 신은 채로 궁궐 전각에 오를 수 있고 국가 의례를 거행할 때 이름을 부르지 않아도 되는 특전을 주고, 또 각 사람에게 은 50냥과 채색 비단 열 필, 말 한 필씩을 하사하자는 내용이었는데, 창왕은 이를 수용했다. 정몽주가 어떤 이유로 이런 건의를 했는지는 알 수 없다. 하지만 이 일은 당시 정몽주의 인간관계, 즉 이색 계열이나 이성계 세력 중 어느 한쪽으로 치우치기 어려웠던 입장을 상징적으로 보여주는 사건이 아닐까 생각한다.

이색 계열과 이성계 세력 양측 모두에는 정몽주가 오랜 기간 친밀하게 교유했던 인물들이 포함되어 있었다. 이색 계열에는 젊은 시절부터 성리학을 함께 공부했고 성균관에서 교관으로 같이 활동하면서 학문적·인간적으로 깊이 교유했던 학자들이 다수 포진해 있었다. 또 이성계 세력에는 전장에서 생사고락을 함께하며 우정을 나눈 이성계와 평생의 학문적 동지이자 당시에는 정치적 입장을 같이했던 정도전이 있었다. 이런 상황에서 정몽주가 선뜻 어느 한쪽을 편들기는 어려웠을 것이다. 정몽주가 이색과 이성계에게 동등하게 특전을 하사하도록 건의한 것은 바로 이와 같은 인간관계에서 기인한 것이라고 할 수 있다.

하지만 정치·사회적 난맥상이 극에 달했고 그에 따른 개혁의 열망도 최고조에 달했던 고려 말의 상황은 정몽주에게 분명한 선택을 요구했다. 결국 정몽주가 선택한 것은 개혁이었다. 즉 사적인 인간관계도 물론 중요하지만, 그보다는 정치·사회 개혁과 그를 통한 민생의 안정이 더 중요하다고 판단했던 것이다. 창왕의 폐위와 공양왕의 즉위 과정에서 나타난 정몽주의 정치적 행보는 그가 추구했던 궁극적인 목표가 개혁이었음을 분명히 보여준다고 할 수 있다.

창왕 폐위와 공양왕 옹립

정몽주가 위화도 회군 이후 이성계 세력과 정치적 입장을 함께하면서 개혁에 동참했던 사실을 가장 분명하게 보여주는 사건이 바로 창왕의 폐위와 공양왕 옹립이다. 창왕의 폐위와 공양왕 옹립은 1389년(창왕 1) 11월 14일 개경의 흥국사에 모인 이성계, 정도전 등 9인에 의해 추진되었다. 정몽주는 이 일을 주도한 아홉 명의 핵심 인물 중 한 사람이었으며, 이 공으로 공신의 반열에까지 올랐다. 창왕의 폐위는 같은 달에 일어났던, 이성계 암살 미수 사건이 결정적인 계기가 되었다. 주동자의 이름을 붙여 '김저 사건'이라고 불리는 이 암살 모의의 배후에는 창왕의 아버지인 우왕이 있었다.

연대기 자료에 기록된 '김저 사건'의 전말은 이렇다. 최영의 조카인 전 대호군 김저와 역시 최영의 친족인 전 부령 정득후가 위화도 회군 이후 폐위되어 황려(지금의 경기도 여주)에 유배되어 있던 우왕을 몰래 찾아가 만났다. 김저와 정득후를 만난 우왕은 눈물을 흘리며 유배지에서 이대로 생을 마감할 수는 없다면서, 김저 등에게 자신의 거사에 동참할 것을 촉구했다. 우왕은 만약 이 시중, 즉 이성계만 제거한다면 자신의 뜻을 이룰 수 있을 것이라고 하면서, 김저 등에게 자신이 평소 신임했던 예의판서 곽충보를 찾아가서 구체적인 거사 계획을 세울 것을 지시했다.

우왕의 지시를 받은 김저는 곽충보를 찾아가 검을 전달하면서 우왕의 뜻을 알렸다. 그러나 곽충보는 김저에게 거사에 동참하겠다고 거짓으로 말한 다음 곧바로 이성계를 찾아가 암살 계획을 고발했다. 암살 모의가 이미 탄로난 줄도 모르고 김저와 정득후는 거사하기로 약속한 날 밤에 이성계의 사저로 갔다가 미리 대비하고 있던 이성계의 문객들에게 붙잡혔고, 그 과정에서 정득후는 스스로 목을 찔러 자살했다.

연대기에는 김저가 체포된 날짜가 적혀 있지 않지만, 순군에서 김저를 심문한 날이 11월 13일인 점을 볼 때 아마도 하루 전인 12일이었을 것으로 추정된다. 순군과 대간의 심문을 받은 김저는 "변안열, 이림, 우현보, 우인열, 왕안덕, 우홍수 등이 함께 모의하여 여흥왕(우왕)을 맞이하는 데 내응하기로 하였습니다"라고 자백했다. 이에 다음 날(14일) 암살 모의의 배후 조종자인 우왕은 여주를 떠나 강릉으로 유배되었다. 그리고 그날 밤 흥국사에서 창왕의 폐위가 결의되었다.

11월 14일 밤 흥국사에 모인 사람은 이성계, 정몽주, 판삼사사 심덕부, 찬성사 지용기, 정당문학 설장수, 평리 성석린, 지문하부사 조준, 판자혜부사 박위, 밀직부사 정도전 등 아홉 명이었다. 이들이 창왕의 폐위를 추진한 것은 부왕인 우왕의 이성계 암살 시도가 직접적인 원인이 되었다. 하지만 더 근본적인 이유는 창왕을 통해서는 이성계 등이 추구하는 정치·사회의 개혁을 완수하기 어렵다고 판단했기 때문이 아닐까 생각한다. 창왕이 왕위에 있는 한 개혁에 강력하게 저항하는 우왕과 그 측근 세력의 활동이 끊이지 않을 터였다. 결국 이들은 개혁을 성공시키기 위해서는 왕을 교체해야 한다고 판단했다.

그런데 왕조 국가에서 왕을 교체하는 것은 반역 행위에 해당한다. 아무리 백성을 위한 개혁을 추구한다고 해도 반역이 정당화될

수는 없다. 따라서 반역으로 몰리지 않으면서 왕을 바꾸기 위해서는 그에 걸맞은 명분이 있어야 했다. 물론 우왕의 이성계 살해 모의도 명분이 될 수 있겠지만, 신하인 이성계를 죽이려 했다는 것만으로, 그것도 창왕이 직접 지시한 것이 아니라 왕위에서 물러난 우왕이 모의한 거사 때문에 아들 창왕을 폐위한다는 것은 정당한 명분이 되기에 부족했을 것이다. 이런 상황에서 이성계 등이 창왕 폐위의 명분으로 내세웠던 것이 바로 '폐가입진'이었다. 즉 가짜 왕씨를 폐하고 진짜 왕씨를 왕으로 세워야 한다는 것이었다.

> 우와 창은 본래 왕씨가 아니니 종묘와 사직을 받들 수 없다. 또 천자의 명이 있었으니 마땅히 가짜를 폐하고 진짜를 세워야 한다.
>
> —《고려사절요》권34, 공양왕 1년 11월

우왕과 창왕이 본래 왕씨가 아니라는 것은 이들이 공민왕의 자손이 아니라 신돈의 자손이라는 뜻이다. 즉 신돈이 자신의 여종 반야를 임신시킨 다음 공민왕의 후실로 들였기 때문에 반야의 소생인 우왕은 공민왕의 아들이 아니라 신돈의 아들이라는 것이 이들의 주장이었다. 또 "천자의 명이 있었다"라는 것은 명나라에 사신으로 갔던 윤승순, 권근 등이 1389년 9월에 귀국할 때 가져온 명나라 예부의 자문을 가리킨다. 예부의 자문은 1389년 8월에 명 태조가 예부에 지시한 내용을 바탕으로 작성되었는데, 그 가운데 지금의 고려 왕이 왕씨가 아니라는 내용이 실려 있었다.

> 고려는 나라 안에 일이 많아 배신 중에 충신과 역신이 섞여 있으니 그 행위가 모두 좋은 계책이 아니다. 임금의 지위는 왕씨(공민왕)가 시해를 당해 후사가 끊긴 이후로 비록 왕씨를 가장했지만 성이 다른 인물이 왕이 되었으니, 이 또한 삼한에서 대대로 지켜온 좋은 법이 아니다.
>
> —《고려사》권137, 열전 50, 창왕 1년 9월

위 인용문에서 언급된 '왕씨를 가장했지만 성이 다른 인물'은 바로 우왕과 창왕을 가리킨다고 할 수 있다. 이를 보면 이성계 세력은 명나라 예부의 자문을 우왕과 창왕이 왕씨가 아니라는 중요한 근거로 삼았음을 알 수 있다. 하지만 1389년 9월에 명나라 자문이 고려에 도착한 이후 2개월 동안 아무런 조치가 없다가 11월에 이성계 암살 모의 사건이 발생한 후에야 명나라 자문을 근거로 폐가입진을 내세운 것은 석연치 않다. 여기에 《명태조실록》에 기록된 자문 내용과 위에서 본 《고려사》의 기록 사이에 차이가 있는 점도 주목할 필요가 있다.

(황제가) 예부상서 이원명에게 이르기를 "고려에 문제가 많이 있고 배신 중에는 충신과 역신이 섞여 있어서 하는 일이 모두 좋은 계책이

아니다. (왕을) 폐하고 세우는 것을 마음대로 하고 있으니 (이것이) 어찌 삼한에서 대대로 준수한 도이겠는가? 저들이 이미 그 왕을 가두고는 (사신이) 와서 어린 왕의 입조를 청하니, 분명 은밀한 모의가 있는 것으로 믿을 수가 없다. (하략)"라고 하였다.

—《명태조실록》권197, 홍무 22년 8월 8일

위의 글에서 '신하들이 가둔 왕'은 우왕이고, '입조를 청하는 어린 왕'은 창왕을 가리킨다. 또 "왕을 폐하고 세우는 것을 제 마음대로 하고 있다"는 대목은, 명 태조가 우왕이 왕씨가 아님을 지적했다기보다는 오히려 우왕을 폐위한 일을 질책한 것으로 해석해야 타당하다. 하지만 《고려사》에는 앞서 보았듯이 《명태조실록》과는 조금 다른 내용이 수록되어 있다. 이러한 차이가 《명태조실록》을 편찬할 때 내용을 축약하는 과정에서 발생한 것인지, 명나라 예부에서 자문을 작성할 때 착오가 있었던 것인지, 아니면 고려에서 정치적 필요에 따라 내용을 수정했기 때문인지는 확언하기 어렵다.

여하튼 이성계를 비롯한 아홉 명의 대신들은 폐가입진의 명분을 앞세워 창왕의 폐위를 결의했다. 폐위된 창왕과 그의 아버지 우왕은 서인庶人으로 강등되었다가 같은 해 12월에 대간의 탄핵을 받아 함께 처형되었다. 신돈의 자손이면서 왕씨라고 속여 왕위를 차지함으로써 고려 왕실의 명맥을 끊은 난신적자라는 것이 그들의 죄목이었다.

창왕의 폐위를 결의했으니 이제 새 왕을 세우는 일이 남았다. 11월 14일 밤 흥국사에 모인 아홉 명의 대신들은 고려 왕족 중에서 정창군 왕요를 다음 왕으로 옹립하고자 했다. 정창군 왕요는 신왕神王, 즉 고려의 제20대 왕 신종神宗의 7대손으로 당시 왕실의 친족 중에서 혈연적으로 가장 가깝다는 것이 추대의 이유였다. 그런데 조준과 성석린이 반대하고 나섰다. 조준은 정창군은 부귀하게 나고 자라서 재물을 다스리는 것만 알 뿐 나라를 다스리는 일에 대해서는 아무것도 모르기 때문에 왕으로 세울 수 없다고 주장했다. 또 성석린은 군주를 세울 때는 마땅히 어진 사람을 택하는 것을 우선으로 해야 하며, 혈연적으로 가까우냐 아니냐는 고려할 대상이 아니라는 입장을 피력했다.

조준과 성석린의 반대로 합의가 이루어지지 않자 아홉 명의 대신들은 제비뽑기를 통해 결정하기로 했다. 이에 왕족 중에서 후보 몇 사람을 택해 그들의 이름을 종이에 쓴 다음 심덕부, 성석린, 조준 세 사람이 이것을 가지고 태조(왕건) 어진(초상화)이 봉안된 계명전으로 가서 제비를 뽑았다. 그 결과 정창군의 이름이 뽑혔고, 정창군은 대신들의 추대와 공민왕의 제4비인 정비 안씨의 승인을 받는 절차를 거쳐 이튿날(15일) 수창궁에서 왕위에 올랐다. 그가 바로 공양왕이다.

공양왕은 12월 18일에 자신의 즉위를 알리는 교서를 반포했다. 이 교서에서 공양왕은 자신을 옹립함으로써 왕씨 왕실을 회복시킨 이성계, 정몽주 등 아홉 사람의 공로는 개국공신보다 못하지 않다고 치하했다. 이어 이들을 공신에 책록하여 벽에 초상화를 그리고 부모와 처에게 작위를 내리며 자손에게는 음직을 주고 10세 후손까지 죄를 사면해줄 것이라고 했다. 이에 따라 12월 29일에 이성계 등 아홉 사람의 공신 호칭이 정해지고 이들의 공훈과 포상 내역을 기록한 공신녹권이 내려졌다(이들에게 내려진 공신호와 작위 및 포상 내역은 〔표 7-1〕과 같다).

〔표 7-1〕 공양왕 옹립 9공신에게 내려진 공신호와 포상 내역

대상자	공신호 및 작호	포상 내역
이성계	분충정난 광복섭리 좌명공신 화령군 개국충의백	식읍 1천 호, 식실봉 300호, 전지 200결, 노비 20구
심덕부	청성군 충의백	전지 150결, 노비 15구
정몽주, 설장수, 지용기, 성석린, 박위, 조준, 정도전	충의군	각각 전지 100결, 노비 10구

이들에게 내린 녹권은 개국공신 배현경의 예에 따라 '중흥공신'이라 칭하도록 했다. 또 공양왕이 교서에서 언급한 것처럼 이들 아홉 명의 부모와 처를 봉작했고 자손에게는 음직을 내렸는데, 친아들은 3등급을 더해주었고 친아들이 없는 경우 조카와 사위에게

2등급을 더해주었다. 또 후손들은 정안에 '중흥공신 아무개의 몇세 손'이라고 쓰게 해서 죄를 저지르더라도 영원히 용서해주도록 했다.

이상 창왕 폐위와 공양왕의 즉위 과정을 살펴보았다. 사실 연대기에는 정몽주가 흥국사에 모였던 아홉 대신 중 한 사람이었고, 공양왕 즉위 후 공신에 책봉됐다는 내용 외에는 특별한 기사가 보이지 않는다. 따라서 정몽주의 활동이 그다지 적극적이지 않았던 것처럼 보일 수도 있다. 하지만 역으로 보면, 이는 정몽주가 이성계, 정도전 등과 정치적 입장이 완전히 일치했음을 의미한다.

우선 정몽주가 흥국사에 모인 아홉 명에 포함되었다는 것만으로도 당시 그가 이성계의 최측근 중 한 사람이었다는 사실을 보여준다. 그는 우왕과 창왕이 신돈의 자손이라는 주장에 동의했고, 그에 따라 창왕을 폐위하는 일에 찬성했다. 또 정창군(공양왕)을 새 왕으로 추대하는 것에도 반대하지 않았다. 물론 제비뽑기라는 형식을 거치기는 했지만, 이성계의 또 다른 측근인 조준이 반대했음에도 결국 정창군 추대가 관철된 것은 이성계의 의중이 정창군에게 있었기 때문이 아닐까 생각한다. 따라서 정몽주가 정창군 옹립에 반대하지 않았다는 것은 새 왕 추대와 관련해 이성계와 뜻이 같았음을 의미한다고 할 수 있다.

이상과 같이 정몽주는 창왕 폐위와 공양왕 옹립 과정에 적극적으로 참여하면서 이성계, 정도전 등과 정치적 행보를 함께했다. 앞서 사전 개혁 문제를 두고 이성계 측과 이색 측의 사이에서 망설였던 것과는 다른 모습이다. 이는 정치·사회 개혁의 필요성과 학문적·인간적 유대 사이에서 갈등하던 정몽주가 개혁 추진에 우선권을 두는 방향으로 자신의 입장을 정리했음을 시사한다.

하지만 정몽주가 왕조를 교체하는 혁명을 지지했던 것은 아니다. 따라서 그에게 개혁 추진과 학문적·인간적 유대관계가 절대로 양립할 수 없는 것은 아니었다. 그렇기에 정몽주는 이성계 측이 개혁을 내세워 이색을 비롯한 반대파를 무자비하게 탄핵하고 숙청하는 것까지 묵과할 수는 없었다. 이와 관련해 주목할 만한 사건이 있다.

1390년(공양왕 2) 2월, 대간과 순군에서 김저 사건에 연루된 이들을 조사하던 중에 국문을 받던 김백홍이 옥중에서 사망하는 사건이 발생했다. 이에 대해 공양왕은 옥관이 형벌을 너무 가혹하게 집행했기 때문에 김백홍이 죽었다고 의심하고, 정몽주에게 자신의 불만을 토로했다. 즉 공양왕은 죄수를 국문할 때는 그 사람의 형편을 살펴가면서 서서히 해야 한다고 전제한 다음, 순군에서 법률에 의거하지 않고 곧바로 참혹한 형벌을 시행하다가 무고하게 죽는 사람들이 생기고 있다며 안타까운 마음을 피력했다. 또 공양왕은 심문 대상이 재상인 경우에는 비록 중죄를 지었다고 하더라도 사약을 내려서 죽이는 것이 마땅하다고 하면서, 지금은 재상이라도 한번 죄에 연루되면 바로 형벌을 가해 옥에서 죽기도 하고 혹은 저자에서 참수당하고 있으니 이는 매우 잘못된 일이라고 비판했다.

이 같은 발언은 이성계 세력이 김저 사건 등을 빌미로 반대자들을 제거하려는 것에 대해 공양왕이 부정적으로 생각했음을 보여준다. 여기에서 주목할 것은 공양왕이 그런 불만을 토로한 대상이 정몽주였다는 점이다. 당시 정몽주는 여전히 이성계·정도전 등과 동일한 정치적 입장을 갖고 있었으며, 특별히 다른 행보를 보인 바가 없었다. 그럼에도 공양왕이 그에게 이성계 세력에 대한 비판으로 해석될 수 있는 말을 했다는 것은 정몽주에게서 무엇인가 다른 조짐을 발견했기 때문은 아니었을까? 즉 아직 겉으로 드러나지는 않았지만, 정몽주 또한 이성계 세력의 반대파에 대한 공격이 너무 과도하다는 인식을 갖기 시작했고, 그것을 감지한 공양왕이 자신의 속내를 비치면서 동의를 구한 것으로 볼 수 있지 않을까 생각한다.

연대기 자료에는 당시 공양왕의 말에 대해 정몽주가 어떤 반응을 보였는지는 기록되어 있지 않다. 하지만 이어지는 기사에는 공양왕이 김백흥과 함께 심문을 받고 있던 원상을 석방한 내용이 실려 있다. 이는 당시 정몽주가 공양왕의 문제 제기에 최소한 암묵적인 동의를 표시했음을 의미하는 것으로 해석된다. 따라서 정몽주와 이성계, 정도전의 정치적 결별의 조짐은 1390년 초부터 싹이 트고 있었다고 할 수 있다.

'윤이·이초 사건'과 정몽주의 이탈

공양왕이 즉위한 지 6개월 정도가 지난 1390년(공양왕 2) 5월 1일, 명나라에 사신으로 파견되었던 왕방과 조반 등이 돌아왔다. 이들은 고려 조정을 송두리째 뒤흔들 만한 엄청난 사건을 보고했는데, 바로 '윤이·이초 사건'이다.

윤이·이초 사건의 요지는 자신들을 각각 고려의 파평군과 중랑장이라고 소개한 윤이와 이초가 명 태조를 만나 이성계를 참소하면서 군사를 일으켜 이성계 일파를 토벌해달라고 요청했다는 것이다. 《고려사절요》에는 왕방과 조반이 고려 조정에 보고한 윤이·이초의 참소 내용이 수록되어 있는데, 다음과 같이 크게 세 가지로 정리할 수 있다.

① 이성계가 왕요를 고려의 왕으로 세웠는데, 왕요는 왕실의 종친이 아니라 이성계의 인친이다.

② 왕요와 이성계가 군대를 일으켜 명나라를 침범하려고 모의했다.

③ 재상 이색 등이 명나라 침략에 반대하자 이성계 일파가 이색, 조민수, 이림, 변안열, 권중화, 장하, 이숭인, 권근, 이종학, 이귀생 등을 살해했다. 그리고 우현보, 우인열, 정지, 김종연, 윤유린, 홍인계, 진을서, 경보, 이인민 등은 먼 지방으로 유배되었다.

또 윤이와 이초는 유배된 재상들이 명나라 황제에게 이성계 일파를 토벌할 군사를 일으켜주기를 요청하기 위해 자신들을 은밀히 명나라로 보냈다고 했다. 하지만 윤이와 이초의 말을 무고라고 판단한 명나라 조정은 예부를 통해서 고려 사신들에게 이 일을 알려주었다. 그리고 고려로 돌아가 관련자들을 조사한 다음 그 결과를 명나라에 보고하라고 했다.

왕방과 조반이 보고한 윤이·이초의 고변은 모두 사실과 거리가 먼 내용이었다. 그러나 이 사실이 알려지자 대간에서는 연이어 상소를 올려 윤이·이초 사건에 이름이 거론된 이색·조민수 등 관련자들을 잡아들여 국문할 것을 요청했다. 하지만 공양왕은 대간의 상소들을 궁중에 남겨두고는 그들의 요구를 받아들이지 않았다.

그러던 중 예상치 못한 사건이 발생했다. 윤이·이초의 참소에서 이성계 일파에 의해 유배된 인물로 거론됐던 김종연이 도망을 친 것이다. 김종연과 친분이 있던 지용기가 윤이·이초 사건 관련자 명단에 김종연이 포함된 것을 보고 이를 김종연에게 은밀히 알려주면서 "공이 위태롭게 될 것이다"라고 했는데, 이 말을 듣고 겁을 먹은 김종연이 심문을 피하기 위해 개경을 빠져나갔다. 김종연은 얼마 후 봉주(지금의 황해도 봉산)의 산속에서 잡혀 순군에 투옥되었다. 하지만 그는 며칠 후 다시 옥에서 탈출했으며, 3일간의 대대적인 수색에도 잡히지 않고 행방을 감추었다.

김종연의 탈출은 윤이·이초 사건에 이름이 거론된 사람들 전체로 옥사가 확대되는 계기가 되었다. 그 결과 우현보, 권중화, 홍인계, 윤유린 등은 순군옥에 구금되었고, 이색, 이림, 우인열, 이숭인, 권근, 이종학 등도 체포되어 청주옥으로 압송되었다. 이후 이어진 국문 과정에서 최공철, 최칠석 등 많은 사람들이 추가로 연루되어 투옥되었으며, 심문을 받던 윤유린, 최공철, 홍인계 등은 옥중에서 사망했다.

윤이·이초 사건의 실체에 대한 연구자들의 해석은 크게 두 가지로 나뉜다. 하나는 혁명 반대 세력의 저항이 표출된 사건이라는 것이고, 다른 하나는 이성계 세력이 반대자들을 제거하기 위해 조작한 사건이라는 것이다. 하지만 모두 당시 정황에 기반한 추정일 뿐이고, 《고려사》나 《고려사절요》의 기사 외에는 별다른 자료가 없기 때문에 현재로서는 사건의 진실이 무엇인지를 명확히 말하기 어렵다.

윤이·이초 사건의 중요성은 이 사건을 계기로 반혁명 세력에 대한 정치적 공세와 탄압이 대단히 가혹하고 철저해졌다는 데에 있다. 더 중요한 것은 반혁명 세력에 대한 공세가 강화되면서 이성계 세력 내부에서 이에 반발하며 이탈하는 사람들이 나타났다는 점인데, 그 이탈자의 핵심이 바로 정몽주였다.

1390년 5월 김종연 탈출 사건으로 옥사가 확대되면서 이색, 이숭인, 권근 등이 청주옥에 구금되었을 때 청주 지역에 큰 홍수가 발생했다. 《고려사》에 따르면, 5월 26일에 청주에 갑자기 벼락이치고 비가 쏟아지면서 하천이 범람해 청주성의 남문이 부서졌고, 성안에는 물이 1장 높이로 차올랐으며, 관청과 민가의 대부분이 홍수로 떠내려갔다고 한다. 이처럼 심각한 수해가 일어나자 공양왕은 6월 4일에 조온을 청주로 보내 윤이·이초 사건 관련자 중 죄상이 분명하지 않은 이들에 대한 심문을 유보하고 이들이 각자 편한 곳에서 거주하도록 조치할 것을 명하는 교서를 내렸다. 연대기 기록에 따르면, 심문 중에 사망한 윤유린, 최공철, 그리고 도망가서 아직 잡히지 않은 김종연을 제외한 나머지 사람들 모두가 심문 유보의 대상이었다.

이어 같은 해 7월에 정몽주는 윤이·이초 사건 관련자들에 대한 사면령을 요청해 공양왕의 승인을 받았다. 《고려사절요》에는 정몽주가 윤이·이초 사건 관련자들에 대한 대간의 논핵이 너무 과도하다는 인식을 갖고 있었으며, 사건 관련자들에게 관대한 은혜를 내려줄 것을 공양왕에게 요청했다고 기록되어 있다. 즉 정몽주는 윤이·이초 사건 관련자에 대한 조사와 심문의 가혹함이 도를 넘었다고 판단하고, 사면을 통해 이 문제를 시정하고자 했던 것이다. 그런데 사면령을 내리려면 명분이 필요했다. 이때 정몽주가 사면의 명분으로 제시한 것이 바로 공양왕의 4대 선조를 추숭한 일이다.

1390년 6월에 공양왕의 4대 선조의 신주를 모시고 제사를 올릴 사당으로 적경원이 완공되었다. 이에 공양왕은 직접 적경원에 나가 4대 선조에게 봉작과 시호를 추상하고 동생 왕우에게 제사를 주관하도록 했다. 정몽주는 바로 이 일을 거론하면서 국가의 경사가 있었으니 마땅히 관대한 은혜를 내려야 한다면서 사면을 요청했던 것이다. 이미 수재를 이유로 윤이·이초 사건 관련자의 심문을 유보한 바 있던 공양왕은 정몽주의 사면 건의를 그대로 수용했다. 윤이·이초 사건 관련자에 대한 사면 건의는 정몽주가 이성계 세력과 다른 정치적 행보를 보인 첫 번째 사건이었다. 이 점에서 이 사건은 정몽주가 이성계 세력에서 이탈하는 결정적 계기가 되었다고 할 수 있다.

정몽주의 사면 추진에 이성계 측도 가만히 있지 않았다. 같은 해 8월 사헌부와 형조에서 윤이·이초 사건 관련자들에 대한 조사와 처벌을 다시 요청하자, 공양왕은 도평의사사에서 이 문제를 논의하게 했다. 이에 정몽주는 도평의사사 회의에 참석해 윤이·이초 사건 관련자들에 대한 처벌을 강력하게 반대했다. 그들의 죄상이 명백하지 않으며, 또 이미 사면을 받았기 때문에 다시 논죄해서는 안 된다고 주장했다. 하지만 이때는 공양왕이 오히려 이성계 측의 주장을 받아들여 우현보, 권중화, 경보, 장하 등을 먼 지방으로 유배하도록 결정했다.

당시 도평의사사 회의에서 정몽주가 한 발언은 상당히 중요한 의미를 갖는다. 우선 정몽주가 윤이·이초 사건 관련자들의 죄상이 명백하지 않다고 지적한 점이 주목된다. 여기에서 "명백하지 않다"라고 하는 말이 정확히 무엇을 가리키는지는 분명하지 않다. 즉 윤이·이초의 고변 자체가 의심스럽다는 것인지, 아니면 윤이·이초의 고변은 있었지만 이색, 우현보 등이 그들의 배후라는 주장을 믿기 어렵다는 것인지 알 수 없다. 하지만 어느 쪽이든 이성계 세력의 입장과 분명한 차이가 있는 것만은 확실하다. 게다가 한 달 전에는 "죄가 있지만 사면하자"라는 입장이었다면 이때는 "죄상 자체가 불명확하다"라고 주장했으니, 이 사건을 보는 정몽주의 시각이 분명히 달라졌다고 할 수 있다.

이에 더해 정몽주는 이 사건의 관련자들이 이미 사면을 받았으므로, 설혹 문제가 있다고 하더라도 다시 거론해 논죄해서는 안 된다고 역설했다. 이는 윤이·이초 사건을 계기로 반대 세력을 완전히 제거하고자 했던 이성계 측의 계획에 심각한 타격을 주는 발언이 아닐 수 없다. 그뿐만이 아니다. 정몽주가 이제 더 이상 이성계 세력과 정치적 입장을 함께하지 않을 것이며, 나아가 이성계 세력의 반대파에 대한 무자비한 공세와 숙청 시도를 좌시하지 않겠다는 뜻을 천명한 것으로 볼 수 있다. 이 점에서 1390년 7~8월에 정몽주가 보여준 윤이·이초 사건에 대한 대응은 고려 말의 정국을 혁명파와 반혁명파 사이의 격렬한 정치 투쟁의 장으로 끌고 가는 출발점이 되었다고 하겠다.

1390년 8월의 도평의사사 논의에서 공양왕은 정몽주의 반대에도 불구하고 윤이·이초 사건 관련자의 처벌을 주장한 사헌부와 형조의 요구를 들어주었다. 하지만 그동안 공양왕이 보여준 행적을 고려하면 본뜻은 아니었을 것이다. 아마도 윤이·이초 사건 관련자들을 너무 옹호하다가 오히려 이성계 세력을 자극해 더 큰 문제가 발생할 수도 있음을 염려한 조치가 아니었을까? 그리고 이 과정에서 윤이·이초 사건 관련자들을 보호하고자 애쓴 정몽주에 대한 공양왕의 신뢰는 더욱 확고해졌으리라 생각한다.

재상 정몽주의 국정 수행

1390년 11월, 정몽주는 수문하시중에 임명되었다. 지금으로 치면 부총리에 해당하는 고위직에 오른 것이다. 정몽주의 수문하시중 임명은 그에 대한 공양왕의 굳건한 신뢰를 보여준다고 할 수 있다. 이제 정몽주는 한 나라의 부총리로서 국정 운영을 주도하는 위치에 서게 되었고, 그의 정치적 위상은 한층 더 높아졌다. 함부림이 지은 정몽주의 〈행장〉에는 정몽주가 수문하시중으로서 국정을 이끌어갔던 모습과 그가 추진했던 주요 정책이 소개되어 있다.

정몽주가 국정 운영에서 가장 중시했던 정책의 방향은《주자가례》로 대표되는 성리학적 예제의 수용이었다. 앞서 우리는 정몽주가 부모상을 당했을 때《주자가례》의 예법을 따라서 삼년상을 치렀던 사실을 살펴보았다. 이처럼 정몽주는 고려 말에《주자가례》 실천에 선구적인 역할을 했던 인물이다. 그리고 개인적 차원의 실천에서 한 걸음 더 나아가 《주자가례》의 적용을 국가·사회적 차원으로 확대하려고 했다. 이를 위해 정몽주가 추진했던 정책이 바로 가묘제의 시행이었다.

가묘는 말 그대로 가정에 있는 사당이다. 즉 집 안에 사당을 조성하고 선조들의 신주를 봉안해 제사를 올리는 것이 바로 가묘제로, 《주자가례》에 규정된 제례 제도의 핵심이었다. 고려에서는 조상의 제사를 사찰에서 거행하는 것이 일반적이었는데, 정몽주는 이를 개혁해 집집마다 가묘를 조성하고 조상 제사를 올리도록 했던 것이다. 이는 곧 고려의 불교식 제례 문화를 성리학적인 것으로 바꾸려 했던 정몽주의 의지를 보여준다. 즉 정몽주는 성리학을 학문적·이론적 차원에서만 받아들인 것이 아니라 일상생활에서도 성리학적 제도와 문화가 침투하도록 개혁하고자 했다. 물론 가묘제를 시행한다고 해서 수백 년 동안 이어져온 불교문화가 하루아침에 바뀌지는 않았다. 하지만 정몽주의 가묘제 시행 추진은 일상생활 속에 성리학적 제도와 문화가 정착되는 단초를 제공했다. 〈행장〉에서 함부림이 정몽주가 가묘제를 시행하자 고려의 예법과 풍속이 다시 일어났다고 평가한 것은 바로 이 점을 지적한 것이다.

다음으로 정몽주는 관직 운영 체계의 정비를 추진했다. 우선 지방 수령의 임명 자격과 관리 체계를 강화했다. 지방 수령은 왕을 대신해서 한 지역을 책임지고 통치하는 직책으로, 지역 민생의 안정 여부는 수령이 현명하고 능력 있는 인재인지, 아니면 무능하고 탐욕스러운 인물인지에 달려 있었다. 그래서 수령은 국정을 총괄하는 재상에 비견될 만큼 중요한 자리로 인식되었다. 그런데 고려 말에 국가 행정 체계가 문란해지고 권력자의 불법 및 부정이 만연하면서 수령직에 참외관, 즉 7품 이하의 하위 관료들이 임명되는 일이 흔했고, 심지어는 아전이 수령으로 발탁되는 경우도 있었다. 이들은 관료로서의 경험이 부족해 수령의 직책을 제대로 수행하지 못하는 경우가 많았으며, 이들이 지역민들을 불법적으로 침탈하는 일도 자주 발생했다. 이에 정몽주는 행정 경험이 풍부한 6품 이상의 참상관 중에서도 청렴하고 능력 있는 이들을 수령에 임명하도록 했다. 또 각 도에 감사와 수령관首領官을 파견해 수령들의 근무 상황을 엄격하게 관리·감독하고 그 결과를 고과에 반영하도록 함으로써 혹시라도 있을지 모를 비리와 수탈을 방지하게 했다. 함부림은 〈행장〉에서 정몽주의 이와 같은 조치 덕분에 피폐했던 민생이 다시 살아났다고 했다.

또 중앙 관직 정비의 일환으로 도평의사사에 경력과 도사를 설치했다. 도평의사사는 국정 전반을 심의·결정하는 최고 의정기관으로, 문하부와 삼사·밀직사의 고위 관리들이 도평의사사의 직책을 겸직하면서 국정 심의에 참여했다. 그런데 관서 운영에 필요한 돈과 곡식의 출납 등 행정 실무는 아전인 녹사들이 담당했고, 그 과정에서 절차와 격식이 제대로 갖추어지지 않아 여러 가지 문제들이 발생했다. 이에 정몽주는 도평의사사에 경력(3~4품)과 도사

(5~6품)를 설치하고 그 자리에 문신을 임명해 녹사들을 통솔하며 행정 업무를 주관하도록 했다. 또 돈과 곡식의 출납은 반드시 장부에 기록하게 함으로써 기존의 폐단을 일소했다.

정몽주는 교육의 진흥을 위해서도 많은 노력을 기울였다. 앞서 정몽주가 오랫동안 성균관 직책들을 역임하면서 유생들에게 성리학을 교육하는 데 많은 공을 세웠음을 살펴보았다. 정몽주는 성리학 교육을 더 널리 확산하기 위해 수도와 지방에 학교를 설립하는 일을 적극 추진했다. 즉 개경에는 5부에 학당을 건립했으며, 지방에도 각 군현마다 향교를 설치해 생도들을 가르치게 했다.

이밖에도 〈행장〉에서 함부림은 정몽주가 수문하시중 재직 시에 이룬 공적으로 조정의 기강을 확립한 것, 불필요한 관직을 혁파한 것, 능력 있고 현명한 인재의 등용에 힘쓴 것, 호복(원나라 복식)을 폐지하고 명나라로부터 새로운 복식제도를 수용한 것, 의창을 설치해 궁핍한 사람들을 구휼한 것, 강에 수참을 설치해 배를 이용한 조세곡의 운송을 편리하게 한 것 등을 제시했다. 그리고 이 외에도 정몽주가 새롭게 시행하거나 기존의 제도를 폐지함으로써 나라를 이롭게 하고 백성을 윤택하게 한 일은 다 기록할 수 없을 정도로 많다고 극찬했다.

이상의 내용은 정몽주가 재상으로서 인사·재정·교육·의례·복식 등 전반적인 국정을 총괄하면서 공양왕 대의 혼란한 정치·사회 상황을 안정시키는 데 중요한 역할을 담당했음을 잘 보여준다. 특히 함부림은 당시 국가에 일이 많았고 긴요한 업무가 수없이 쌓여 있었지만, 재상 정몽주는 당황하거나 흔들리지 않고 차분하고 조용하게 큰일을 처리하고 큰 의혹을 결단했으며, 그의 결정은 모두 적절하고 타당했다고 평가했다. 이런 평가를 통해 정몽주가 국정을 운영하는 행정 능력이 대단히 탁월했음을 짐작할 수 있다.

5죄 재심 청구

1391년(공양왕 3)에 들어서 정몽주는 이성계 세력과의 대결에서 더욱 적극적인 태도를 보였다. 이해 7월에 정몽주가 상소를 올려 '5죄'에 대한 재심을 요청한 것은 이성계 세력에 대한 그의 대응 의지를 분명하게 드러낸 사건이었다.

'5죄'는 공양왕 대에 발생한 다섯 가지 옥사 사건으로, 모두 이성계 측이 반대 세력을 제거하는 데 빌미가 되었거나 혁명 세력의 이탈을 막으려 한 사건들이었다. 먼저 정몽주의 상소에서 거론된 5죄의 내용을 살펴보자.

전하께서 즉위한 이래로 성헌과 법사에서 번갈아 상소를 올려 탄핵하기를, "아무개는 ① 왕씨를 세우려는 논의를 막고 (우의) 아들 창을 옹립한 자입니다. 아무개는 ② 역적 김종연의 음모에 참여하여 행재소에서 내응한 자입니다. 아무개는 여러 장수들이 천자의 명을 받들어 신우 부자는 왕씨가 아니므로 왕씨를 다시 세우자고 의논할 때 ③ 신우를 맞이하여 왕씨를 영원히 끊어버리려는 모의를 한 자입니다. 아무개는 ④ 윤이와 이초를 상국(명나라)에 보내서 친왕이 천하의 병사를 동원하도록 청한 자입니다. 아무개는 ⑤ 선왕의 얼손을 몰래 길러서 불궤를 도모한 자입니다"라고 하였습니다.

—《고려사절요》권35, 공양왕 3년 7월

5죄가 각각 어떤 사건인지를 정리해보면 다음과 같다. 우선 ③번의 "신우를 맞이하여 왕씨를 영원히 끊어버리려는 모의"는 창왕 폐위의 빌미가 되었던 1389년 11월의 김저 사건, 즉 김저와 정득후가 우왕의 밀명을 받고 이성계를 살해하려 했다가 실패한 사건을 말한다. ④번은 바로 앞에서 살펴본, 1390년 5월에 발생한 윤이·이초 사건이다.

①번의 '왕씨를 세우려는 논의를 막고 우의 아들 창을 옹립한 자'는 1388년 6월 위화도 회군으로 우왕을 폐위하고 그의 아들 창왕을 옹립한 것을 말한다. 창왕 즉위 당시에는 아무런 문제가 없었지만 창왕이 '폐가입진'의 명분으로 폐위되면서, 창왕의 옹립은 왕씨 대신 신씨를 왕으로 세운 반역 행위로 뒤바뀌게 되었다. 이성계 세력은 우왕이 폐위됐을 때 신씨를 몰아내고 왕씨를 다시 세울 기회가 있었지만, 이색과 조민수 등이 "아들이 왕위를 계승하는 것이

옳다"라는 이유를 내세워 창왕을 옹립함으로써 왕씨의 단절을 바로잡을 기회가 무산되었다고 비판했다. 그렇기 때문에 창왕 옹립을 주도한 이색과 조민수 등을 반역죄로 처벌해야 한다는 것이 이성계 세력의 주장이었다.

②번의 '역적 김종연의 음모에 참여하여 행재소에서 내응한 자'는 앞서 윤이·이초 사건이 대대적인 옥사로 확대되는 빌미를 제공했던 김종연과 관련된 일이다. 윤이·이초 사건 관련자 명단에 자신이 포함되었음을 알고 도망쳤다가 잡혀온 김종연이 순군옥에서 탈출해 행방이 묘연해진 일에 대해서는 앞에서 살펴보았다. 그 김종연이 1390년 11월에 이성계와 정몽주 등을 살해하려고 모의하다 발각되는 사건이 발생했는데, 이것이 바로 정몽주가 말한 '역적 김종연의 음모'다.

김종연 사건은 윤이·이초 사건의 연장선에서 발생한 일이라고 할 수 있다. 순군옥에서 탈출한 김종연은 개경을 벗어나 평양으로 도망쳤다. 이곳에서 김종연은 친분이 있던 전 판사 권충과 그 아들 권격, 서경 천호 윤구택, 양백지 등을 만나 이성계와 정몽주 등 공양왕을 옹립한 중흥공신들을 살해할 계획을 세웠다. 그리고 김종연은 먼저 개경으로 잠입해 거사를 준비하고 있었다. 그런데 모의가 누설될 것을 두려워한 윤구택이 이성계를 찾아가 이 일을 고변함으로써 김종연의 계획은 수포로 돌아갔다. 이후 수많은 사람들이 이 사건에 연루되어 심문을 받은 후 처형되거나 유배되었으며,

주모자 김종연도 황해도에서 체포되어 개경으로 압송되던 중 사망했다. 《고려사》에는 당시 김종연을 압송하던 임순례가 먹을 것도 주지 않고 하루 밤낮 동안에 300리를 이동했기 때문에 김종연이 피곤과 추위, 굶주림으로 인해 죽었다고 기록되어 있다.

김종연 사건에서 주목되는 것은 연루자 가운데 심덕부, 지용기, 박위 등 이성계와 함께 공양왕을 옹립했던 아홉 명의 중흥공신 중 일부가 포함되었다는 점이다. 이들은 사헌부와 대간의 강력한 탄핵을 받았고, 그 결과 지용기는 삼척현으로, 박위는 풍주로 유배됐으며, 심덕부 역시 지방으로 유배되었다. 심덕부 등이 실제로 김종연과 함께 이성계 살해를 모의했는지는 분명하지 않다. 하지만 이들이 김종연 사건에 연루되어 유배된 사실은 당시 이성계 세력 내부에서 정치적 분열과 이탈이 계속되고 있었음을 보여준다. 이에 이성계 세력은 내부 결속을 다지고 혁명에 이견을 가진 이들에게 경고하는 차원에서 심덕부 등을 강력하게 처벌했던 것으로 보인다.

한편 김종연 사건에 연루된 이방춘을 심문하는 과정에서 확인된 김종연의 발언에 흥미로운 내용이 있다. 이방춘의 진술에 따르면 김종연이 자신을 찾아와서 거사 계획을 설명하던 중에 "이 시중(이성계)은 본래 성정이 인자하나 다만 정몽주, 설장수, 조준, 정도전 등의 꾐에 빠져 나를 이 지경으로 몰아넣었다"라고 말했다고 한다. 즉 김종연은 윤이·이초 사건을 일으켜 자신을 곤경에 빠뜨린 핵심 인물 중 한 사람으로 정몽주를 지목했던 것이다.

앞서 보았듯이 정몽주는 윤이·이초 사건 관련자에 대한 가혹한 심문과 처벌에 문제를 제기하면서 이성계 세력에서 이탈했다. 그러나 당시 김종연을 비롯한 이성계 반대 세력에서는 여전히 정몽주를 이성계의 핵심 측근으로 인식하고 있었던 것이다. 또 김종연의 발언은 이성계 세력 내에서 정몽주가 차지했던 비중이 얼마나 컸는지를 잘 보여준다. "이 시중(이성계)은 성정이 본래 인자하나 다만 정몽주 등의 꾐에 빠졌다"라는 말은 정몽주가 정도전·조준 등과 함께 이성계의 마음을 움직일 수 있는, 측근 중의 측근으로 인식되었음을 의미한다. 그랬기에 정몽주가 윤이·이초 사건 관련자들을 보호하기 위해 적극적으로 나섰음에도, 반대 세력에서는 정몽주의 이탈 가능성을 생각하지 못한 채 여전히 그를 이성계의 핵심 측근으로 파악하고 있었던 것으로 보인다.

마지막으로 ⑤번 '선왕의 얼손을 몰래 길러서 불궤를 도모한 자'는 앞의 네 사건과는 성격이 조금 다르다. 이것은 1391년 2월에 일어난 일로, 정읍 출신의 중랑장 왕익부가 충선왕의 서얼 계통 증손자라고 사칭하며 다니다가 체포되었고, 국문 끝에 자손 열세 명과 함께 교수형을 당한 사건이다. 그런데 이 왕익부가 9공신의 한 사람인 지용기의 처와 재종형제 사이였고, 그런 인연으로 지용기의 집을 자주 드나들었던 것이 문제가 되었다. 사헌부는 지용기가 선왕의 자손을 사칭한 왕익부를 비호해 몰래 반역을 도모했다고 탄핵하면서 그를 사형에 처할 것을 요구했다. 공양왕은 당초 지용기가 공신임을 들어 사면하고자 했지만, 사헌부의 탄핵 요구가 거세지자 그를 먼 지방으로 유배 보내는 것으로 마무리했다.

이 사건은 처벌된 이가 지용기 한 사람뿐이라는 점에서 앞의 네 사건들이 모두 이성계 세력이 반대파를 공격하는 데 빌미가 됐던 것과는 성격이 다르다. 위에서 보았듯이 이 사건이 발생하기 몇 개월 전인 1390년 11월에 지용기는 김종연 사건에 연루되어 이미 삼척으로 유배 간 상황이었다. 따라서 지용기에 대한 탄핵은 이성계 반대 세력에 대한 공격이라기보다는 내부 이탈자들이 반혁명 세력으로 결집하지 못하도록 막고 더 이상의 이탈 가능성을 차단하기 위한 단속과 경고라고 보아야 할 것이다.

이상에서 정몽주가 거론했던 5죄에 대해 살펴보았다. 정몽주는 이 사건들을 하나하나 열거한 다음, 공양왕 즉위 후 사헌부와 대간에서 여러 차례 상소를 올려 5죄 관련자들의 처벌을 주장했지만, 여전히 관련자들의 죄상이 명백하게 밝혀지지 않은 문제가 있다고 지적했다. 그리고 이로 인해 5죄에 연루된 이들 중 어떤 이는 죄가 있음이 분명하지만 사면된 반면, 어떤 이는 죄가 없음에도 아직까지 누명을 벗지 못하고 있다고 했다. 정몽주는 이 두 경우 모두 공정한 도리에 어긋나는 것이며, 이 때문에 사람들의 의견이 분분하게 갈라져 있다고 비판했다. 그리고 이처럼 처리 과정과 결과의 공정성에 하자가 있는 5죄 관련자들을 다시 심의할 것을 촉구했다.

정몽주가 제시한, 5죄 재심 과정은 크게 두 단계로 나누어진다.

먼저 사헌부와 형조의 관원들이 함께 모여 5죄 관련자들의 진술 내용과 관련 문서들을 다시 상세하게 검토한 다음 ① 죄가 명백하여 법에 따라 처벌해야 하는 경우 ② 죄가 있는지 의심스럽기 때문에 가벼운 형벌을 내리는 것이 마땅한 경우 ③ 죄가 없는데 무고를 당한 것이 분명하므로 다시 명백하게 변별해야 하는 경우 등으로 분류하고 그 내용을 문서로 정리해서 왕에게 보고한다. 그러면 왕이 재상들과 함께 보고받은 내용을 하나하나 다시 검토해서 처벌이나 사면 여부를 최종적으로 결정하자는 것이 정몽주가 제시한 해법이었다.

앞서 언급했던 것처럼 5죄는 이성계 세력이 반대파를 공격하는 데 빌미가 되었거나 혁명 세력의 이탈 방지와 관련된 사건들이다. 따라서 정몽주가 이 사건들에 대한 재심을 요청한 것은 이성계 측이 반대파를 탄핵하고 숙청한 명분과 절차에 문제가 있으므로 이를 바로잡겠다는 의지를 공개적으로 천명한 것이라고 할 수 있다. 특히 정몽주는 상소에서 "죄가 있는 자가 부당하게 사면되거나 죄가 없는 자가 누명을 벗지 못한 경우가 있을 것"이라고 지적했는데, 여기에서 강조점은 후자에 있었던 것으로 보인다. 즉 이성계 세력의 과도한 탄핵과 심문으로 무고하게 화를 당한 사람들을 사면하고 신원하는 것이 5죄 재심을 추진한 궁극적인 목적이었다고 생각된다. 상소의 마지막 부분에서 왕이 직접 그들의 죄상을 일일이 검토하여 원통하고 억울한 일이 없도록 해야 한다고 주장한 것 역시 재심 추진의 의도가 무엇인지를 짐작하게 한다.

　정몽주의 재심 건의에 따라 사헌부와 형조에서는 5죄 사건 관련 자들의 진술 내용과 각종 문서들을 재검토해 기존의 판결에 문제가 없는지를 확인했다. 그리고 그 결과를 공양왕에게 보고했고, 공양왕은 이 내용을 정몽주, 윤호, 유만수, 김주 등과 함께 다시 심의했다. 이 자리에서 5죄 관련자들의 죄상이 명백하다고 주장한 김주와 그들에 대한 처벌을 완화하고자 했던 정몽주 사이에 치열한 논쟁이 벌어졌다. 특히 두 사람은 이색에 대한 처벌을 두고 크게 충돌했다.

김주　：조민수가 회군하여 이색에게 자문을 구하니, 이색이 "아버지가 나라를 가지고 있다가 아들에게 전하는 것은 이치상 마땅한 것입니다"라고 하였습니다. 조민수가 그 말을 따라서 창을 세웠으므로 이색의 죄는 명백합니다.

정몽주：조민수는 창의 근친입니다. 창을 세우고자 했던 것은 조민수의 뜻이었습니다. 이런 때를 당하여 이색이 비록 왕씨 종실을 세우고자 하였던들 조민수의 뜻을 어찌 꺾을 수 있었겠습니까? 그러니 이색의 죄는 마땅히 가벼운 형벌로 등급을 내려야 합니다.

　　　　　　　　　　　　　　　　—《고려사절요》 권35, 공양왕 3년 9월

양측의 논쟁을 듣고 있던 공양왕은 최종적으로 정몽주의 손을 들어주었다. 이에 따라 죄상이 명백한 조민수와 변안열에 대해서는 집과 재산을 몰수하고, 이을진은 법률에 의거해서 단죄하며, 지용기와 박가흥은 이전의 유배지에 그대로 두도록 했다. 반면 우인열, 왕안덕, 박위는 지방에서 종편從便하게 했고, 나머지 관련자들도 모두 개경 밖의 지역에서 종편하도록 했다(경외종편). '종편'은 유배된 죄인이 자신의 의사에 따라 거주지를 정하고 그곳에 살 수 있도록 하는 것을 말한다. 유배에서 완전히 풀려난 것은 아니지만 거주지를 자유롭게 선택할 수 있다는 점에서 사실상 석방이나 다름없는 조치였다. 이로써 정몽주의 목적은 충분히 달성되었다고 할 수 있다.

하지만 정몽주는 이에 그치지 않고 한 가지 성과를 더 이끌어냈다. 공양왕에게 건의해 "지금 이후로 다시 5죄에 관하여 거론하고 탄핵하는 자가 있으면 무고죄로 다스릴 것이다"라는 왕명을 받아 공포한 것이다. 이성계 세력이 더는 5죄를 빌미로 반대 세력을 탄핵하지 못하도록 차단하려는 의도였다. 그리고 같은 해 12월, 이색이 한산부원군, 우현보가 단산부원군에 봉해졌고, 우홍수가 동지밀직사사에 임명되는 등 이성계 세력에 의해 탄핵을 당하고 유배됐던 주요 인물들이 정계에 복귀했다. 이 또한 5죄 재심에 힘입은 것이었다.

이상과 같이 적어도 5죄 문제에 있어서는 정몽주가 완승을 거두었다. 그 결과 정몽주는 이성계 측에 대항하는 반혁명 세력의 중심 인물로 부상하게 되었다. 정몽주는 이미 윤이·이초 사건을 거치면서 이성계 측과 정치적으로 결별했지만, 김종연 사건에서 보았듯이 반혁명 세력은 여전히 정몽주를 이성계의 측근으로 인식하고 적대적인 입장을 취했다. 하지만 5죄 재심 과정을 거치면서 정몽주에 대한 인식도 크게 바뀌었다. 정몽주가 5죄의 재심을 추진해 관련자들의 감형을 끌어내고 다시는 이 문제를 거론하지 못하게 함으로써 이성계 세력의 공격을 차단하자, 반혁명 세력은 정몽주를 정치적 동지로 받아들이고 신뢰하게 되었다.

1391년 12월, 정몽주와 이성계는 나란히 안사공신에 책봉되었다. 이미 부총리에 해당하는 수시중을 맡고 있던 정몽주는 안사공신 책봉을 통해 이성계와 대등한 정치적 위상을 갖게 되었다. 이에 따라 정몽주는 자연스럽게 이성계 세력의 혁명 추진에 반대하는 모든 사람들을 아우를 수 있는 반혁명 세력의 중심인물이 되었다.

이전까지 반혁명 세력의 구심점은 이색이었다. '유학의 종장'이라는 학문적 위상, 이성계 측의 사전 개혁 추진에 앞장서서 반대한 일, 그리고 반혁명 세력의 상당수가 이색이 고시관을 맡았던 과거 시험에서 합격한 문생이었다는 점 등이 이색을 반혁명 세력의 중심에 올려놓았다. 그에 따라 이성계 세력의 공세 역시 이색에게 초점이 맞추어졌다. 이색을 창왕 옹립의 주모자로 몰아 처형하고자 했던 것이 대표적 사례다.

그러나 1391년 말에 이르면 정몽주가 이색을 대신해 반혁명 세력의 새로운 구심점이 되었다. 그는 수시중이자 안사공신으로서 이성계와 맞설 수 있는 실질적인 정치적 지위를 가지고 있었다. 또 공양왕을 옹립한 핵심 공신의 한 사람이었고, 공양왕의 절대적 신뢰를 받고 있었다. 이에 따라 정몽주는 이제 반혁명 세력을 대표하는 수장으로서 명실상부한 위상을 갖게 되었다.

반혁명 세력의 입장에서는 정몽주의 동참이 천군만마와 같은 도움이 되었지만, 반대로 이성계 세력에게는 이제 정몽주가 가장 위험한 정적이자 가장 큰 걸림돌이 되었다. 특히 5죄 문제를 일거에 해결하고 이색, 우현보 등을 정계에 복귀시킨 정치적 수완과 추진력을 보며 이성계 세력은 큰 위협을 느꼈을 것이다. 따라서 이성계 세력에게는 정치적 동지에서 가장 위협적인 정적으로 탈바꿈한 정몽주를 어떻게 상대할 것인지가 가장 큰 당면 과제가 되었다.

정도전과의 인간적 결별

5죄에 대한 재심이 진행되고 있던 1391년 9월, 사헌부 내에서 한 사건이 발생했다. 사헌부 규정 박자량 등이 상관인 사헌부 집의 우홍득을 영접하지 않고 우홍득이 헌관의 책임을 다하지 않았다며 비난하는 일이 발생한 것이다. 사헌부의 수장인 대사헌 김주는 이를 공양왕에게 보고하고, 박자량의 행동은 아랫사람으로서 상관을 능욕한 것이므로 처벌해야 한다고 주장했다. 이에 따라 순군에서 박자량 등을 체포해 심문했는데, 이때 박자량은 자신이 우홍득을 영접하지 않은 이유를 진술했다.

박자량과 우홍득의 갈등은 우홍득의 아버지 우현보에 대한 대응에서 시작되었다. 앞서 위화도 회군으로 우왕이 폐위됐을 때 그 아들 창왕이 왕위를 잇는 것에 이색이 찬성했다가 반역죄로 몰렸음을 살펴보았는데, 이 일에 우현보 역시 연루되어 있었다. 박자량은 왕씨를 끊어버리려고 모의했던 죄는 이색과 우현보가 동일함에도 사헌부에서 이색만 논죄하고 우현보를 논핵하지 않았던 것은 그의 아들 우홍득이 사헌부 집의로 있었기 때문이라고 주장했다. 이어 박자량은 우홍득이 동료들과 함께 이색을 논죄한 것은 곧 아버지 우현보를 논죄한 것과 마찬가지이며, 따라서 우홍득은 이색을 논핵한 후 곧바로 사직하고 물러나는 것이 자식 된 도리인데도 그렇게 하지 않았으니 이는 그가 아버지를 부정한 것이라고 비판했다. 또 그는 우홍득이 아버지 우현보가 왕씨를 끊어버리려고 모의한 것을 알았으면서도 간하지 않은 것은 곧 왕씨를 부정한 것이라고 지적한 다음, 우홍득은 무부무군, 즉 아버지도 없고 임금도 없는 인물이므로 결코 영접할 수 없다고 주장했다. 이어 박자량은 우현보가 윤이·이초 사건에 연루되어 있음에도 불구하고 사헌부와 형조에서 이를 규찰하여 치죄하지 않고, 정황이 의심스럽다는 이유로 죄를 가볍게 논한 것은 직무유기라고 비판했다.

　박자량의 진술을 들은 유만수는 해당 관사에서 우현보 등의 죄를 논핵한 내용은 밀봉해서 왕에게 보고했기 때문에 원칙적으로 다른 사람들이 알 수 없는데 박자량 등이 어떻게 그것을 알게 되었는지를 캐물었다. 그 결과 이 내용의 유출에 정도전이 관련된 것으로 드러났다. 이에 사헌부와 형조는 정도전이 몰래 박자량을 회유해서 대간을 비방하고 헐뜯었다고 논핵하고 정도전을 극형에 처할 것을 요청했다. 이에 대해 공양왕은 정도전이 공신이라는 이유를 들어 용서하고자 했다. 하지만 사헌부와 형조에서는 "정도전은 공신의 반열에 있으면서 안으로는 간악한 마음을 품고 겉으로는 충직함을 가장하여 국정을 더럽혔습니다"라고 하면서 그의 처벌을 계속 주장했다. 결국 정도전은 9월 20일에 고향으로 유배되었다. 그리고 6일 후인 9월 26일에 앞에서 살펴본 5죄 재심의 최종 결과가 결정되었다.

　이성계 세력의 핵심 인물인 정도전이 지방으로 유배된 것은 이성계 측에게는 상당히 큰 타격이었고, 반대로 반혁명 세력에게는 매우 유리한 상황이었다. 이에 정몽주와 그 측근들은 수세적인 입장에서 벗어나 이성계 세력에 대한 적극적인 공세에 나섰다. 첫 번째 공격 대상은 바로 유배지에 있던 정도전이었다.

　1391년 10월, 사헌부에서는 번갈아 상소를 올려 정도전을 탄핵했다.

정도전은 가풍이 바르지 않고 파계가 분명하지 않음에도 외람되게 높은 관직을 받아 조정을 어지럽히고 있습니다. 청하건대 고신과 공신녹권을 회수하시고 그 죄를 밝게 바로잡으십시오.

—《고려사절요》권35, 공양왕 3년 10월

1391년(공양왕 3) 10월은 윤이·이초 사건을 계기로 정몽주가 이성계 세력에서 이탈한 지 1년 이상 지난 시점이었다. 즉 이 시기에 정몽주와 정도전은 이미 정치적으로 결별한 상태였다. 1390년 7월 윤이·이초 사건 당시 정도전이 이색과 우현보를 왕씨의 왕통을 끊으려고 한 대역죄인으로 지목하면서 이들을 극형에 처할 것을 주장하자, 정몽주가 이들을 구원하기 위해 노력했던 상황은 두 사람이 정치적으로 등을 돌린 사실을 잘 보여준다.

하지만 두 사람은 정치적 동지이기에 앞서 30년 동안 교유한 오랜 친구이자 학문적 동지였다. 따라서 정치적으로 결별했다고 해서 인간적인 유대까지 한순간에 끊어졌다고 보기는 어렵다. 이익주 교수는 정도전의 《삼봉집》에 수록된 시를 분석해 1388년 위화도 회군 이후에도 정도전이 성균관 교관 시절부터 오랫동안 교분을 가졌던 옛 친구들과 계속해서 긴밀하게 교유하고 있었음을 밝힌 바 있다(이익주, 2004). 이 점을 고려한다면, 정치적 결별 이후의 정몽주와 정도전의 관계 역시 이와 비슷했을 것으로 보인다.

그런데 이런 인간적인 유대마저 단절되었음을 보여준 사건이 바로 1391년 10월 사헌부의 정도전 탄핵이다. 그 이유는 바로 이 탄핵에서 정도전의 혈통 문제가 처음 거론되었고, 그 탄핵의 배후에 정몽주가 있었기 때문이다. 정도전을 탄핵할 당시 사헌부는 반혁명 세력이 장악하고 있었던 것으로 보인다. 비슷한 시기에 조반이 사헌부의 탄핵을 당했는데, 그는 1390년 5월 명나라 사행에서 돌아와 윤이·이초 사건을 처음으로 조정에 보고한 사람이었다. 《고려사절요》에는 이때 정권을 장악하고 있던 자들이 윤이·이초 사건 당시 조반의 행적을 미워해 사헌부를 사주해서 그를 중상한 것이라고 기록되어 있다. 여기서 '정권을 장악하고 있던 자들'은 정몽주와 그 측근들을 가리킨다. 또 《고려사》의 〈정도전 열전〉에는 정몽주가 간관 김진양을 사주해 탄핵 상소를 올리게 했다고 기록되어 있다. 이와 같은 기사들은 모두 정도전 탄핵의 배후에 정몽주가 있었음을 보여준다.

널리 알려진 바와 같이 정도전에게는 어머니 쪽으로 천인의 피가 섞여 있다는 혈통적 하자가 있었다. 정도전의 어머니는 단양 우씨로, 고려 말에 산원을 역임했던 우연의 딸이다. 정도전의 외조부 우연은 김전의 딸과 혼인해 정도전의 모친 우씨를 낳았는데, 문제는 우씨의 어머니가 김전이 여종과 사통하여 낳은 딸이라는 것이었다. 즉 정도전의 외할머니는 노비의 딸이며, 따라서 정도전은 외가 쪽으로 노비의 피를 이어받았다는 것이 정도전의 혈통을 둘러싼 문제의 핵심이다.

어머니 쪽의 혈통 문제는 정도전에게 개인적으로 가장 아픈 약점이었다. 그런데 바로 그 부분을 정몽주가 공격하고 나선 것이다. 기존의 연구에서는 정도전이 관료 생활을 하는 동안 혈통적 하자 때문에 많은 불이익을 겪었다고 했다. 《태조실록》에 수록된 정도전의 〈졸기〉에는 그가 고려 말 관직에 임명될 때 고신 발급이 지체된 일이 있었다고 기록되어 있다. 고신은 왕이 관리에게 내려주는 임명장으로, 대간에서 서경(서명)을 해야만 발급해줄 수 있었다. 따라서 "고신이 지체되었다"는 것은 대간에서 정도전의 혈통을 문제 삼아 서경을 늦게 해주었다는 뜻으로 볼 수 있다. 또 당시에는 모계나 처계 쪽에 흠이 있으면 대간에 임명되지 못했는데, 실제로 정도전은 한 번도 대간에 임명된 적이 없었다.

하지만 고려 말의 기록을 바탕으로 정리된 《고려사》·《고려사절요》 등의 연대기나 정도전과 함께 활동했던 학자·관료들의 문집에서는 1391년 10월의 탄핵 전까지 정도전의 혈통 문제가 거론되었던 일을 찾아보기 어렵다. 정도전의 혈통을 처음으로 문제 삼은 사람은 바로 정몽주와 그 측근이었다고 할 수 있다.

30년 지기의 가장 아픈 약점을 공격하는 것이 정몽주에게도 썩 내키는 일은 아니었을 것이다. 아마도 인간적인 면에서는 마음이 아팠을지도 모른다. 하지만 이성계, 정도전 등이 왕조 교체의 혁명을 적극 추진하고 있는 상황에서 정몽주는 우정보다 나라를 지켜야 한다는 대의를 더 중요하게 여겼던 것 같다. 이에 정몽주는 그때까지 크게 거론된 적이 없던 정도전의 혈통 문제를 들추어내면서 정도전을 공격했다. 그 결과 정도전은 직첩을 회수당하고 전라도 나주로 유배지가 옮겨졌으며, 그의 두 아들도 서인으로 강등되었다.

정몽주에게는 혁명 세력을 꺾기 위한 불가피한 선택이었겠지만, 정도전은 아마도 오랜 친구였던 정몽주에게 처절한 배신감을 느꼈을 것이다. 그 결과 두 사람은 정치적 결별을 넘어서 인간적으로도 완전히 등을 돌렸다고 할 수 있다. 이런 상황에서 정몽주와 고려는 그들의 운명이 결정되는 1392년을 맞이하게 된다.

영웅의 최후

1392년 초의 정치적 상황은 반혁명 세력에게 유리한 방향으로 전개되고 있었다. 우선 이해 1월에 대비(공민왕의 제4비인 정비 안씨)의 생일을 맞이해 사면령을 내렸는데, 이전 '5죄' 재심에서 지방 종편 판정을 받았던 왕안덕, 우인열, 박위 등이 사면되어 편의에 따라 거주할 수 있게 되었다. 또 유배가 유지되었던 박가흥과 지용기 등도 지방 종편으로 감형되었다. 이로써 이른바 '5죄'에 연루되어 유배되어 있던 이들 중 조민수, 변안열 등 몇 사람을 제외한 대부분이 사실상 사면을 받게 되었다. 연대기 기록에는 명시되어 있지 않지만, 이 사면에도 수시중으로서 국정을 주도하고 있던 정몽주의 역할이 컸을 것으로 추측된다.

한편 이해 2월에는 정몽주의 주도로 각종 제도의 정비가 추진되었다. 먼저 2월 3일에는 정몽주가 원나라의 법전《지정조격》과 명나라의《대명률》, 그리고 고려의 기존 법령 등을 참고해서 새로운 법률을 편찬해 공양왕에게 올렸다. 이 법률의 제목을《고려사》〈세가〉에서는 '신정률'로, 〈정몽주 열전〉에서는 '신율'로 기록하고 있다. 공양왕은 지신사(국왕 비서실장) 이첨에게 정몽주가 올린 법률의 내용을 강론하게 했다. 총 6일 동안 진행된 진강進講에서 공양왕은 여러 차례 새 법률의 내용이 훌륭함을 칭찬했다. 그리고 진강에 참여한 관리들에게 "이 법률은 모름지기 깊이 연구하고 산정한 후에 시행할 만하다"라고 했다. 이를 볼 때 정몽주가 편찬한 법률은 최종 완성된 것이라기보다는 초안을 정리한 것일 가능성이 높다.

이어 2월 10일에는 예문춘추관의 건의에 따라 경연 및 아일(왕과 문무백관이 함께 정사를 논의하는 날)에 사관이 배석하도록 했다. 2월 22일에는 조회 관련 의례를 개정했는데, 조회가 끝난 후에는 왕이 먼저 퇴장하고 신하들은 남아서 왕을 전송하도록 했다. 그리고 조회를 마친 왕은 보평청으로 나가 형관의 보고를 받고 옥사를 결정하도록 했다. 2월 27일에는 정몽주가 제조를 맡고 있던 인물추변도감에서 노비 소송의 절차를 건의했고, 이어 소송을 판결하는 법규(결송법)를 제정했다.

이상의 제도 정비 중에서 특히 주목되는 것은 조회와 관련된 내용이다. 조회를 마친 후 왕이 먼저 퇴장하고 신하들이 전송하도록 한 것이나 왕이 보평청에서 옥사를 판결하도록 한 것은 모두 왕의 권위와 국정 장악력을 높이기 위한 것이라고 할 수 있다. 즉 이때의 제도 정비에는 왕권을 강화함으로써 이성계 등 혁명 세력의 영향력을 축소하려는 의도가 담겨 있었다. 이 점을 고려할 때 기록에 명시되어 있지는 않지만, 조회제도 개정에서도 정몽주가 중요한 역할을 했을 것으로 추정된다.

조회제도를 정비한 지 5일 후인 2월 27일, 이성계는 돌연 관직에서 물러나겠다는 뜻을 밝혔다. 그러자 공양왕은 잔치를 베풀어 이성계를 위로하면서 사직을 만류했다. 이성계가 사직을 요청한 이유는 정확히 알 수 없지만, 아마도 일련의 제도 개혁과 관련이 있는 것으로 보인다. 즉 이성계 세력이 옹립한 공양왕이 기대와 달리 자신들에게 비협조적이고 국정 운영에서 점차 실질적 권한을 행사하려 하고 있으며 여기에 제도 정비도 이를 뒷받침하는 방향으로 추진되자, 이에 불만을 품은 이성계가 사직을 요청했던 것이 아닐까 추측된다.

이처럼 1392년 1~2월의 정국은 전반적으로 반혁명 세력에게 긍정적인 방향으로 흘러가고 있었다. 하지만 이성계의 사직 요청에서도 볼 수 있듯이 혁명 세력의 견제 또한 만만치 않았다. 그러던 중에 반혁명 세력에게 결정적으로 유리한 상황이 발생했다. 3월 17일에 혁명 세력의 수장 이성계가 황해도 황주에서 사냥을 하다가 말에서 떨어져 부상을 당했던 것이다.

이성계가 황주에 간 것은 명나라에 사행을 갔다가 돌아오는 세자를 마중하기 위해서였다. 1391년 8월 공양왕은 아들 왕석을 세자로 책봉했다. 그리고 같은 해 9월에 세자를 하정사(신년 축하 사신)로 명나라에 보냈는데, 이때 심덕부, 설장수, 민개 등이 세자를 수행했다. 이듬해(1392) 3월 10일에 세자를 수행했던 통사(통역관) 이현이 먼저 귀국해 세자 일행의 귀국 날짜를 보고했다. 이에 공양왕은 동생 왕우와 이성계를 황주로 보내 귀국하는 세자를 맞이하게 했다. 그런데 황주로 나갔던 이성계가 사냥을 하다가 낙마하는 사고가 발생한 것이다.

홍건적과 왜구의 침입을 물리치는 과정에서 신기에 가까운 무용을 보여주었던 백전불패의 명장 이성계가 말에서 떨어진 것은 누구도 예상하지 못했던 이변 중의 이변이었다. 게다가 이 일이 개경이 아니라 지방에서 발생했다는 점도 큰 문제였다. 낙마 후 황주에서 해주로 이동한 이성계가 병석에 눕게 됨에 따라 당분간 개경을 비울 수밖에 없는 사태가 벌어진 것이다. 연대기 자료에는 당시 이성계의 부상 정도가 상당히 심했다고 기록되어 있다. 혁명 세력과 반혁명 세력이 치열하게 대립하고 있는 상황, 특히 혁명파의 핵심 인물 중 하나인 정도전은 지방으로 유배되어 있고, 중앙 정부의 주도권은 정몽주를 비롯한 반혁명 세력에게 기울고 있던 상황에서 수장 이성계마저 큰 부상을 당해 개경을 비웠다는 것은 혁명 세력에게 매우 심각한 위기가 아닐 수 없었다.

3월 23일 경연 자리에서 이성계의 낙마 소식을 전해 들은 공양왕은 이성계에게 의원과 약을 보내주었다. 그런데 《고려사》와 《고려사절요》에는 이때 정몽주가 이성계의 부상 소식을 듣고 기뻐하는 빛이 있었다고 기록되어 있다. 이 기사가 어디까지 진실인지는 알 수 없지만, 이성계의 부상이 반혁명 세력에게 절호의 기회였음은 분명했다. 그로부터 며칠 후 반혁명 세력의 대대적인 공세가 펼쳐졌다.

4월 1일, 간관 김진양과 이확, 이래, 이감, 권홍, 유기 등은 조준, 정도전, 남은, 윤소종, 남재, 조박 등을 탄핵하는 상소를 올렸다. 상소에서 김진양 등이 주로 공격했던 대상은 역시 정도전과 조준이었다. 먼저 정도전에 대해서는 천한 신분에서 몸을 일으켜 도당의 고위 관직을 훔쳤다고 주장했다. 또 자신의 천한 근본을 숨기기 위해서 본 주인을 제거하려고 모의했고, 이를 위해 참소로 죄를 얽어서 많은 사람들을 연좌시켰다고 비난했다. 여기에서 '본 주인'이 누구인지는 분명하지 않고, 특히 정도전 본인이 노비는 아니었으므로 정도전에게 '주인'이 있을 수는 없다. 이를 볼 때 아마도 정도전의 관직 생활 초기에 그의 혈통을 문제 삼아 고신 서명을 거부했던 이들을 가리키는 것이 아닐까 생각한다. 즉 대간의 상소는 정도전 등이 반혁명 세력을 탄핵하고 공격한 것이 실제로는 자신의 천한 신분을 감추고 원한이 있는 사람에게 복수하기 위해 일으킨 옥사였다고 폄하한 것이라고 할 수 있다.

김진양 등은 조준에 대해서는 한두 명의 재상 사이에서 우연히 분쟁이 일어나자 이를 이용해 정도전과 한마음으로 변란을 부채질하고 권세를 농단하면서 여러 사람을 유인하고 협박했다고 비판했다. 그리고 남은, 남재, 윤소종, 조박 등에 대해서는 정도전과 조준의 우익(협력자)이 되어 참소의 말을 꾸며내거나 그에 동조했고, 많은 사람들을 옥사에 연루시켜서 형벌을 자행하고 무고한 사람들에게 죄를 덮어씌웠으며, 이 때문에 많은 사람들이 두려워하며 원망하고 있다고 지적했다.

이어 간관들은 1390년 11월 홍국사에서 공양왕 옹립을 논의할 당시 조준이 반대 의견을 냈던 것을 지적하면서, 조준은 공양왕의 즉위에 공이 없으니 그에게 공신을 용서하는 법을 적용할 수 없다고 주장했다. 또 과거에 남은이 공양왕에게 "전하께서는 속으로 욕심이 많으시면서 겉으로만 인의를 베푸십니다"라고 간언했던 것에 대해 왕을 경멸하고 모욕한 불경이라며 비난했다. 상소의 마지막에서 이들은 정도전, 조준 등을 '법에 따라 처벌'할 것을 요구했다.

엎드려 바라건대 해당 관부에 명하여 조준과 남은, 남재, 윤소종, 조박의 직첩과 공신녹권을 회수하시고 그 죄를 국문하여 전형을 밝게 바로잡으십시오. 정도전은 유배지에서 법에 따라 처결하여 후대에 귀감을 보이십시오.

—《고려사절요》권35, 공양왕 4년 4월

탄핵 상소가 올라가자 공양왕은 조준을 먼 지역으로 유배 보내고 남은, 윤소종, 남재, 조박은 직첩을 삭탈한 뒤 역시 먼 지역으로 유배를 보내도록 했다. 한편 이미 유배 중이던 정도전은 "상소에서 아뢴 대로 처리하라"라는 공양왕의 지시에 따라 유배지에서 체포되어 보주(지금의 경북 예천)의 옥에 갇혔다.

다음 날인 2일에도 사헌부와 대간의 탄핵은 계속되었다. 먼저 사헌부에서 오사충에 대해 그 죄가 윤소종과 같다고 탄핵하면서 처벌을 요구함에 따라 관직을 삭탈하고 멀리 유배를 보내도록 명했다. 이어 간관들이 다시 상소를 올려 조준, 정도전 등을 극형에 처할 것을 주장했다. 전날의 상소에서 "전형을 밝게 바로잡으십시오", "법에 따라 처결하십시오"라고 했던 것은 곧 조준, 정도전 등을 처형하라는 의미였던 것이다. 이에 공양왕은 남은 등을 먼저 국문한 다음 그들의 진술 내용에 조준과 정도전이 연루되어 있다면 그때 두 사람을 국문하도록 지시했다.

이와 같이 이성계가 부상으로 개경을 비운 사이 조준, 정도전 등 혁명 세력의 핵심 인물들은 언제 처형될지 모르는 풍전등화의 위기를 맞이했다. 혁명 세력의 몰락과 반혁명 세력의 승리가 바로 눈앞에 와 있는 듯했다. 그런데 이런 상황을 일거에 뒤집는 반전이 일어났다. 이성계의 다섯째 아들로 훗날 조선의 제3대 국왕(태종)에 오르는 이방원이 이성계를 개경으로 모셔온 것이다.

대간의 강력한 탄핵 공세에 위기를 느낀 이방원은 4월 2일에 해주로 달려가 이성계를 만났다. 이 자리에서 이방원은 "정몽주가 분명히 우리 집안을 해할 것입니다"라고 하면서 개경으로 돌아가야 한다고 설득했다. 하지만 병세가 심했던 이성계는 선뜻 길을 나서려 하지 않았다. 이에 이방원은 "여기서 유숙하시면 안 됩니다"라며 개경으로 돌아갈 것을 강력하게 요청했다. 결국 이성계는 아들의 청을 받아들였고, 아픈 몸을 억지로 일으켜 개경으로 돌아왔다. 이방원은 이성계를 견여(좁은 길을 지날 때 사용하는 가마)에 태운 후 밤새 달려서 개경으로 돌아왔다. 당시 이방원을 비롯한 혁명 세력이 얼마나 큰 위기를 느끼고 있었는지를 잘 보여주는 대목이다.

4월 1일에 대간에서 조준과 정도전을 탄핵하는 상소를 올려 조준 등이 유배되었고, 다음 날 대간은 다시 상소를 올려 두 사람의 처형을 요구했다. 그리고 바로 그날 밤 이성계는 개경으로 돌아왔다. 불과 이틀 사이에 혁명파와 반혁명파 사이에 목숨을 건 치열한 대결이 벌어졌던 것이다. 《고려사절요》에는 이성계가 개경으로 돌아왔다는 기사 바로 다음에 대간에서 번갈아 상소를 올려 조준, 정도전의 처형을 요구했고, 이에 위기를 느낀 이방원이 이성계와 대책을 논의했다는 기사가 실려 있다. 따라서 이성계가 개경으로 돌아온 이후에도 반혁명 세력의 탄핵 공세는 계속되었던 것으로 보인다.

반혁명 세력의 공세가 그치지 않자 이방원은 이성계를 찾아가 "형세가 이미 급박합니다. 장차 어찌해야 합니까?"라고 하면서 특

단의 대책이 필요함을 강조했다. 하지만 이성계는 "죽고 사는 것에
는 정해진 운명이 있으니, 그저 마땅히 순응하고 받아들여야 할 뿐
이다"라며 미온적인 태도를 보였다. 그런데 《태조실록》의 〈총서〉에
는 이때 이방원이 정몽주를 제거할 것을 건의했다고 기록되어 있
다. 위기를 타개하기 위해서는 반혁명 세력의 수장인 정몽주를 죽
여야 한다는 주장이었다. 하지만 이성계는 정몽주를 살해하는 것은
절대 안 된다며 허락하지 않았다. 그래도 이방원이 거듭 정몽주 제
거를 주장하면서 허락을 요청하자 이성계는 "너는 여막으로 돌아
가서 어머니 상을 마치도록 하라"라고 하면서 그를 쫓아버렸다.

이성계가 정몽주를 죽여야 한다는 아들의 요구를 끝까지 거절한
것은 정몽주와 오랫동안 나누었던 우정 때문이 아니었을까 생각한
다. 이성계로서는 평생지기였던 정몽주를 놓치고 싶지 않았을 것
이다. 30년 가까이 쌓아온 인간적 관계와 한때 개혁을 위해 의기투
합했던 정치적 동지 관계를 생각할 때, 지금 당장은 정치적으로 갈
라져 있지만 언젠가는 반드시 정몽주를 설득해서 새 나라를 함께
세우고픈 바람을 갖고 있었을지도 모르겠다. 하지만 그런 기대는
아들 이방원에 의해 수포로 돌아가고 말았다.

이방원은 이성계의 허락을 얻지 못했음에도 불구하고 이성계의
이복동생 이화, 사위 이제 등과 함께 정몽주 살해를 모의했다. 그
런데 이성계의 이복형인 이원계의 사위 변중량이 이방원의 계획
을 정몽주에게 누설했다. 이에 정몽주는 4월 4일에 이성계를 문병

하고 혁명 세력의 동향도 살필 겸 이성계의 집을 찾아갔다. 그리고 문병을 마치고 집으로 돌아가던 정몽주는 이방원의 명을 받은 조영규 등의 공격을 받고 자신이 살던 마을의 동구에서 살해되었다.

정몽주의 죽음과 함께 반혁명 세력은 한순간에 와해되고 말았다. 혁명 세력은 이성계의 둘째 아들 이방과(후일의 정종)를 공양왕에게 보내 조준, 정도전 등에 대한 탄핵을 주도한 대간들의 처벌을 요구했고, 이들의 압박을 못 이긴 공양왕은 김진양을 비롯한 정몽주의 측근들을 순군옥에 가두었다. 이후 이들에 대한 국문이 진행되었고, 정몽주·이색·우현보 등이 대간을 사주해 이성계의 측근인 조준·정도전 등을 탄핵해서 먼저 죽인 다음 이성계까지 제거하려 했다는 진술이 나왔다. 이에 따라 김진양·이확·이래 등 정몽주의 측근 관료들은 모두 먼 지방으로 유배되었고, 이미 죽은 정몽주는 그 목을 베어 저자에 효수했다. 이로써 반혁명 세력은 이성계 등의 혁명 추진을 막을 힘을 완전히 잃고 말았다. 그리고 정몽주가 죽은 지 3개월여가 지난 7월 17일, 이성계는 수창궁에서 왕위에 올랐고, 이로써 고려 475년의 역사는 막을 내리게 되었다.

8장

다시, 정몽주는 어떤 사람인가?

기존 인식의 재검토와 새로운 이해 모색

고려의 충신, 동방이학의 조:
충신과 학자의 측면이 강조된 이유는?

오늘날 정몽주에 대한 인식은 크게 두 가지로 정리해볼 수 있다. 첫 번째는 고려에 대한 충절을 끝까지 지키다가 목숨을 잃은 '충신'이라는 점이다. 두 번째는 성리학 연구와 교육에 공헌한 고려 말의 대표적인 성리학자라는 것이다. 현대인뿐만 아니라 조선시대 사람들의 인식도 정몽주가 고려의 충신이라는 것과 성리학자로서 후대에 많은 영향을 끼쳤다는 것, 이 두 가지에서 크게 벗어나지 않는다. 정몽주가 충신이었고 당대 최고의 성리학자였음은 부정할 수 없는 사실이므로, 그런 점을 높이 평가한 기존 인식은 분명 합당한 것이다.

정몽주가 '충신'의 상징으로 평가받게 된 데에는 역시 그의 죽음이 가장 큰 영향을 끼쳤을 것이다. 정몽주가 역성혁명 세력에 맞서서 고려 왕조를 지키기 위해 치열하게 투쟁하다가 최후를 맞았다는 점, 그리고 암살이라고 하는 죽음의 과정 자체가 대단히 충격적이었다는 점에서 정몽주의 죽음은 그의 생애에서 가장 극적인 장면이었다고 할 수 있다. 또 정몽주가 죽고 불과 3개월 만에 고려 왕조가 막을 내렸다는 점에서 그의 죽음은 한 나라의 명운을 결정한 것으로 이해되었고, 그만큼 후대 사람들에게 강한 인상을 남겼다. 그 결과 정몽주에 대한 후대의 인식에서도 충신이라는 평가가 가장 큰 비중을 차지하게 되었다.

　한편 조선 전기에 정몽주의 행적에 대해 비판적 시각이 나타났던 가장 중요한 지점 역시 충절의 문제였다. 앞에서 살펴본 바와 같이 정몽주는 이성계·정도전 등과 함께 창왕을 폐위하고 공양왕을 옹립한 주역 중 한 사람이었다. 그리고 바로 이 점에 대해 조선 전기의 일부 학자들이 의문을 제기했다. 창왕 폐위를 주도한 것이 충신의 행적에 부합하는가가 문제의 핵심이었다. 특히 16세기의 학자 조식은 정몽주의 충절은 '가소로운 일'이라며 매우 신랄하게 비판했다. 이러한 비판에 대해 이황이나 송시열 등 대다수의 학자들이 반박하면서 정몽주의 행적을 옹호했고, 그 과정에서 정몽주가 충신임을 강조하는 논리가 정립되었다. 그 결과 조선 후기에 이르면 정몽주의 충절에 대한 이견은 거의 사라졌으며, 이러한 일련의 과정을 통해 정몽주의 충신상은 더욱 확고해졌다.

'충신 정몽주'는 분명 역사적 사실에 입각한 이해다. 하지만 정몽주의 '충신상'이 특별히 더 강조된 데에는 '후대의 정치적 필요'도 작용했다. 즉 정몽주를 통해서 국가와 임금에게 절대적으로 충성하는 신하의 표상을 제시함으로써 현재의 관료들에게 정몽주의 '충'을 본받고 따를 것을 요구하는 정치적 의도가 담겨 있었다고 할 수 있다. 이러한 의도는 태종 대 정몽주의 증직을 건의했던 권근의 상소에서 확인된다. 이 상소에서 권근은 임금이 나라를 창업할 때는 자신을 따르는 자에게 상을 주고 따르지 않는 자를 벌하는 것이 마땅하지만, 대업을 이루고 나서 나라를 지켜나갈 때는 반드시 전 왕조에 절의를 지킨 자에게 상을 내림으로써 후대 신하들에게 절의를 장려하는 것이 고금의 공통된 의리라고 주장했다. 그리고 전 왕조에 절의를 지켰던 대표 인물로 정몽주를 제시했다. 즉 권근의 주장은 물론 정몽주를 표창하는 것이 가장 중요한 목적이었지만, 한편으로는 그를 통해 현재와 미래의 신하들에게 정몽주와 같은 '충'을 요구하려는 의도가 분명히 담겨 있었다.

조선 후기 국왕들이 정몽주를 극진히 예우한 것 역시 같은 맥락으로 이해할 수 있다. 숙종은 정몽주를 추숭하는 글을 아홉 편이나 직접 지었으며, 정몽주를 위한 제사의 제문에서 '고려 문하시중 충의백 정공'이라는 호칭을 사용하게 했다. 영조도 어제시御製詩를 지어 정몽주의 충절을 기렸고, 직접 개성에 가서 선죽교에 정몽주를 추모하는 비석을 세웠으며, 제문에서 정몽주의 이름을 쓰지 못하도록 지시했다. 이 외에도 조선 후기 대부분의 왕들이 정몽주의 묘소와 그를 제향하는 서원에 신하들을 보내 제사를 지냈다. 조선 후기 국왕들의 이와 같은 조치는 정몽주의 충절을 기리려는 목적과 함께 충성을 바친 신하가 받을 수 있는 최고의 국가적 예우를 보여줌으로써 현재 관료들에게 충성을 독려하는 의도가 깔려 있다고 하겠다.

'성리학자 정몽주' 역시 고려 말 이후로 조선시대까지 정몽주에 대한 인식에서 큰 비중을 차지했다. 고려 말에 이미 이색이 정몽주를 '동방이학의 조', 즉 우리나라 성리학의 조상이라고 높이 평가했으며, 조선의 학자들도 대부분 우리나라의 성리학이 정몽주로부터 비롯되었다는 인식을 공유하고 있었다. 물론 이런 의견에 동의하지 않는 이들도 있었다. 이이는 정몽주에 대해 "유자의 기상이 조금 있었지만, 그 역시 학문을 성취하지는 못하였다"라고 하면서 충신은 맞지만 학자로는 인정할 수 없다고 했다. 또 이식은 정몽주의 저술이 남아 있지 않아서 그의 학문이 어느 정도였는지 가늠하기 어렵다며 유보적 입장을 취했다. 하지만 이런 의견은 극소수에 불과했고, 거의 대다수의 학자들이 성리학자 정몽주의 위상을 인정했다.

이식의 말처럼, 정몽주의 학문적 수준을 확인할 수 있는 저술이나 기록은 전해지지 않는다. 그럼에도 불구하고 정몽주가 성리학자로서의 위상을 인정받을 수 있었던 이유는 무엇일까? 우선 정몽주가 고려 말 성균관 교육에서 보여준 탁월한 능력과 공로를 들 수 있다. 물론 이 역시 단편적인 기록만 남아 있지만, "정몽주의 논리는 종횡으로 말하는 것이 이치에 부합하지 않음이 없다"라고 한 이색의 평가나, "정몽주의 강설이 탁월하여 두드러졌으며 다른 사람들의 생각을 뛰어넘었다"라고 한 《고려사》의 기록은 그의 강의가 대단히 뛰어났음을 보여주기에 부족함이 없다. 또 정몽주가 원나라 학자 호병문의 학설을 인용해 강의한 것은 그가 새로운 학설을 수용하는 데도 상당히 앞서나갔음을 보여준다.

하지만 강의 실력이나 교육의 공로만으로 조선시대까지 정몽주가 학자로서의 위상을 인정받았다고 보기에는 한계가 있다. 그보다는 정몽주가 성리학에서 강조하는 윤리의 실천에 투철했다는 점이 더 중요하게 작용했을 것이다. 주지하다시피 성리학에서 가장 중요한 덕목은 충과 효인데, 정몽주는 바로 이 충·효의 윤리를 실천함으로써 후대 학자들에게 표상이 되었다.

정몽주가 고려를 지키기 위해 혁명 세력과 끝까지 맞서다가 목숨을 잃은 것은 신하가 실천할 수 있는 충성의 최고봉을 보여준 것이었다. 또 정몽주는 부모상을 모두 삼년상으로 치렀다. 유학에서는 돌아가신 부모님에 대한 상례와 제례를 정성을 다해 극진히 거행하는 것을 매우 중요하게 여겼는데, 그 실천 방법으로 성리학에서 가장 강조한 것 중 하나가 바로 《주자가례》에 규정된 삼년상이었다. 따라서 정몽주가 삼년상을 치른 것은 부모에 대한 효도를 극진하게 실천한 것이라고 할 수 있다. 더구나 고려 말에는 삼년상을 지내는 사람이 매우 드물었다는 점을 고려하면 정몽주의 삼년상 시행은 성리학 윤리 실천에 있어 매우 선구적이며 모범이 될 만한 일이었다. 이처럼 윤리 실천의 선구자였다는 점이 정몽주를 우리나라 성리학의 출발점으로 인식하고 존숭하게 된 가장 중요한 요인이 아니었을까 생각한다.

한편 성리학자 정몽주의 위상이 강화되는 데에는 기존 연구에서 이른바 '사림'이라고 불렸던, 16세기에 중앙 관계에 새롭게 진출한 신흥 유신들의 역할이 중요했다. 기성 훈신 세력에 맞서 새로운 정치 세력으로 성장한 신흥 유신들은 현실 정치에서 성리학 이념의 철저한 실천을 강조했다. 그리고 자신들의 학문적 연원을 정몽주에게서 찾고자 했다. 즉 정몽주의 학문이 역시 고려에 절의를 지켰던 길재에게 계승되었고, 다시 김숙자-김종직 부자 등을 거쳐 조광조 등에게 이어졌다는 것이다. 물론 이런 계보는 역사적 사실과는 거리가 있다. 하지만 16세기의 신흥 유신들은 위와 같은 전승 관계를 주장함으로써 기성세력과 차별되는 학문적·도덕적 정당성을 획득하고자 했으며, 이때 자신들의 학문적 연원으로 강조했던 인물이 바로 정몽주였다. 이 과정에서 정몽주의 위상은 더욱 강화되었는데, 그 절정을 보여주는 것이 바로 중종 대 이루어진 정몽주의 문묘종사였다.

정몽주에 대한 새로운 이해

앞에서 검토한 바와 같이 정몽주를 고려의 충신으로, 또 우리나라의 대표적인 성리학자로 이해하는 것은 역사적 사실에 근거한, 정당한 인식임을 부정할 수 없다. 그러나 한편으로는 충신과 성리학자라는 특정 사실만 과도하게 부각되고 그 외의 다른 측면들은 별다른 주목을 받지 못한 채 수면 아래로 사장된 것도 사실이다. 그 결과 정몽주가 30여 년의 관료 활동에서 보여준 다양한 면모들, 그 속에 담긴 정치적 지향과 현실에 대한 고민 등에 대해서는 잘 모르는 경우가 대부분이다. 즉 정몽주에 대한 기존 인식과 평가가 한쪽으로 치우치면서 인간 정몽주의 전모를 정확하게 이해하는 데 도리어 방해가 되었다고 할 수 있다.

이 책에서는 정몽주의 생애와 여러 가지 활동을 따라가면서 충신과 성리학자라는 기존의 인식 외에 두 가지 측면에 주목했다. 하나는 정몽주가 고려 말 신흥 유신 중에서 그 누구 못지않게 변화를 열망했던 개혁가였다는 점이고, 다른 하나는 그가 정치적 수완과 국정 운영 능력이 뛰어난 정치가이자 행정가였다는 점이다.

1) 개혁가 정몽주: "개혁에는 찬성, 혁명에는 반대"

고려 말의 정치·사회 개혁을 주도했던 대표적 인물을 꼽으라고 하면 아마도 대부분 조선 건국의 주역인 정도전을 떠올릴 것이다. 반면 정몽주는 역성혁명에 반대하면서 고려를 지키기 위해 끝까지 저항했다는 점에서 보수적 인물 또는 개혁에 소극적인 인물로 이해하는 경우가 많다. 하지만 정몽주는 누구보다도 강하게 정치·사회 개혁의 필요성을 강조했고, 이를 추진해나갔던 개혁가였다.

정몽주의 개혁에 대한 열망은 위화도 회군을 전후한 시기 그의 행적을 통해서 확인할 수 있다. 일찍부터 이성계, 정도전과 각각 깊은 교분을 맺고 있던 정몽주는 1383년 이성계 부대의 조전원수로서 함흥에 주둔하고 있을 때 자신을 찾아온 친구 정도전을 이성계에게 소개해주었다. 이 만남은 이성계, 정몽주, 정도전 세 사람이 고려의 개혁을 위해 의기투합하게 되는 중요한 사건이었다. 그리고 1388년 위화도 회군으로 이성계가 권력을 장악한 이후 정몽주는 고위직에 올라 정도전, 조준 등이 추진한 각종 내정 개혁에 동참했다.

1389년 조준이 주도한 사전 개혁에 대해서도 정몽주는 사실상 찬성하는 입장이었다. 물론 연대기에는 정몽주가 찬성과 반대 사이에서 머뭇거렸다고 기록되어 있다. 하지만 정몽주가 사전 개혁에 소극적이어서 그랬다기보다는 사전 개혁을 찬성하는 측과 반대하는 측 모두와 오랫동안 인연이 있었기 때문에 어느 한쪽으로 자신의 입장을 밝히기가 어려웠던 게 아닐까 생각한다. 오히려 위화도 회군 이전 최영 집권기에 정몽주가 전민변정 사업을 적극적으로 주도했고, 권세가들이 백성들의 토지를 강제로 빼앗는 현실에 대해 뼈에 사무치듯 아파하며 사전 혁파를 요청했다고 하는 기록은 그가 조준의 사전 개혁 주장에 찬성했을 가능성이 높음을 뒷받침한다.

정몽주가 창왕 폐위와 공양왕 옹립을 주도한 인물 중 한 사람이었다는 사실은 그의 개혁 열망을 가장 잘 보여준다고 할 수 있다. 창왕 폐위와 공양왕 옹립은 특히 조선시대 학자들 사이에서 가장 큰 논란과 의문을 불러일으킨 행적이었다. 관련 기록이 소략한 탓에 창왕 폐위를 주도한 정몽주의 의도가 과연 무엇이었는지를 확인하기는 어렵다. 하지만 추측컨대 정몽주는 정치·사회 개혁을 통한 국가와 민생의 안정이 왕의 안위보다 더 중요하다고 판단했을 것이라 생각한다. 물론 왕과 국가가 동일시되었던 왕조 국가에서 이런 생각을 하는 것이 흔하거나 쉬운 일은 아니었다. 그러나 정몽주는 고려의 정치·사회 개혁은 더 이상 미룰 수 없는 과제라고 생각했고, 그런 상황에서 개혁에 저항하는 우왕의 아들 창왕이 왕위에 있는 한 완전한 개혁은 요원하다고 판단하지 않았을까? 그래서 새로운 왕을 옹립해 개혁을 완수하고자 창왕 폐위에 동참했던 것으로 여겨진다.

그렇다면 정몽주가 추구했던 개혁의 방향은 무엇이었을까? 정몽주의 개혁 구상이 명시적으로 언급된 자료는 현재 확인되지 않는다. 하지만 공양왕 대 정몽주가 수시중으로 있으면서 추진했던 정책들을 보면 그가 추구했던 개혁의 일단을 짐작할 수 있다.

먼저 정몽주는 성리학 이념을 바탕으로 운영되는 나라를 만들고자 했던 것으로 보인다. 이는 그가 가묘제의 전면적 시행을 적극 추진했던 것에서 엿볼 수 있다. 앞서 보았듯이 가묘제는 집 안에 사당을 조성해 선조의 신주를 모시고 제사를 올리는 제도로, 《주자가례》에서 제시한 성리학적 제례에서 가장 중요한 핵심이었다. 이전까지 고려에서는 조상 제사를 대부분 사찰에서 거행했는데, 정몽주는 이와 같은 불교적 제례 방식을 일소하고 성리학의 가묘제를 전면적으로 도입하고자 했던 것이다. 이는 정몽주가 《주자가례》로 대표되는 성리학적 사회제도와 생활문화를 고려 사회에 이식하고 정착시키고자 했음을 보여준다. 이 점을 고려하면 정몽주가 추구했던 개혁의 궁극적 목표는 정치와 학문의 영역뿐만 아니라 사회제도와 일상의 풍속까지도 성리학적 사유가 지배하는 나라를 만드는 것이었다고 생각한다.

한편 정몽주는 수시중 재직 시에 지방 수령의 임명 조건 및 관리 감독 체제를 강화하고 관직 제도의 개편을 추진해 행정이 투명하고 효율적으로 이루어지도록 했다. 또 교육과 인재 선발, 빈민 구휼, 복식, 운송 등의 여러 제도를 새롭게 제정해 국가의 면모를 일신하고자 했다. 이는 소수 권세가들의 정치권력에 의해 지배되는 나라가 아니라 법과 제도에 의해 공정하고 투명하게 운영되는 나라로 만들고자 했음을 보여준다. 정몽주가 공양왕 대에 중국과 우리나라의 여러 법전을 두루 참작해 《신정률》을 편찬했던 것 역시 법과 제도의 개편을 통해 개혁을 완수하려는 의도였을 것이다. 권력자의 사적 지배를 배제하고 법과 제도에 의해 공정하게 통치되는 나라. 이것이 바로 정몽주가 추구했던 개혁의 최종 결과였다고 생각한다.

개혁을 추구했다는 점에서 정몽주는 이성계, 정도전 등 혁명 세력과 공통의 지향을 가졌으며, 그렇기 때문에 위화도 회군 이후 그들이 추진한 각종 개혁 정책에 동참했다. 하지만 개혁 이후의 세상에 대한 양측의 시각은 확연히 달랐다. 정도전 등은 기득권층의 뿌리가 깊은 낡은 국가 고려를 유지한 상태에서는 완전한 개혁이 불가능하다고 보았다. 오랜 세월 권세가들이 장악하고 있던 고려의 정치와 사회를 근본적으로 개혁하려면 단순히 왕만 교체해서는 안 되고, 나라 자체를 새것으로 바꾸어야 한다는 것이 정도전을 비롯한 혁명 세력의 입장이었다.

반면 정몽주는 고려 왕조와 개혁이 양립할 수 있다고 보았다. 즉 그는 성리학적 이념에 입각해 법과 제도를 새롭게 고치고, 그 법과 제도에 따라 국정을 공정하고 투명하게 운영하며, 기득권층의 정치·경제적 부정부패를 일소해나간다면, 고려 왕조를 유지하면서도 개혁을 완수할 수 있다고 생각했던 것 같다. 이 지점에서 정몽주는 정도전 등 혁명 세력과 근본적인 차이를 드러냈다. 그렇기에 정몽주는 이성계, 정도전 등이 공양왕 즉위 후 여러 가지 정치적 사건을 빌미로 이색을 비롯해 역성혁명 추진에 걸림돌이 되는 인물들을 제거하려 하자 이에 반발했으며, 결국에는 이성계, 정도전 등과 결별하고 반혁명 세력의 선봉에 서서 강력하게 저항했다. 즉 고려의 개혁에는 적극 찬성했지만 왕조 교체의 혁명에는 분명하게 반대했던 것이 바로 개혁가 정몽주의 정치적 지향이었다.

2) 정치적 수완과 행정 능력이 탁월했던 관료

정몽주는 1360년 예부시에 장원으로 급제한 후 1362년에 첫 관직을 받은 이래로 1392년에 56세를 일기로 사망할 때까지 30년 동안 관료로 활동했다. 많은 사람들이 정몽주 하면 학자로서의 이미지를 먼저 떠올리고, 조선시대 학자들도 대부분 정몽주의 가장 중요한 업적으로 성리학 연구와 교육을 꼽았다. 하지만 정몽주의 생애를 돌아보면, 그의 일생에서 가장 큰 비중을 차지했던 것은 관료로서의 삶이었다. 관료 정몽주는 대단히 뛰어난 정치적 수완을 발휘했으며, 국정 수행 능력도 탁월했던 정치가이자 행정가였다.

정치가 정몽주의 수완과 능력은 공양왕 대에 그가 반혁명 세력의 수장으로서 이성계, 정도전 등 혁명 세력의 공세에 대등하게 맞서 싸웠던 모습에서 가장 분명하게 확인된다. 당시 고려 정계의 객관적인 상황은 혁명 세력에게 훨씬 유리했다. 정몽주를 비롯한 일부 인사들이 이탈하기는 했지만 당시 혁명 세력은 위화도 회군 이후 창왕 폐위와 공양왕 옹립 등 일련의 사건들을 주도하면서 정치 권력을 장악했다. 또 사전 개혁을 통해 권문세족의 경제력을 크게 약화시켰으며, 반대로 자신들의 경제 기반을 확보했다. 그리고 무엇보다도 이성계가 이끄는 고려 최강의 군사력을 보유하고 있었다.

혁명 세력이 정치·경제·군사적 실권을 장악함에 따라 공양왕 대 초반 권력의 무게중심은 혁명 세력 쪽으로 크게 기울어졌다. 반면 반혁명 세력은 그 구심점이던 이색이 창왕 즉위에 찬성했다는 이유로 반역죄로 탄핵을 당하고, 윤이·이초 사건 등 여러 정치적 사건에 주요 인물들이 연루되면서 혁명 세력으로부터 전방위적인 공격을 받았다. 그 결과 상당수가 정계에서 축출되면서 그 세력이 크게 약화되었고, 혁명 세력의 공세에 적절히 대응하기가 어려운 상황에 놓였다. 이러한 위기 상황에서 반혁명 세력의 구원투수로 등장한 인물이 바로 정몽주였다.

혁명 세력의 과도한 정치 공세와 숙청, 그리고 점점 노골적으로 드러나는 역성혁명 추진에 반발한 정몽주는 윤이·이초 사건 이후 이성계·정도전 등과 정치적으로 결별하고 반혁명 세력으로 돌아섰다. 그리고 혁명파에 대항할 수 있는 반혁명 세력을 복원하기 위해 전력을 다했다. 그런 노력의 절정이 바로 5죄 사건에 대한 재심이었다. 정몽주는 혁명 세력의 정치 공세에 빌미를 제공했던 5죄 사건에 대한 처결이 공정하지 못했음을 지적하면서 재심의를 건의해 관철시켰다. 그는 재심의 과정에서 혁명 세력의 공격에 맞서 반혁명 세력의 무고함을 적극적으로 변호했고, 그 결과 이색을 비롯한 반혁명 세력 대부분의 석방과 정계 복귀를 이루어냈다. 재심의가 끝난 후에는 향후 이 문제를 다시 거론하는 것을 금한다는 왕명을 얻어냄으로써 혁명 세력의 추가 공세를 사전에 차단하는 성과를 거두었다. 정몽주의 완승이었다.

이성계의 혁명 세력은 정치·경제·군사적 우위를 점하고 있었음에도 5죄 재심 이후에는 오히려 정몽주 등의 역공에 휘말리면서 정도전, 조준 등이 유배를 당하는 등 수세에 몰렸다. 이방원의 정몽주 암살은 당시 혁명 세력이 무력을 동원한 비상수단을 쓰지 않고서는 정몽주의 공세를 당해내기 어려운 위기에 처해 있었음을 잘 보여준다. 혁명과 반혁명의 치열한 정치적 대립과 투쟁의 한가운데에서 열세를 뒤집고 혁명 세력을 궁지에 몰아넣었던 정몽주의 행적을 통해 그가 얼마나 정치적 수완이 뛰어난 인물이었는지를 확인할 수 있다.

정몽주의 정치적 수완은 30년 동안의 관료 생활에서 얻은 행정 경험에서 비롯되었다고 할 수 있다. 정몽주는 국정 수행 능력이 뛰어난 행정가이기도 했다. 특히 관료로서의 그의 일생을 보면, 초기 성균관 교관 시절에는 평탄하고 안정적인 관직 생활을 했지만, 때로는 위기 상황에서 능력을 발휘해 성과를 이룬 경우도 많았다.

정몽주의 사행 활동은 그가 위기를 극복하고 국가적 난제를 해결하는 능력이 뛰어났음을 보여주는 대표적인 사례다. 정몽주는 명나라에 여섯 차례 사행을 갔었는데, 이 중 첫 번째 사행을 제외하면 모두 고려와 명의 외교적 갈등이 심화되어 고려 사신단의 안전을 장담하기 어려운 상황에서 이루어졌다. 또 일본 사행은 양국 관계가 나빴던 것은 아니지만, 일본 정부가 왜구 근절에 적극적으로 나서도록 설득해야 하는 외교적 난제가 놓여 있었다. 이처럼 사행 활동은 그 시작부터 어려움이 많았지만, 정몽주는 외교 능력을 최대한 발휘해 어려움을 극복하고 소기의 목적을 달성했다.

정몽주의 3차에 걸친 종군 활동 역시 그의 행정 능력을 엿볼 수 있는 중요한 사례다. 정몽주는 종사관(1차 종군)과 조전원수(2·3차 종군)로 종군했는데, 그가 문신이었던 만큼 실제 전투에 참여하기보다는 주장, 즉 사령관을 보좌하는 참모로서 부대의 군사 행정 업무를 담당했을 것으로 보인다. 특히 주목할 점은 이성계가 정몽주를 자신의 조전원수로 두 차례나 발탁했다는 것이다. 고려 말 이성계는 백전불패의 명장이자 수십 년 동안 전장에서 부대를 지휘했으며, 그래서 부대 운영에 대해서는 누구보다도 잘 아는 군사 전문가였다. 그런 이성계가 정몽주를 두 차례나 자신의 참모로 발탁했다는 것은 그만큼 정몽주의 군사 행정 능력을 인정했다는 뜻일 것이다.

공양왕 대에 정몽주가 수문하시중으로서 국정 운영을 주도했던 것 역시 행정가로서의 면모를 잘 보여준다. 오늘날의 총리에 해당하는 관직인 문하시중은 이성계였는데, 그가 비록 정도전과 조준의 보좌를 받았다 하더라도 일생을 전장에서 살았던 무장이었음을 고려하면 국정을 총괄·운영하는 능력은 오랫동안 문신 관료로 활동했던 정몽주가 더 뛰어났을 것이다. 그렇기에 정몽주는 상당한 주도권을 가지고 이성계와 대등한 위치에서 국정을 운영해나갈 수 있었을 것이다. 함부림은 정몽주의 〈행장〉에서 "공(정몽주)은 재상이 되어 목소리와 낯빛을 바꾸지 않으면서 큰일을 처리하고 큰 의혹을 결단하며 좌우에 응답하는 것이 모두 적당하였다"라고 했다. 아무리 어려운 일을 만나도 차분하고 안정감 있게, 그리고 가장 적절한 방식으로 정무를 처리해나갔던 모습은 정몽주의 탁월한 국정 운영 능력을 대변해준다고 할 수 있다.

3) 대의를 위해 권도를 택한 정치인

사람이 행동하고 일을 처리하는 방식에는 정도正道와 권도權道가 있다. 정도는 말 그대로 바른길을 가는 것, 즉 마땅히 지켜야 할 원칙을 철저하게 지키는 것을 말한다. 반면 권도는 정도를 지키기 어려울 때 목적 달성을 위해 형편에 따라 임기응변으로 일을 처리하는 것을 말한다.

정몽주는 탁월한 정치가이자 행정가로서 고려 말의 정치 현실에서 자신의 능력을 유감없이 발휘했다. 그런데 이 과정에서 정몽주가 항상 정도만을 걸었다고 할 수 있을까? 그렇게 단언하기에는 어려운 점들이 있다. 즉 정몽주는 고려의 개혁 성공을 위해, 또 역성혁명 추진으로부터 고려를 지키기 위해 최선의 노력을 다했지만, 그 과정에서 자신의 목적을 이루기 위해 정도에서 벗어난 선택, 즉 권도를 행한 적도 있었다.

우선 정몽주가 창왕 폐위를 주도했던 일을 들 수 있다. 이 문제는 앞서도 언급했던 것처럼 조선시대 학자들 사이에서 큰 논란이 되었고, 조식은 매우 신랄하게 비판하기도 했다. 정몽주의 창왕 폐위 주도는 개혁을 위한 불가피한 선택이었다고 할 수 있다. 하지만 아무리 개혁이 중요하다고 해도 신하가 왕을 폐위한 것을 올바른 길이라고 긍정할 수는 없다. 정몽주가 신봉했던 성리학의 '충'의 윤리에 어긋날 뿐만 아니라, 정당한 명분만 내세울 수 있다면 누구나 왕을 폐위할 수 있다는 '나쁜' 선례를 남긴 것이기 때문이다. 물론《맹자》에서는 백성을 위해 폭군을 몰아내는 '혁명'의 정당성을 말하기도 했지만, 이 또한 후대 역사가들로부터 많은 비판을 받았음을 고려할 때 정몽주의 창왕 폐위는 부정적인 평가를 받을 여지가 충분히 있다.

더 큰 문제는 폐위의 명분이 '폐가입진'이었다는 것이다. 즉 우왕·창왕이 왕씨가 아니라 신돈의 자손이기 때문에 가짜 왕을 몰아내야 한다는 것이 그들의 주장이었다. 그렇다면 정몽주는 정말로 우왕과 창왕을 신돈의 자손이라고 여겨서 폐위에 동참했던 것일까? 고려 말에 개혁에는 동참했지만 이성계 세력의 일원이 되지는 않았던 이행은 우왕·창왕을 정상적인 국왕으로 인정하면서 창왕 폐위와 공양왕 추대를 비판했고, 우왕·창왕의 죽음의 배후에 이성계가 있다는 사초를 작성했다. 또 조선에서는 이미 16세기 후반부터 폐가입진에 대한 비판이 본격적으로 제기되어 18세기 후반 안정복의 《동사강목》에 이르면 폐가입진의 정당성을 부정하는 시각이 대세를 이루었다.

폐가입진이 부당하다고 보는 입장에는 폐가입진이 혁명 세력에 의해 조작된 명분이라는 시각이 담겨 있다. 그런 주장이 맞는다면, 정몽주는 개혁이라는 대의를 위해 혁명 세력의 거짓 명분을 묵인했다는 의미가 된다. 조선시대 학자들이 정몽주의 창왕 폐위 행적에 의문을 제기했던 지점도 바로 이 부분이다. 관련 기록이 소략해 정몽주의 진심이 무엇이었는지는 확인하기 어렵다. 하지만 신하로서 왕을 폐위했다는 점, 그리고 폐위의 명분에 많은 의문이 제기되었다는 점을 고려하면 정몽주의 행적이 정도를 따른 것이라고 보기는 어렵다고 생각한다.

한편 정몽주가 혁명 세력과의 치열한 투쟁 과정에서 혁명파를 공격하는 무기로 정도전의 혈통 문제를 제기한 것 역시 정도와는 거리가 있는 행적이다. 1391년 10월 사헌부는 정도전을 탄핵하면서 "가풍이 바르지 않고 파계가 분명하지 않음에도 고위직에 올라 조정을 어지럽혔다"라고 강하게 비판했다. 어머니 쪽으로 천인, 즉 노비의 피가 섞여 있다는 정도전의 혈통상 하자에 대해 정면으로 문제를 제기한 것이다. 그리고 그 탄핵의 배후에 바로 정몽주가 있었다.

앞서 보았듯이 정몽주와 정도전은 1360년경에 처음 만난 이래로 30년 동안 학문적으로나 인간적으로 깊이 교유했던 친구 사이였고, 한때 함께 개혁을 추진했던 정치적 동지였다. 비록 윤이·이초 사건 이후 정치적으로는 결별한 상태였지만, 인간적 유대마저 정리한 것은 아니었다. 그랬던 정몽주가 오랜 친구의 가장 아픈 약점인 혈통 문제를 제기하며 정도전을 공격했던 것이다. 이 역시 혁명 추진을 막고 고려를 지켜야 한다는 '대의'를 위한 것이었겠지만, 그렇더라도 가장 절친했던 친구의 약점을 들추어내며 공격한 것은 인간적인 면에서 아쉬움이 많이 남는 행적이라고 할 수 있다.

창왕 폐위와 정도전의 혈통 문제 거론, 이 두 가지 행적은 분명 정몽주가 정도를 선택한 것이라고 보기는 어렵다. 그런 선택을 했던 정몽주의 진심이 정확히 무엇이었는지도 확언하기 어렵다. 다만 전후의 정치적 상황에 비추어 볼 때, 정몽주가 추구했던 대의는 분명했다고 할 수 있다. 즉 전자에서는 개혁을 통한 국가와 민생의 안정이었고, 후자에서는 혁명을 막고 고려를 지키는 것이었다. 아마도 정몽주는 원칙만을 고집하다가는 대의를 잃게 되는 더 큰 우를 범할 수도 있다고 생각하지 않았을까? 그래서 정도가 아닌 줄 알면서도 대의를 위해 정도가 아닌 차선, 즉 권도를 택했던 것이 아니었을까 생각한다.

정몽주가 정도가 아니라 권도를 택했다고 해서 그의 업적이나 위대함이 폄훼되는 것은 결코 아니다. 오히려 그런 모습을 통해 정치적 선택의 기로에서 무엇이 최선인지를 놓고 치열하게 고민했던 현실 정치인 정몽주의 면모를 더 잘 이해할 수 있다. 그리고 정몽주의 선택이 개인적 영달과 이익을 위한 것이 아니라 나라와 민생을 먼저 생각한 것이었다는 점을 기억할 필요가 있다.

보론

정몽주와 선죽교

사람들에게 정몽주가 죽은 곳이 어디인지를 물어보면 대부분이 선죽교라고 대답할 것이다. 선죽교는 지금의 황해북도 개성특급시 선죽동에 있는 돌다리인데, 북한의 국보 제159호로 지정되어 있다고 한다. 선죽교는 조선시대부터 정몽주가 피살된 장소로 널리 알려졌다. 이 때문에 선죽교는 그 당시에도 개성 여행에서 꼭 방문해야 할 필수 코스였고, 조선의 많은 문인과 학자들이 이 다리를 돌아보며 정몽주의 충절을 기리는 시문을 지었다. 심지어 영조는 선죽교를 직접 방문해 정몽주를 추모하는 비를 세우게 했고, 자신이 직접 지은 글을 비석에 새기도록 했다. 여기에 선죽교에는 피살된 정몽주의 핏자국이 남아 있고, 정몽주가 죽은 후 다리에 대나무가 자랐다는 전설까지 더해지면서 선죽교는 정몽주의 충절을 상징하는 장소가 되었다.

그런데 우리가 알고 있는 것처럼 정몽주가 선죽교에서 살해된 것이 사실일까? 정몽주가 선죽교에서 피살됐다는 내용이 문헌 기록에 등장한 것은 16세기 후반부터다. 김인호 교수의 선행 연구에서는 최립(1539~1612)이 지은 시 〈선죽교〉에서 선죽교를 "포은이 절의를 지키다가 죽은 곳이다"라고 한 것을 최초의 언급으로 보고 있다(김인호, 2010). 반면 정몽주가 피살되고 그리 오랜 시간이 지나지 않은 15세기의 기록들을 보면 정몽주의 사망 장소로 선죽교가 언급된 경우는 거의 없다. 오히려 15세기의 문헌에서는 정몽주가 사망한 곳이 선죽교가 아니라 다른 곳임을 보여주는 기사들이 여럿 발견된다.

1970년대 후반 문경현 교수는 15세기의 관련 자료들을 면밀히 분석해 정몽주가 피살된 곳이 선죽교가 아님을 밝힌 연구를 발표한 바 있다(문경현, 1978). 근래에도 김인호 교수가 문경현 교수의 연구를 바탕으로 선죽교가 정몽주의 순절 장소로 신화화된 과정을 고찰한 연구를 발표했다(김인호, 2010). 하지만 이러한 연구 성과에도 불구하고 대중에게는 여전히 선죽교가 정몽주의 순절 장소로 각인되어 있고, 연구자들 중에서도 딱히 이 시기를 전공한 사람이 아니라면 그렇게 알고 있는 경우가 많다. 여기에서는 앞에 언급한 두 분의 선행 연구를 바탕으로 정몽주의 순절 장소에 관해 다시 검토해보도록 하겠다.

정몽주의 순절 장소가 선죽교가 아님을 보여주는 첫 번째 기사는 《태조실록》에서 찾아볼 수 있다. 《태조실록》의 〈총서〉에는 정몽주가 피살된 1392년 4월 4일의 정몽주와 이방원 일파의 행적이 자세하게 기록되어 있다. 이에 따르면, 정몽주는 황주에서 사냥을 하다가 말에서 떨어져 부상당한 이성계를 문병하기 위해 그의 집을 방문했다. 이에 이방원과 측근들은 이날 정몽주를 죽이기로 결의하고 조영규 등에게 정몽주가 사는 마을의 어귀에 매복해 있도록 지시했다.

이방원 등은 오랜만에 이성계를 찾아온 정몽주가 긴 시간 머물다 돌아갈 것으로 예상했다. 하지만 예상과 달리 정몽주는 짧은 인사만 나눈 후 곧바로 이성계의 집을 떠났다. 그 소식을 들은 이방원은 계획이 틀어질까 염려했다. 실록에는 그 이유가 기록되어 있지 않지만 아직 자객이 매복하지 않았기 때문이었던 것으로 추측된다. 이에 이방원은 직접 작전을 지휘하기 위해 집을 나서 둘째 형 이방과(훗날의 정종)의 집으로 가서 정몽주가 이곳을 지나갔는지를 물었다. 그리고 아직 정몽주가 지나가지 않았음을 확인한 이방원은 조영규 등에게 원래 계획대로 매복하도록 지시했다.

이날 정몽주의 귀가가 늦어졌던 것은 그가 이성계의 집에서 나와 곧바로 귀가하지 않고 다른 곳에 들렀기 때문이다. 계획 실패를 걱정한 이방원이 동분서주하고 있던 바로 그 시간에 정몽주는 이틀 전(4월 2일) 사망한 전 판개성부사 유원의 집을 방문해 문상했다. 그사이에 이방원은 자객을 매복시켰고, 조문을 마치고 귀가하던 정몽주는 매복 중이던 조영규 등에게 피살당했다.

이상의 내용을 통해 확인한 피살 당일 정몽주의 동선을 정리하면, 그는 문병을 위해 이성계의 집을 방문한 다음 이틀 전에 죽은 유원의 집에 들러 조문을 했고, 그 후에 자신의 집으로 돌아가려 했다. 그 시각 이방원이 보낸 자객들은 정몽주의 집이 있던 마을의 동구에서 대기하고 있다가 귀가하는 정몽주를 살해했다. 즉 이 기록은 정몽주가 선죽교가 아니라 자신이 살던 마을의 동구에서 죽었다는 사실을 분명히 보여준다.

여기서 중요한 것은 정몽주가 살던 마을이 어디인가 하는 점이다. 이와 관련해 주목되는 자료가 15세기 중·후반에 활동한 학자 남효온(1454~1492)이 지은 〈송경록〉이다. 남효온의 문집인 《추강집》에 실려 있는 〈송경록〉은 1485년 9월에 개성을 유람한 후 지은 기행문이다. 당시 남효온은 9월 7일부터 16일까지 개성을 여행했다. 9월 8일에는 개성에 사는 노인 한수가 남효온 일행을 안내했다. 그가 고려의 고적을 잘 아는 인물이었기 때문에 남효온 일행이 특별히 초빙했던 것이다. 남효온 일행은 한수의 안내를 받아 화원과 우왕 때 창건한 도평의사사 건물을 구경했다. 이어 이들은 태묘동으로 이동했는데, 〈송경록〉에는 다음과 같은 내용이 기록되어 있다.

(도평의사사에서) 동쪽으로 나와 토령을 넘어 반 리쯤 가서 왼쪽으로 태묘동에 들어갔다. 한수가 동구의 누각 주춧돌을 가리키며 "여기는

시중 정몽주가 고려의 무리들에게 격살당한 곳입니다"라고 하였다. 이어 우리를 인도해서 동네로 들어가 조금 가다가 작은 집 하나를 가리키며 "여기가 시중(정몽주)의 옛집입니다"라고 하였다. 우리는 대문 앞에 앉아 강개한 마음으로 옛일을 애도하였다.

위 기록은 두 가지 사실을 알려준다. 첫째는 정몽주의 집이 태묘동에 있었다는 것이고, 둘째는 정몽주가 태묘동의 동구에서 격살됐다는 것이다. 정몽주가 태묘동 동구에서 죽었다는 한수의 말은 앞서 살펴본《태조실록》의 기록과 일치한다.

남효온이 개성을 여행한 해인 1485년은 정몽주가 죽은 지 93년이 지난 시점이다. 남효온 일행을 안내한 한수가 당시 몇 살이었는지는 알 수 없지만, 노인이라고 한 것을 볼 때 60대 전후가 아니었을까 생각한다. 그렇다면 한수의 성장기는 정몽주가 죽은 지 30~40년 정도밖에 지나지 않았을 때다. 따라서 정몽주가 피살되던 당시 청·장년이었던 이들 중 상당수는 그때까지 생존해 있었을 것이다. 한수는 바로 그 어른들이 경험한 고려 말의 역사적 사실들을 들으면서 성장했을 것이다. 그리고 그 이야기에는 당연히 정몽주의 죽음에 관한 사실도 포함되어 있었을 것으로 생각한다.

이상의 정황을 고려하면, 한수가 남효온 일행에게 설명한 내용이 가장 정확한 정보일 가능성이 높다. 즉 정몽주가 조영규, 고여 등 이방원이 보낸 자객에게 피살된 곳은 선죽교가 아니라 그가 살았던 태묘동의 동구로 보는 것이 타당하다. 그렇다면 정몽주의 집이 있던 태묘동의 어디일까?

고려시대 개경에 관한 박종진 교수의 연구에 따르면, 현재 개성에서 고려의 태묘, 즉 종묘가 있던 곳으로 추정되는 지역은 두 곳이다. 먼저 16세기에 편찬된 《신증동국여지승람》에는 개성 중심부 동쪽에 있던 화원의 동쪽에 태묘가 있었다고 기록되어 있다. 그리고 조선 후기에 편찬된 개성읍지에서는 이곳을 '태묘동'이라고 했다. 한편 조선 후기 개성읍지에는 나성 밖 부흥산 기슭에도 태묘가 있던 곳이라는 의미의 태묘동이 있었던 것으로 기록되어 있다. 이처럼 고려시대 개성에는 개성의 중심부와 나성 밖 부흥산 기슭 등두 곳에 태묘동이 있었다(박종진, 2022).

정몽주가 살았던 태묘동은 두 곳 중 어디였을까? 이를 확인하기 위해서는 위에서 인용했던 남효온의 〈송경록〉을 다시 검토할 필요가 있다. 기록에 따르면, 남효온 일행은 화원을 구경한 다음 그 동쪽에 있는 도평의사사 건물을 둘러보았다. 이어 이들은 다시 동쪽으로 나와서 토령을 넘어 반 리 정도 이동해 왼쪽의 태묘동으로 들어갔다. 반 리가 약 200미터이므로 정몽주가 살았던 태묘동은 화원에서 그다지 멀지 않은 거리에 있었음을 알 수 있다. 즉 고려시대 개경에 있던 두 곳의 태묘동 중에서 정몽주가 살았던 곳은 개경 중심부 화원 인근에 있던 태묘동이다.

고려 말 당시 이성계의 집은 개경 남부의 추동에 있었는데, 이성

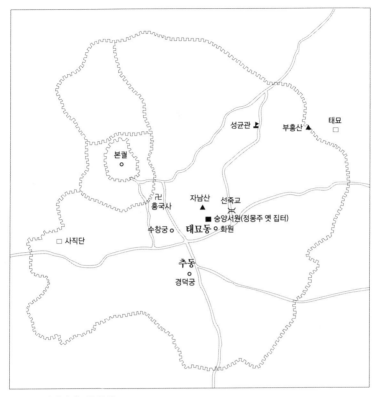

고려시대 개경의 태묘동 위치

계가 즉위한 후 이방원이 사저로 사용했던 경덕궁이 바로 그곳이다. 반면 선죽교는 태묘동의 북쪽에 위치하고 있다. 따라서 정몽주가 이성계의 집에 가서 병문안을 하고 귀가하는 경로에서 선죽교를 통과하지 않는다. 이 점 역시 정몽주가 귀가 중에 선죽교에서 살해됐을 가능성은 거의 없음을 보여준다.

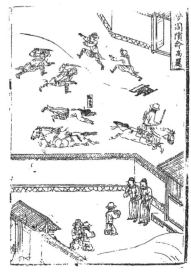

세종 대《삼강행실도》의 〈몽주운명〉(왼쪽)과 정조 대《오륜행실도》의 〈몽주운명〉(오른쪽)

　　한편 김인호 교수는 근래 연구에서 정몽주의 사망 장소와 관련해 매우 중요한 자료를 하나 제시했다. 바로《삼강행실도》에 수록된, 정몽주의 피살 장면을 그린 그림이다. 1432년(세종 14)에 편찬된《삼강행실도》의 충신도에는 〈몽주운명〉이라는 제목의 그림이 실려 있다. 바로 정몽주가 자객에게 죽임을 당하는 장면을 그린 것이다. 이 그림에는 다리가 보이지 않고, 건물의 담과 담 사이의 길에서 정몽주가 피살된 것으로 묘사되어 있다. 이는《삼강행실도》를 편찬할 당시만 해도 정몽주가 선죽교에서 죽었다고 인식하지 않았음을 보여준다.《삼강행실도》가 편찬된 시기는 정몽주가 죽은 후

40년밖에 지나지 않은 시점이다. 따라서 당시에는 정몽주의 피살 상황을 기억하는 사람이 많이 생존해 있었을 것이며, 그들의 기억이 《삼강행실도》에 반영되었다고 할 수 있다.

세종 대 《삼강행실도》의 그림과 대조되는 것이 조선 후기 정조 대에 편찬된 《오륜행실도》의 그림이다. 《오륜행실도》에도 〈몽주운명〉이라는 같은 제목의 그림이 있는데, 여기에서는 정몽주가 다리 위에서 자객들에게 피살된 것으로 묘사되어 있다. 이는 정몽주가 선죽교에서 죽었다는, 16세기 후반 이후의 인식이 반영된 것이다.

지금까지 검토한 내용을 종합하면, 조선 건국 이후 16세기 중반까지는 정몽주가 자기 마을의 동구에서 피살되었다는 인식이 일반적이었음을 알 수 있다. 정몽주가 피살되던 당시의 상황을 기억하는 사람이 많이 생존해 있던 때이므로, 이 시기의 인식이 사실에 더 가깝다고 판단된다. 그러다가 정확한 시기나 계기는 알 수 없지만, 정몽주의 충절에 대한 추앙이 점차 심화되는 과정에서 어느 시점엔가 선죽교 피살설이 등장했고, 이것이 정설로 굳어져서 현재까지 이어진 것이라고 할 수 있다.

참고문헌

1차 사료(史料)

《고려사(高麗史)》,《고려사절요(高麗史節要)》.

《태조실록(太祖實錄)》,《태종실록(太宗實錄)》,《세종실록(世宗實錄)》,《중종실록(中宗實錄)》,《선조실록(宣祖實錄)》,《영조실록(英祖實錄)》.

《동문선(東文選)》.

《명태조실록(明太祖實錄)》

정몽주(鄭夢周),《포은집(圃隱集)》.

권근(權近),《양촌집(陽村集)》.
권상하(權尙夏),《한수재집(寒水齋集)》.
김구용(金九容),《척약재학음집(惕若齋學吟集)》.
남효온(南孝溫),《추강집(秋江集)》.
박의중(朴宜中),《정재일고(貞齋逸稿)》.
변계량(卞季良),《춘정집(春亭集)》.
송시열(宋時烈),《송자대전(宋子大全)》.
유희춘(柳希春),《미암집(眉巖集)》.
이경(李璥),《이우당집(二憂堂集)》.
이긍익(李肯翊),《연려실기술(燃藜室記述)》.
이덕홍(李德弘),《간재집(艮齋集)》.
이색(李穡),《목은시고(牧隱詩藁)》
_____,《목은문고(牧隱文藁)》.
이숭인(李崇仁),《도은집(陶隱集)》.
이식(李植),《택당집(澤堂集)》.
이이(李珥),《율곡전서(栗谷全書)》.
이익(李瀷),《성호전집(星湖全集)》
_____,《성호사설(星湖僿說)》.
이존오(李存吾),《석탄집(石灘集)》.
이집(李集),《둔촌잡영(遁村雜詠)》.

이황(李滉),《퇴계집(退溪集)》.
장유(張維),《계곡만필(谿谷漫筆)》.
전녹생(田祿生),《야은일고(埜隱逸稿)》.
정도전(鄭道傳),《삼봉집(三峯集)》.
최립(崔岦),《간이집(簡易集)》.

단행본

14세기 고려사회 성격 연구반,《14세기 고려의 정치와 사회》, 민음사, 1994.
박대현 역,《역주 포은집》, 한국고전번역원, 2018.
박종진,《개경-고려 왕조의 수도》, 눌와, 2022.
정성식,《정몽주-한국 도학의 단서를 열다》, 성균관대학교 출판부, 2009.
포은사상연구원 편,《鄭圃隱先生 研究關聯資料集(二)-歷史·文學篇》, 1989.
_____,《圃隱思想研究論叢》제1집, 1992.
포은학회 편,《포은선생집 속록》, 한국문화사, 2007.
_____,《포은 정몽주와 그의 후손들》, 한국문화사, 2013.
_____,《포은 정몽주의 학문과 세계관》, 한국문화사, 2014.
_____,《포은 정몽주의 외교활동》, 한국문화사, 2015.
한국역사연구회 편,《고려시대사 1, 2》, 푸른역사, 2017.
한국중세사학회 편,《고려시대의 역사》, 혜안, 2018.
許興植,《高麗科擧制度史研究》, 일조각, 1981.

논문

강문식,〈圃隱 鄭夢周의 交遊 관계〉,《한국인물사연구》11, 2009.
_____,〈조선시대 학자들의 정몽주 인식〉,《숭실사학》47, 2021.
김당택,〈高麗 禑王代 李成桂와 鄭夢周·鄭道傳의 정치적 결합〉,《역사학보》158, 1998.
김보정,〈조선 초기 정몽주에 대한 인식〉,《포은학연구》9, 2012.
_____,〈세조·성종 대 정몽주 인식〉,《역사와 실학》57, 2015.
_____,〈중종·명종 대 정몽주 인식〉,《지역과 역사》39, 2016.
_____,〈선조·광해군 대 정몽주 인식〉,《한국민족문화》61, 2016.
_____,〈인조~현종 대 정몽주 인식〉,《포은학연구》24, 2019.
김석근,〈개혁과 혁명, 그리고 주자학-여말선초를 산 정몽주와 정도전의 현실인식과 비전〉,
    《한국 정치의 재성찰》, 1996.
김영두,〈中宗代 文廟從祀 論議와 朝鮮 道通의 形成〉,《사학연구》85, 2007.
김영수,〈圃隱 鄭夢周의 節義와 文學的 形象化〉,《포은학연구》1, 2007.

김용선, 〈새 고려묘지명 여섯 사례의 검토〉, 《한국중세사연구》 32, 2012.

김윤정, 〈관복제의 변화와 문화적 지향〉, 《고려에서 조선으로》, 역사비평사, 2019.

김인규, 〈圃隱 鄭夢周의 學問觀〉, 《포은학연구》 1, 2007.

김인호, 〈정몽주 숭배의 변화와 위인상(偉人像)〉, 《역사와 현실》 77, 2010.

_____, 〈정몽주의 신화화와 역사 소비〉, 《역사와 현실》 111, 2019.

김지은, 〈星湖 李瀷의 대외인식과 조선의 대응방안 모색〉, 《한국사연구》 152, 2011.

김호동, 〈조선 전기 실록 사료에 나타난 鄭夢周像〉, 《포은학연구》 6, 2010.

도현철, 〈대책문을 통해 본 정몽주의 국방 대책과 문무겸용론〉, 《한국중세사연구》 26, 2009.

문경현, 〈정몽주 순절처(殉節處)의 신고찰〉, 《대구사학》 15·16, 1978.

박종진, 〈고려왕조의 수도 개경의 특징과 위상〉, 《서울학연구》 83, 2021.

박현규, 〈賀平蜀使 시기(1372~73) 鄭夢周의 行蹟과 作品考〉, 《한국한문학연구》 44, 2009.

손지봉, 〈정몽주 효행의 의의와 여묘(廬墓) 설화 고찰〉, 《포은학연구》 25, 2020.

신항수, 〈이익과 안정복의 고려 말 역사 서술에 대한 논의와《동사강목》〉, 《진단학보》 117, 2013.

안장리, 〈조선시대 정몽주 숭모 양상 고찰〉, 《포은학연구》 28, 2021.

엄경흠, 〈鄭夢周와 權近의 使行詩에 표현된 國際關係〉, 《한국중세사연구》 16, 2004.

엄연석, 〈圃隱 鄭夢周의 유가적 의리실천과 역사철학적 인식〉, 《한국인물사연구》 11, 2009.

유경아, 〈鄭夢周의 政治活動 研究〉, 이화여자대학교 박사학위논문, 1996.

_____, 〈고려말 정몽주 동조 세력의 형성과 활동〉, 《이화사학연구》 25·26, 1999.

_____, 〈정몽주 세력의 고려 중흥을 위한 개혁 방안〉, 《이화사학연구》 27, 2000.

_____, 〈高麗末 親明外交와 圃隱 鄭夢周의 外交觀〉, 《포은학연구》 1, 2007.

이경동, 〈16세기 도통론의 전개와 포은 정몽주의 위상〉, 《포은학연구》 17, 2016.

이승수, 〈1386년 정몽주의 南京 사행, 路程과 詩境〉, 《민족문화》 46, 2015.

이영, 〈우왕 3년(1377) 정몽주(鄭夢周) 일본 사행(使行)의 시대적 배경〉, 《일본역사연구》 46, 2017.

이왕무, 〈원명 교체기 포은 정몽주의 華夷觀과 領域 인식〉, 《포은학연구》 6, 2010

이익주, 〈삼봉집 시문을 통해 본 고려말 정도전의 교유관계〉, 《정치가 정도전의 재조명》, 경세원, 2004.

_____, 〈고려말 정도전의 정치세력 형성 과정 연구〉, 《동방학지》 134, 2006.

_____, 〈고려 우왕 대 이색의 정치적 위상에 대한 연구〉, 《역사와 현실》 68, 2008.

이형우, 〈鄭夢周의 政治活動에 대한 一考察〉, 《사학연구》 41, 1990.

_____, 〈고려말 정치적 추이와 김저 사건〉, 《포은학연구》 16, 2015.

_____, 〈공양왕 대 윤이·이초 사건〉, 《포은학연구》 18, 2016.

_____, 〈남북한 역사 교과서에 보이는 정몽주〉, 《포은학연구》 30, 2022.

정성식, 〈14세기 정몽주의 국제외교 이념〉, 《온지논총》 57, 2018.

찾아보기

정몽주 다시 읽기

신화에서 역사로

1판 1쇄 2024년 7월 15일

지은이 | 강문식

펴낸이 | 류종필
편집 | 권준, 이정우, 이은진
경영지원 | 홍정민
교정교열 | 오효순
표지 디자인 | 석운디자인
본문 디자인 | 이미연

펴낸곳 | (주)도서출판 책과함께
　　　　주소 (04022) 서울시 마포구 동교로 70 소와소빌딩 2층
　　　　전화 (02) 335-1982
　　　　팩스 (02) 335-1316
　　　　전자우편 prpub@daum.net
　　　　블로그 blog.naver.com/prpub
　　　　등록 2003년 4월 3일 제2003-000392호

ISBN 979-11-92913-91-9 03910